동아시아의 공동자원

가능성에서 현실로

최현 · 정영신 · 윤여일 편저

진인진

동아시아의 공동자원 가능성에서 현실로

초판 1쇄 발행 | 2017년 6월 16일
엮 은 이 | 최현 · 정영신 · 윤여일
발 행 인 | 김영진
발 행 처 | 진인진
편   집 | 김민경
등   록 | 제25100 - 2005 - 000003호
주   소 | 경기도 과천시 별양상가 1로 18 614호(별양동 과천오피스텔)
전   화 | 02 - 507 - 3077~8
팩   스 | 02 - 507 - 3079
홈페이지 | http://www.zininzin.co.kr
이 메 일 | pub@zininzin.co.kr

ⓒ 진인진 2017
ISBN 978 - 89 - 6347 - 336 - 9 93300

*이 책은 2014년도 정부(교육부)의 재원으로 한국연구재단의 지원을 받아 수행된 연구임(NRF-2014-
 S1A3A2044381).

목차

::서문

'동아시아의 공동자원-
가능성에서 현실로'를 펴내며

정영신(제주대학교 SSK연구단 전임연구원)

이 책은 제주대학교 SSK연구단이 기획하여 펴내고 있는 '공동자원연구총서'의 네 번째 책이다. 2016년에 펴냈던 『공동자원의 섬 제주1: 땅, 물, 바람』과 『공동자원의 섬 제주2: 지역 공공성의 새로운 지평』이 공동자원을 중심으로 제주의 역사와 현실을 다루었다면, 이 책은 광역적regional 차원으로 범위를 넓혀서 동아시아 여러 나라와 지역에서 공동자원을 관리해 온 경험을 소개하고 있다.

1. '동아시아의 커먼즈: 가능성에서 현실로' 국제학술회의의 의미

무엇보다 이 책에 가치를 더하는 점은 이 책이 '동아시아의 커먼즈: 가능성에서 현실로'라는 국제학술회의의 결과물을 모았다는 데 있다. '동아시아의 커먼즈: 가능성에서 현실로' 국제학술회의는 2017년 2월 15~17일의 기간에 제주대학교와 제주 선흘리 일대에서 진행되었다. 이 학술회의는 중국의 공동자원 연구자 2명, 대만 4명, 일본 6명, 한국 4명 등 총 16명이 발표하기로 기획되었고, 그래서 근래 제주의 인문사회과학계에서 주최한 가장 큰 규모의 국제학술대회였다. 이 자리에 참여한 연구자들은 공동자원 연구와 관련하여 각 국가 내에서뿐만 아니라 세계적으로도 저명한 연구자들로서, 우리 연구단이 소형과 중형단계의 연구를 수행하면서 지속적으로 교류해 왔거나 대형 단계의 연구를 위해 협력하고 공동으로 연구해 나갈 동료로 생각하는 분들이었다.

이와 같은 사정 때문에 이 책의 의의는 '동아시아의 커먼즈' 국제학술회의 개최의 의미에서 출발한다고 할 수 있다. 우리 연구단은 중형단계 연구를 통해 동아시아의 공동자원에 대한 다층적·통합적 조사와 연구를 수행해오고 있다. 여기에서 '동아시아의 공동자원', '동아시아의 커먼즈'라는 말은 여러 의미로 해석될 여지를 갖고 있다. 첫 번째로 동아시아의 여러 국가와 지역에 존재하는 공동자원을 비교하고 그 관리의 경험을 공유하는 시각에서 이 말을 사용할 수 있다. 즉, 동아시아 속의 공동자원Commons in East Asia에 대한 단순 비교연구로부터 다층적multi-scale 혹은 횡단적cross-scale 비교연구로까지 나아간다는 전망 속에서 이 말을 사용하는 것이다. 여기에 수록된 다수의 글은 이러한 시각에서 모였다고 할 수 있다. 이것은 동아시아 차원에서의 연구가 아직 시작 단계에 있음을 의미한다.

두 번째로는 지역적regional 문제를 제기하고 해결하는 방법으로서 동아시아의 커먼즈/공동자원을 제기하는 것이다. 황사를 비롯한 국경을 가로지르는 환경오염의 문제, 혹은 국경을 가로질러 이동하는 자연자원과 동물 등의 문제에 접근할 때에는 동아시아적인 공동자원East Asian Commons을 둘러싼 지역 수준의 협력적 거버넌스 구축이 중요한 과제가 될 것이다. 이러한 시각에서 출발한 환경연구는 존재하지만 공동자원론에 기반을 둔 연구는 이제 출발점에 서 있다고 할 수 있다.

세 번째로는 중화제국체제의 오랜 지배와 장기간의 문화교류와 전파, 식민지-제국주의체제에 의한 지배, 동아시아 발전 과정에서 강한 국가의 역할, 압축적 근대화와 급격한 정치변동 등 동아시아적인 맥락에서 공동자원 Commons in the context of East Asia의 문제를 검토하는 것이다. 이것은 특히 엘리너 오스트롬을 비롯하여 서구의 학자들에 의해 발전해 온 공동자원론에 대해 동아시아 공동자원 연구가 독자성이나 고유성을 가질 수 있는지 혹은 이론의 토착화와 재정립이 가능한지의 질문을 제기한다. 이 책의 발표문과 논문들은 동아시아 속의 커먼즈/공동자원 관리의 경험을 공유하고 비교하는 출발선상에 놓여 있지만, 우리 연구단은 '동아시아의 커먼즈', '동아시아의 공동자원'에 대한 중의적인 전망 속에서 지속적으로 연구를 수행해 나갈 것이다.

2. 이 책의 구성과 내용

이 책은 크게 세 부분으로 구성되어 있는데, '동아시아의 커먼즈' 국제학술회의의 구성을 그대로 따랐다. 제1부는 동아시아 커먼즈 연구의 흐름과 쟁점을 다루는데, 한국, 일본, 대만에서 커먼즈commons와 공동자원 common-pool resources을 지칭하는 개념, 이론적 전통, 주요 연구 주제에서의 차이를 확인할 수 있다. 상호간의 대화를 위한 언어와 인식을 확인하는 과정이라고 할 수 있을 것이다. 제2부는 동아시아에서 진행되었던 커먼즈 관리의 경험을 다루는 사례연구의 장이다. 동아시아 4국의 경험이 두루 소개되어 있지만, 이것이 4국의 경험 전체를 대변하는 것은 아니기 때문에 1부의 내용들과 함께 읽을 필요가 있다. 제3부는 현대총유론 특별세션에서 발표된 내용을 다루고 있다. 우리 연구단은 작년에 이가라시 다카요시 선생의 『현대총유론 서설』을 '공동자원연구총서' 제3권, 『현대총유론』(진인진, 2016)으로 번역해서 펴낸 바 있다. 출판 기념을 겸하여 국제학술회의에 초청을 받은 이가라시 교수는 오랫동안 자신과 함께 연구해 온 동료들의 동반 참석을 제안했고, 우리 연구단은 이를 묶어서 현대총유론 특별세션을 마련했다.

1) 1부 동아시아 공동자원연구의 흐름과 쟁점

1부 '동아시아 커먼즈 연구의 흐름과 쟁점'은 한국, 일본, 대만에서 각각 가장 왕성한 활동을 펼치고 있는 세 연구자들의 발표를 담고 있다.

제1장 '한국 공동자원 연구의 현황과 전망'을 집필한 최현 교수는 제주대학교 SSK연구단을 이끌고 있으며, 한국에서 개별 연구자 수준에서 진행되어 오던 커먼즈/공동자원 연구를 집단적 연구 프로그램으로 끌어올린 장본인이다. 제1장에서는 그가 이끌어 온 집단적 연구의 성과를 짧게 요약하고 있는데, 특히 개념적 재정의를 중심으로 한국에서의 연구사를 정리하고 있다. 이에 따르면 한국에서의 공동자원 연구는 오스트롬의 기념비적 저서인 『공유의 비극을 넘어』가 한글로 번역된 2010년을 기점으로 개념과 이론의 개별적·수용적 연구 흐름에서 개념적 재구성과 이론적 종합의 단계로 진화하고 있다고 평가할 수 있다. 그 과정에서 최현은 엘리너와 빈센트 오스트롬 부부가 정립한 공동자원Common-pool Resources: CPRs 개념이 경제학적 토대 위에 서 있다는 점을 비판하면서 이것을 사회학적으로 재정의하고 있다. 비배제성과 경합성을 갖는 재화로 정의된 공동자원 개념에서 비배제성이 자원의 물리적 속성에서 연유하는 것이 아니라 사회적 정의나 공정성에 관한 인식과 실천에서 연유했다는 것이다. 더 나아가 이렇게 재정의 된 공동자원 개념이 자연의 사유화와 상품화에 기대고 있는 신자유주의를 비판하는 데서도 중요한 역할을 담당할 수 있다는 점을 강조하고 있다. 이러한 논의에 기대어, 자원의 효율적 활용에 초점을 맞추었던 경제학과 행정학의 논의로부터 공동자원론의 비판적인 잠재력을 강조하는 연구 흐름으로의 전환을 요

청하고 있는 것이다.

　제2장 '일본 커먼즈론의 확장과 과제: 이론과 현장의 틈으로부터'의 저자인 미츠마타 가쿠 교수는 일본의 커먼즈론은 1960년대 공업화 사회로부터 초래된 환경위기, 생태위기에 대처하는 과정에서 출현했기 때문에 '일본 독자적인 맹아'를 지니고 있다고 주장한다. 특히 입회권에 관한 법·제도와 이를 둘러싼 논쟁은 커먼즈의 유지와 보존에 지대한 영향을 미쳐 왔다. 그러나 미츠마타 교수를 비롯하여 제3부에서 등장하는 일본측 연구자들은 현대 일본에서 커먼즈를 둘러싼 문제는 자원의 과잉이용이 아니라 과소이용으로 문제가 전환되었다는 데 의견의 일치를 보고 있는 듯하다. 따라서 최근의 연구들도 다양한 외부충격에 대처하는 공동체의 능력과 협력에 모아지고 있다. 특히 오스트롬이 공동체의 커먼즈 관리제도 유지능력의 전제로 삼았던 '이익의 존재'라는 전제가 성립하지 않는 현대 일본에서는 생태계의 다양한 자연자원 이용자들 사이의 협력(예컨대 어민의 숲운동)이나 도시민과의 협력관계를 구축하는 것이 중요한 대안으로 제시되고 있다. 이러한 논의는 이전의 커먼즈 연구에서 강조되었던 측면, 즉 자원의 과잉이용을 방지하기 위한 자원과 공동체의 경계 설정 문제를 재검토할 필요성을 제기하는 것이라고 할 수 있다. 동시에 '젠트리피케이션'을 비롯한 도시의 과잉이용 문제와 노령화나 인구감소를 겪고 있는 농촌의 과소이용 문제를 함께 경험하고 있는 한국적 상황에도 일본측의 논의가 유력하게 이용될 수 있음을 보여준다.

　제3장 '대만의 공유자원 학술연구: 추세와 의제'를 저술한 다이싱성 교수는 대만의 저명한 커먼즈/공동자원 연구자로서 대만의 연구 성과를 구미의 학계에 소개하는 역할을 수행하면서 동시에 원주민의 자원관리체계에 직접 결합하여 다양한 실천활동을 전개해 왔다. 다이싱성 교수에 따르면, 대만의 공동자원 연구에서 나타나는 핵심적인 특징은 대만 원주민들이 오래전부터 공동자원 관리의 전통을 유지해 왔다는 점에서 출발한다. 한인漢人사회

의 유입이나 일본의 식민지체제를 경험하면서 원주민의 공동자원이 국유재산이나 사유재산으로 전환되고, 대부분의 환경자원이 중앙집권적이고 통제적인 방식으로 이뤄져왔다는 점은 동아시아 근대화의 유사한 압력이라는 측면에서 이해할만한 부분이기도 하다. 그럼에도 불구하고 전통적인 생활방식과 자치(혹은 더 나아가 독립까지)를 요구하는 원주민(족)의 존재는 여전히 대만 공동자원 연구에서의 기본 추세나 의제의 전제가 되고 있다. 다이싱성 교수는 원주민에게 집중되었던 연구 의제를 한인 공동거주지로 넓히는 문제나, 공동관리론이나 적응적 거버넌스이론 등 최신의 이론적 성과들을 반영하여 연구의 영역과 범위를 넓혀가야 할 필요성을 제기하고 있다.

2) 2부 동아시아에서 공동자원 관리의 경험

2부 '동아시아에서 공동자원 관리의 경험'은 한국, 일본, 중국, 대만에서 진행되어 온 커먼즈/공동자원의 이용과 관리 경험을 소개하고 비교하는 장이다.

제4장 '제주 커먼즈의 경험-수눌음의 역사와 사회적 경제'는 제주의 척박한 자연환경 속에서 발전해 온 공동체의 상부상조 문화로서 '수눌음'의 사례들을 다루고 있다. 김자경 박사는 커먼즈가 자원으로만 구성되지 않고 자원, 사회적 규칙, 공동체의 상호의존적인 전체라고 본다. 이러한 논의에 따르면, 제주의 수눌음 문화는 그 자체로 제주의 대표적인 커먼즈라 할만하다. 특히 제주에는 목축문화와 관련한 수눌음의 사례들이 많았는데 밧볼림, 둔쉐멕이기, 쇠접, ᄆ쉬접, ᄆ쉬제, 맴쉐, ᄆ쉬벵작, 목장불놓기 등이 있었고, 그 이외에도 검질제, 연자매, 물방애접, 새왓접, 케왓접, 증답, 그릇제 등 다양했다. 이러한 수눌음은 "공동체적 삶의 필요"에 따라 자연발생적으로 형성되었고, 자원으로서의 커먼즈를 관리하는 가운데 발전해 왔으며, 따라서 마을공동체는 이렇게 다양한 수눌음 연결망의 결합체였다고 할 수 있을 것이다. 그러나

수눌음의 문화는 농기계의 보급, 정부의 자연보호정책, 농촌근대화사업 등 다양한 외부 요인들에 의해 사라져 왔다. 그럼에도 불구하고 이러한 협동의 전통과 문화는 여전히 중요하다. 저자는 자본주의적 시장경제의 대안으로 주목받고 있는 사회적 기업, 협동조합운동, 마을기업 등의 사회적 경제가 호혜성을 바탕으로 한 연대와 협동의 경제를 추구한다는 점에서 수눌음의 현대적인 재생이라고 보고 있다.

제5장 '변용하는 커먼즈－마키하타와 산호초의 사례로부터'의 저자인 아키미치 토모야 교수는 오래전부터 일본과 남태평양의 섬을 현장으로 삼아 커먼즈 연구를 수행해 온 일본의 저명한 인류학자다. 그는 커먼즈라는 말 자체는 서양의 개념이지만, 아시아에서는 '산천수택', '공사공리', '입회', '공유림', '마을소유' 등 지역의 소유권·보유권과 밀접히 연관된 제도와 관행이 고대로부터 존재해 왔다고 지적한다. 또한 역사적으로 존재해 온 커먼즈의 변용과 전환을 이해하기 위해서는 법률적 형식의 측면에서 소유권뿐만 아니라 실제적 운용의 측면에서 접근권에 착목하는 것이 중요하다고 본다. 그는 일본 시마네현 오키제도의 마키하타(방목과 경작을 번갈아 하는 밭), 오키나와현 이리오모테섬의 산호초 등 일본의 사례뿐만 아니라 인도네시아나 호주의 사례 등을 연구한 결과를 토대로, 사유와 공유 혹은 자유접근과 공동체 규제 방식이 역동적으로 변화해 왔음을 보여주고 있다. 더 나아가 자유접근 open access, 조건부 출입limited entry, 성역sanctuary 등 접근권의 삼극은 제도나 관행으로 불변하는 것이 아니라 자연환경의 변화나 역사·사회·문화적 조건에 따라 지속적으로 변동한다는 것이다. 이 같은 시각은 커먼즈와 커뮤니티 관계의 역사적 변동에 관한 연구에 중요한 통찰을 제공하고 있다.

제6장 '칭하이－티벳 고원의 공동방목지 관리에서 개인 재산권의 명확화 문제'는 상업화의 압력 속에서 전통적인 목축공동체가 공동방목지를 둘러싼 소유권 문제를 해결해 나가는 방식을 다루고 있다. 저자인 리원쥔 교수는 북

경대학을 중심으로 중국의 여러 지역에서 커먼즈 연구를 주도해 왔는데, 이 글 역시 중국 서남부의 칭하이-티벳 고원을 대상으로 수행한 현장연구를 기반으로 삼고 있다. 전통적으로 칭하이-티벳 고원의 목축공동체들은 가축과 방목지를 집단적으로 관리하는 규범과 관습적 제도들에 의존해 왔다.

1980년대 이후 시장에 기반을 둔 개혁이 추진되면서, '가구별 방목지 계약정책RHCP'이 도입되는데, 이것은 공동체의 가축을 가구별로 분배하고 각 가구들이 특정 토지를 장기적이고 배타적으로 이용할 수 있는 계약을 체결하는 것이었다. 이전의 체계가 갖는 불평등성과 시장화의 압력 때문에 주민들 역시 개인화된 소유정책을 찬성했는데, 동시에 이들은 기후나 생태계 변화에 대처하기 위해서 더 넓은 지역의 방목지에 접근하기를 바랐다. 결과적으로 마을 주민들은 시장화에 따라 개인화된 형태의 재산권을 가지면서도 동시에 봄/가을과 여름 목축지를 공동으로 사용하는 새로운 관행을 만들어냈다. 저자에 따르면, 주민들이 스스로 만들어낸 이 새로운 방목할당체계 grazing quota system는 가축의 생산량을 증가시켰을 뿐만 아니라, 주민들이 국가정책의 변동과 시장화의 압력 속에서 기존의 관습적 제도들을 기반으로 제3의 길을 창출하는 능력을 보여준다. 이러한 결론은 아시아 대륙 중앙의 광활한 목초지 관리에서 공동체의 제도형성과 적응능력을 보여줄 뿐만 아니라, 신자유주의 하에서 진행되고 있는 '제2의 인클로저'에 대응하는 토착적 방식이 존재한다는 것을 보여주고 있다.

제7장 '누강 중류 농업관개시스템에서 '민관합작' 방식의 도입'에서 리엔보 연구원은 중국 윈난성 바오산시 루장바의 관개시설 사업을 사례로 농업 인프라 건설 과정에서 민관합작 PPP모델이 운영되는 방식을 검토하고 있다. 중국 지방정부의 부족한 재정과 비효율 때문에 공공서비스 부문에서 기업의 참여가 늘어나고 있는데, 이 민관합작 방식은 지방정부, 지역공동체, 지방정부가 서로 다른 역할과 위험을 부담함으로써 다양한 형태로 나타난다. 저자

가 수행한 현장연구에 따르면, 기업이 인프라의 투자와 건설을 맡고 지역사회가 운영을 담당하면서 기업에 토지를 제공하는 방식, 기업이 투자-건설-운영을 책임지고 지역사회가 관개 과정에 참여하면서 사용료를 지불하는 방식 등이 존재한다. 여기에 정부는 정책적 후원자, 기업과 지역사회의 중계자, 감시자 등의 역할을 수행한다. 이 글은 현대 중국사회에서 공공재나 공동자원의 새로운 창출이나 제도 구축 과정에서 지역별로 다양성이 존재하며, 현지의 조건에 적응해 나가는 과정에서 지역별 모델이 구축된다는 점을 보여주고 있다.

제8장 '대만 원주민족 자원공동관리제도 수립 - 부락공법인이 법적 근거가 될 가능성에 관한 논의'에서 장후이동 교수는 법학적 시각에서 대만 원주민의 자원관리제도가 갖는 법적 근거와 대안을 논하고 있다. 대만의 원주민들은 한족, 일본 제국주의, 그리고 국민당 정부에 의해 오랫동안 자신들의 전통영토를 수탈당해 왔고 대만의 법률체계 내에서 그 권리를 보장받지도 못했다. 이러한 상태를 개선하기 위해 제정된 원주민족기본법은 원주민족의 집합적 권리를 천명하고 있지만, 대만의 법률체계는 '개인'을 법적 주체로 명시하고 있다. 그래서 원주민족의 집합적 권리를 어떻게 보장할 것인지가 중요한 법률적 쟁점이 되고 있다. 이를 위해 제시된 것이 '부락공법인公法人' 제도인데, 이것은 '파생된 행정주체'로서 공법의 권한 범위 내에서 공법상의 권리와 의무를 가지는 것이다. 저자는 '부락공법인' 제도를 통해서 원주민 부락이 하나의 권리 주체로 등장할 수 있었지만, 그것이 행정공권력을 행사하는 유일한 방법도 아니고 사법인私法人이 더 많은 자유를 누릴 수도 있다고 본다. 이를 둘러싼 제도와 법률이 계속해서 생성·변화하는 중이기 때문에 쉽사리 그 결과를 예측하기는 힘들지만, 대만 원주민족의 사례는 커먼즈에 대한 권리가 근대법 안에서 충돌하면서 제도화되는 과정을 보여준다는 점에서 커먼즈의 법리를 탐구하는 데 풍부한 함의를 던져줄 것으로 보인다.

3) 3부 현대총유론의 제안

3부에서는 아가라시 다카요시를 필두로 하는 일본 연구자들이 다양한 영역에서 현대총유론의 가능성을 검토하는 글과, 이에 대해 한국의 연구자들이 연구사적·법리적 검토 작업을 통해 논의를 보다 심화시키는 글을 담고 있다.

제9장 이가라시 다카요시 교수의 '현대총유론'은 현대총유론이 핵심적인 문제의식을 정리한 글이다. 이가라시 교수는 작년에 우리 연구단에서 펴낸 『현대총유론』(진인진, 2016)의 저자이기도 한데, 그는 현대 일본사회가 겪고 있는 구조변동에 대처하는 하나의 기획으로서 현대총유론을 제안한다. 일본의 법률에서 총유에 관한 규정은 입회권, 온천권, 어업권 등 지역의 자원을 기반으로 삼아 영위되는 사람들의 생활과 공동체, 그리고 지역별 관습에 의거해 왔다. 그런데 일본사회에서 근대화가 진행되면서 전통적 생활방식은 해체되고, 도시에서의 소외된 삶(이것을 개화현상이라고 한다)이 진전되는 가운데, 농촌뿐만 아니라 도시 역시 방치되고 황폐화되는 공간이 생겨나는 등 과소이용의 문제가 극심해지고 있다. 이 같은 문제를 해결하는데 근대의 일본에 만연했던 절대적 소유권이 심각한 문제가 되고 있는 것이다. 따라서 현대총유론은 토지 소유권자들이 개별소유권을 넘어서 토지 전체를 함께 이용하고 아름다운 도시를 만들어 그 수익을 총유 성원들과 나누고 지역 전체로 환원하기 위해서 제시되는 사회개혁의 구상이라고 할 수 있다. 저자는 토지를 공동으로 이용하면서 서로 협동하는 총유정신을 현대사회에 맞게 새롭게 재구성하여 제시하고 있는 것이다. 인구감소, 고령화사회 등의 구조전환을 먼저 겪고 있는 일본사회 전환의 구상을 한국사회가 어떻게 수용할 수 있을지가 중요한 쟁점이 될 것이다.

제10장 '아시아 도시에서 현대총유의 의의 – 일본의 상황으로부터'는 이가라시 교수와 오랫동안 함께 연구하고 실천해 온 하기와라 아츠시 연구원

의 글이다. 그는 일본이 경험하고 있는 구조전환을 아시아의 여러 도시와 지방이 겪고 있는 공통의 현상으로 보고 있다. 일본은 전후에 대부분의 도시의 파괴 속에서 주택건설·도시개발 등 양적 팽창에 집중했고, 1973년에 주택 수가 세대수를 초과했음에도 불구하고 아직까지 질적 전환을 이뤄내지 못하고 있다. 도시의 수평적 확대(교외화)와 수직적 확대(고층화)는 소유권의 절대화와 맞물려 소유자의 세대교체 및 인구감소와 결합되면서 심각한 문제로 등장하고 있다는 것이다. 그 결과, 소유가 세분화·복잡화되어 관리할 수 없게 되는 토지와 건물이 교외에서 도심까지 불규칙하게 나타나게 된 것이다. 저자는 현대총유의 구상이 소유권을 소멸시키기보다는 이용권이나 차지차가권借地借家權 등을 설정하여 소유권을 '재워서' 정리하는 방법이라고 주장한다. 또한 이 같은 구상이 지지와 지속성을 확보하기 위해서는 총유 대상인 토지·건물을 활용해 사업을 실시하는 총유 주체를 설립하고 이것을 소유권의 재편과 함께 구상해야 한다는 점을 강조하고 있다. 저자는 대기업의 자금 조달에 의존했던 거대 개발과 도시 경영을 '자본적 총유'로 보고, 이것과 대비하여 지방과 교외에서 주민이나 소규모의 토지·건물 소유자가 지역의 장래를 고민하면서 협동조합적 조직을 통해 지역에 밀착된 사업을 시작하여 토지와 건물의 재편을 꾀하는 것을 '시민적 총유'로 구분하고 있다.

제11장 '도시 축소 시대에 핵심 기제인 '현대총유' -일본근현대 도시계획에서의 '탈개별적 토지 소유' 시도로부터'의 저자인 노구치 카츠오는 도시 플래너라는 직함을 달고 있는데, 도시 공간의 구체적인 재편을 기획하고 있다. 그는 현대일본사회에 대한 현대총유론자들의 진단을 공유하면서, 도시 공간 재편의 주체로서 '시민총유섹터'를 제안하고 있다. 방대하게 발생하는 소유자 불특정의 빈집·공터를 정비하고 관리하기에 지자체는 여력이 없고, 지역 커뮤니티는 무연사회인 도시형 사회에서 제 역할을 다하기 어렵기 때문에, 시민적 공동관리 체제로서 도시공간관리섹터를 새롭게 구상할 필요가

있다는 것이다. 이것은 소유자가 불특정인 빈집·공터에 대해서 그 소유권은 보전하되 이용은 지자체가 지정하는 제3자, 즉 시민총유섹터에 맡겨 관리하자는 방안이다. 저자는 종래의 소유권체제를 완고하게 유지하려는 지역은 쇠퇴할 수밖에 없고, 시민총유섹터를 포함한 이해관계자를 품는 지역은 지속가능성을 띠게 될 것이라고 전망한다.

제12장 '현대총유의 주체를 모색한다 – 협동조합의 원칙을 토대로'에서 모기 아이이치로우는 현대총유의 주체로서 협동조합을 제안한다. 그는 현대총유의 사회관에서는 공적 영역과 사적 영역의 중간에 있는 '중간조직'의 역할이 중요하다고 보고, 그 가운데 공조·공익의 자율성을 지향하고 시민 자신이 담당자가 되는 조직으로서 협동조합이 중요한 역할을 하리라 전망한다. 저자는 토지의 공동 이용, 사업 영위, 이익 향유의 주체를 시민으로 보는 시민적 총유의 방식을 강조한다. 시민적 총유에서는 함께 거주할 뿐만 아니라 외부에 개방적이어야 할 필요성, 지역사회의 유지와 공익에 기여할 필요성 등이 중요하다. 이와 같은 주체의 모색은 현대총유론에 여전히 남겨진 과제라고 할 수 있는데, 저자는 이가라시 교수가 제안하는 조직횡단적 대응, 즉 현대총유라는 개념으로부터 접근하여 '총유주체법'을 제정하여 대응하는 방법과 대비하여, 현재 일본의 개별 협동조합법에 따르는 종적 관계 상태를 벗어나 '협동조합기본법'을 제정하여 그 안에 총유사업을 담당할 협동조합을 포함시키는 방안을 제시하고 있다.

일본의 역사와 현실에서 출발한 현대총유론을 한국에 적용하기 위해서는 보다 세밀한 검토가 필요하다. 이를 위한 기초적인 작업이 제13장에 수록된 이병천 교수의 토론문이라고 할 수 있다. 원래 이 글은 '동아시아의 커먼즈' 국제학술회의에서 현대총유론 특별세션에 대한 토론문으로 작성된 것으로서, 현대총유의 실천적 의미를 검토하기 위해 이번 저서에 약간 보완된 형태로 수록된 것이다. 이병천 교수는 배타적인 사적 소유권이 근대의 지배적인 소유권 패러다임이었으나 그것은 개방적인 네트워크 협력과 공유의 발전을 가로막아 왔다고 지적하면서, 공公과 사私의 단순 이분론이 깨어지면서 새롭게 수평적 공동共同소유제 및 연대경제가 주목받고 있는 현실을 거론하고 있다. [公+共+私]의 다원적 소유제 구조와 그들간의 상호의존적 협치로 짜여지는 참여와 연대의 시민공동체를 어떻게 만들어 갈 것인가 하는 것이 '리얼 유토피아'real utopia를 추구하는 사람들에게 중요한 물음이 되고 있다는 것이다. 이러한 맥락에서 일본발 현대총유론이 자원의 과소이용이라는 독특한 안티커먼스anti-commons 비극에 대응하는 대안도시 구상과 전략으로서 이론적으로나 실천적으로 큰 의미를 갖는 성과라고 평가하고 있다. 그럼에도 불구하고 총유 개념의 불명확한 부분이 여전히 존재하고, 사유 토지의 가치가 높을 경우에 전체로서의 총유공간을 설계하는 전략이 난관에 부딪힐 수 있음을 지적한다. 또한 공공사의 삼각 구도에서 기존의 공사公私 영역이 어떤 위상을 갖게 되는지도 불분명하다는 한계도 존재한다. 이러한 점들이 보다 명확해지기 위해서는 더 많은 도시재생의 전략들이 검토되고 소개될 필요가 있을 것이다. 이러한 과제들은 우리 연구단 공동의 과제로서 향후의 몫으로 남겨둔다.

제14장 '한국에서 총유제의 입법 기원과 그 현대적 의미'는 한국에서 오랫동안 환경법과 대안적 경제학을 모색해 온 박태현·이병천 교수가 한국의 민법전에 포함된 총유 규정의 현대적 의의 평가하고 있는 글이다. 한국의 민법전은 공동소유의 형태로 공유와 합유는 물론 총유까지 규정하고 있다. 근대의 민법은 개인주의 사상을 기반으로 구축되었는데, 총유론은 게르만법상의 공동소유형태를 로마법상의 '1물 1소유권' 관념으로 파악하기에 어려움을 느낀 게르만법학자들에 의해 구축되었다. 저자들에 따르면, 한국 민법전의 총유 규정은 만주국민법전을 참고해서 성안된 정부안에 민법학자인 고김증한 교수의 수정의견이 채택·반영된 것이다. 그러나 오늘날의 민법학계

에서는 총유적 소유·이용관계가 점차 소멸할 것이라고 보는 견해가 많고, 총유규정을 적용한 판례 역시 종중宗中이나 교회재산의 다툼 등 제한된 영역에 국한되어 사용되고 있는 것이 현실이다. 저자들은 집합이익의 법적 승인이라는 총유론의 핵심 전제를 확장함으로써, 경관이익을 비롯하여 다수가 향유하는 집합이익의 경우에 그 이익귀속주체들이 집합이익을 보존하는 법논리로 활용될 수 있음을 지적한다. 즉 총유 규정이 자원의 지속가능한 공공적 관리를 위한 법체계 구축에 이론적·실천적 기여를 할 수 있는 잠재력을 보유하고 있다는 것이다. 물론 이러한 평가는 현실사회의 구체적인 실천과 법리적 검토 속에서 검증받아야 할 과제다.

마지막으로, '동아시아의 커먼즈: 가능성에서 현실로' 국제학술회의의 분위기와 토론 내용, 쟁점 등이 궁금한 분들은 윤여일 박사의 후기를 참조해 주시기를 바란다. 학술회의에서는 이 책에 수록된 발표문으로 포괄되지 않는 다양한 의견, 관점, 제안이 나왔고, 그것들 역시 기록으로 남길 필요가 있다고 판단하여 국제학술회의의 '후기' 형태로 정리하고자 했다. 동아시아 각 사회가 경험해 온 역사·구조·문화적 배경들 속에서 각각의 공동자원론이 닮아 있으면서도 어긋나는 지점들은 흥미로운 여러 질문을 불러일으킨다. 특히 커먼즈/공동자원 관리의 주체를 어떻게 설정하고 다양한 주체들 사이의 거버넌스를 어떻게 구축할 것인지, 그리고 이를 뒷받침할 법·제도를 어떻게 구축할 것인지가 학술회의 기간 동안 중요한 논의 내용 가운데 하나였다. 새로운 연구방법론의 도입 문제와 공동연구의 가능성에 대한 타진까지, 이번 학술회의의 중요한 쟁점들을 잘 정리하고 있는 글이다.

위 학술회의의 의미는 동아시아의 여러 연구자들이 지역적 경험들을 공유했다는 점뿐만 아니라, 개최지가 제주였다는 점에서도 찾을 수 있다. 한국의 커먼즈/공동자원 연구에서 제주는 특별한 의미를 지니고 있다. 커먼즈/공동자원 연구와 관련하여 제주의 역사와 현실이 지닌 '이중의 역설'을 말하는 것이다. 제주는 4·3사건을 비롯하여 그 이후에도 반공독재국가로부터 지속적으로 정치적 억압과 배제를 받아왔을 뿐만 아니라, '압축적 근대화'의 과정에서도 '주변의 주변'으로서 지속적인 저발전을 경험해왔다. 그런데 중심부로부터의 이러한 억압과 저발전으로 인해서 제주에서는 공동체를 결속시키는 협력적 전통의 문화가 오랫동안 지속될 수 있었고 제주의 아름다운 자연환경, 곶자왈 숲이나 마을공동목장 등의 커먼즈가 보존될 수 있었다. 이러한 저발전 상태에서 벗어나기 위해서 1980년대에 본격적으로 진행된 '관광의 섬, 제주'로의 재편은 '커먼즈의 관광자원화' 과정이었다고 할 수 있다. '관광의 섬' 프로젝트는 가시적인 성과를 거두어, 2000년대 이후 제주는 '국제자유도시'로 지정되었고 한 해에 1천 5백만 명 이상의 관광객이 제주를 찾고 있다. 그러나 '관광의 섬'이 진전되면서 해안도로를 비롯한 제주의 수려한 경관은 점점 사유화되고 있고, '국제자유도시' 구상 역시 제주의 땅, 물, 바람을 자본 투자의 대상으로 전환시키고 있다. 제주의 사회경제적 팽창은 '커먼즈의 상품화와 자본화'에 힘입은 바 크다. 결국 '동아시아의 커먼즈: 가능성에서 현실로' 국제학술회의와 '공동자원연구총서'는 커먼즈/공동자원을 둘러싼 투쟁의 최전선에 위치한 제주에서 주류적 흐름과는 다른 새로운 전망을 제안하고 이를 구체화하기 위한 시도들 가운데 하나라고 평가하고 싶다. 이것이 우리가 '가능성에서 현실로'라는 부제에 담은 의미였다. 우리는 이러한 이론적 실천을 통해 제주의 당면한 현실을 개선하고, 제주의 특수한 지형에 근거하면서도 보편적인 함의를 갖는 창의적인 구상들 Commons Initiative from JEJU!이 제안될 수 있기를 바란다.

끝으로, 이 책은 한국, 중국, 대만, 일본 등 서로 다른 역사와 문화, 언어를 지닌 연구자와 현장들의 만남의 결과로 만들어졌다. 대화를 위한 통역과 번역 역시 어려운 문제였다. 학술회의에서는 안행순, 김태식 두 분이 일본어

통역을 맡아주었고 정윤지, 조옥란 두 분이 중국어 통역을 맡아주었다. 이 자리를 빌어서 다시 한 번 감사의 말씀을 드린다. 그리고 실무를 책임진 윤박경 님을 비롯하여 기록을 남겨준 복희 님, 진행을 도와준 문지원 님에게도 감사의 인사를 전한다. 번역에는 연구단의 윤여일 박사가 일본어를, 정윤지 님께서 중국어 번역을 맡아주었다. 그러나 책의 전체적인 구성과 내용은 공동 편저자들이 책임을 지고 있다.

또 다른 만남과 소통과 교류와 연대를 기대하며!

2017년 4월
필자들을 대표하여
제주대학교 SSK연구단 전임연구원 정영신

::1부

동아시아 공동자원
연구의 흐름과 쟁점

■
제1장
한국 공동자원 연구의 현황과 전망

최현(제주대학교 SSK연구단 연구단장)

1. 들어가며

　한국의 공동자원 연구는 아직까지 그 시작 단계에 머물러 있고, 일반인들은 공동자원이라는 말조차 들어본 적이 없을 정도다. 주제의 중요성에 비해 연구자가 턱없이 적기 때문에 일반인은커녕 지식인들조차 공동자원에 대해 알지 못하고 있는 것이다. 여기서는 좀 더 많은 사람들이 공동자원에 관해 관심을 가지고 연구해주기를 기대하는 마음에서 우리나라 공동자원 연구의 현황을 살펴보고 전망을 제시하고자 한다.

2. 한국의 공동자원 연구의 현황

　한국 학계에서 Common Pool Resources(이하, CPRs)와 commons에 대한 연구가 시작된 것은 2010년대 이후로 아직까지 그 연구 성과가 매우 일천하다. 이러한 상황을 가장 잘 보여주는 사실은 CPRs와 commons라는 개념에 대한 번역어도 아직까지 확정되어 있지 않다는 것이다. 2010년 이전에도 물론 마을숲, 송계, 마을목장, 어장 등 공동자원에 대한 연구는 있었지만, 공동자원이라는 하나의 틀 속에서 연구되었다기보다 서로 연관 없는 개별 주제로 연구되었다. 2010년 이후에야 비로소 공동자원이라는 개념이 소개되고 마을숲, 송계, 어장 등 각각의 사례가 공동자원이라는 하나의 개념적 틀 안에서 사고되고 연구되기 시작했다. 하지만 공동자원의 개념을 적용하는데 급급하지 않고 한국의 다양한 공동자원에 대한 경험적 연구를 통해 그것을 발전적으로 다시 정의하는 성과를 낳았다. 또한 신자유주의를 비판하고 지속가능한 삶의 조건을 만드는 데 공동자원론을 활용하고자 하는 시도가 나타났다.

1) 공유재, 공공재, 그리고 공동자원의 재정의

한국 학계에서는 배득종(2001, 2004), 윤순진(2002), 이명석(2006) 등 행정학자들이 2000년대 초부터 공동자원론을 소개했다. 특히 2010년 윤홍근과 안도경이 오스트롬의 대표적 저작인 Governing The Commons를 번역하면서 공동자원론에 대한 논의가 본격적으로 시작되었다(오스트롬, 2010). 초기 소개자들은 대부분 오스트롬의 직접적 제자이거나 인디애나 대학과 연관을 갖고 있었으며, 행정학 또는 정치학 배경을 가진 학자들이었다. 물론 그 훨씬 전부터 commons에 관심을 가지고 연구해왔던 연구자들이 있었지만, 그들의 연구가 공동자원론과 연결되기 시작한 것은 2000년대 이후였다. 공동자원 연구자들은 commons와 CPRs를 주로 공유지(김윤상, 2010; 윤순진, 2002), 공유재(배득종, 2001, 2004; 이명석, 2006) 또는 공유자원(오스트롬, 2010; 헤스·오스트롬, 2010) 등으로 번역했다.[1] 하지

---

1 오스트롬·헤스(2010)는 공동자원 개념을 소개하고 있기는 하지만 적절한 개념
   을 사용하지 않음으로써 혼란을 가져오기도 했다. 그들은 CPRs와 commons를
   구분하고 지식과 정보 등 감소성이 없는 자원을 commons로 자연과 시설 등 감

만 이러한 용어는 common pool resources와 common property resources를 혼동하도록 만들어 현실에 존재하는 common pool resources 또는 commons 의 대부분을 연구와 정책의 대상에서 배제하는 문제를 낳았다. 왜냐하면 한국뿐만 아니라 세계의 거의 모든 나라에서 common pool resources 또는 commons는 공유 상태가 아니라 국유 상태나 사유 상태에 있기 때문에 CPRs 또는 commons와 common property resources를 혼동하게 되면 공동 자원론의 적용범위가 대폭 축소되기 때문이다. 국제 학계에서도 처음에 이와 관련된 연구를 시작할 때 common property resources라는 용어를 사용했지만, 연구를 진행하면서 이 용어가 혼란을 가져온다는 것은 인식하고 대신 common pool resources는 용어를 사용하게 되었다. 특히 오스트롬 부부 (Ostrom&Ostrom, 1977)는 소유 상태와 상관없이 배제불가능성과 경합성을 갖는 자원을 CPRs로 정의했는데, 이 정의가 현실적합성을 가지기 때문에 현재 국제적으로 학계에서 통용되고 있다(표1 참조).

표1 자원의 분류

	배제가능	배제불가능
감소 (경합)	사유재: 음식, 옷, 가구, 자동차 등	공동자원(공동재): 바다, 하천, 공동목장, 공동어장 등
비감소 (비경합)	회원재(요금재): 케이블 TV방송, 판매 소프트웨어, 지적 재산 등	공공재(공개재): 치안, 인터넷, 일기예보, 공개 소프트웨어(shareware) 등

출처:(오스트롬, 2010; 이명석, 2006; 최현, 2013a; 2013b; 2014; 최현·김선필 2014; Ostrom & Ostrom, 1977)

———

소성이 있는 자원을 CPRs를 정의하고 있으나 이것은 commons와 CPRS의 관계뿐만 아니라 이것들과 공공재와의 관계를 혼란시키는 결과도 낳는다. 지식과 정보는 자연·자원과 시설 매우 다르기 때문에 섣불리 공동자원론을 적용할 수 없다는 점을 지적하고 싶다.

common pool resources의 common pool은 비록 가입과 탈퇴가 가능한 집단이긴 하지만 경계가 있는 어떤 집단을 의미한다. 다시 말해 CPRs는 아무나 사용할 수 있는 것이 아니라 common pool에 속하는 (대개 해당 자원의 보전에 참여하는) 사람들만 이용할 수 있는 자원이다. 물론 common pool은 가입과 탈퇴가 가능하다는 측면에서 완전히 폐쇄적인 것은 아니지만 경계를 가지고 있는 경우가 대부분이다. 오스트롬의 하딘에 대한 비판 중에서 중요한 것 중에 하나가 바로 하딘이 이런 점을 인식하지 못했다는 것이었다 (오스트롬, 2010). 그런데 이 pool에 가입의 기준은 무엇인가? 실제 상황에서는 속인주의나 속지주의, 거주지주의 등이 가장 일반적인 기준이 된다. 제주의 어장은 현재까지 거주지주의가 적용되고 있으며, 마을 목장의 경우 과거에는 거주지주의가 적용됐지만, 최근에는 속인주의가 주로 적용된다. 예를 들어 제주 가시리 공동목장의 경우에는 1978년 4월 15일 가시리 거주자 및 그 후손(1가구당 1인)이 관리권을 갖는다. 마을마다 조금씩 다른 원리가 적용되기는 하지만 전체적으로는 거주지주의에서 속인주의로 변화하는 것으로 보이는데 이것은 근대적 소유권과 제주도의 지가상승, 주민의 급속한 변화에 따른 것이다. 원래 거주지주의 원리를 따랐던 것은 가입의 가장 중요한 기준이 유지 및 관리의 부담을 지는 것이라는 것을 보여준다. 이러한 사례는 제주도에만 한정된 것이 아니라 일본, 인도네시아, 솔로몬 등 다양한 사례에서 확인된다(오스트롬, 2010; 이노우에, 2014: 특히 5장, 9장, 10장). pool에 가입하는 것은 이용만이 아니라 부담이라는 의미가 담겨 있다.

일반인들뿐만 아니라 학자들까지 공동자원과 혼동해서 사용하는 말이 공공재다. 하지만 누구나 사용할 수 있는 공공재는 관리의 책임을 져야만 사용할 수 있는 공동자원(공동재common goods라고도 함)과 엄격하게 구분된다. 새뮤얼슨Paul A. Samuelson이 public goods이란 말을 만들었다. 그는 원래 정부의 공공투자의 필요성을 입증하기 위해 시장에 의해 제대로 공급될 수 없는 공공재public goods를 시장에 의해 공급되는 사유재private goods 와 구분하기 위해 이 말을 만들어 냈다(Samuelson, 1954; 1955). 치안이 나 국방과 같은 공공재는 빵이나 집, 구두와 같은 사유재와는 달리 경합성 (rivalry: subtractability와 같은 것으로 취급하기도 함)이 없기 때문에 누구 나 사용할 수 있고 상품화가 어려워서 시장이 제대로 공급할 수 없다는 점을 지적했다. 하지만 새뮤얼슨은 경합성이 없을 때만 배제가능성이 없다 생각 했기 때문에 공공재는 아주 예외적인 것이 되었다(오스트롬·헤스, 2010). 앞서 언급했듯이 오스트롬 부부는 경합성과 배제가능성을 구분하고 이 두 가지 기준에 따라 자원을 공공재, 공동자원(공동재), 사유재, 회원재club goods의 네 가지로 구분했다(표1 참조). 이를 통해 공동자원과 회원재라는 새로운 개념이 태어났는데 이것은 공동자원의 범위를 크게 확장했다.[2] 왜냐 하면 경합성과 배제성이 함께 없는 자원은 매우 드물지만, 경합성은 있지만 배제성이 없는 자원은 현실에서 상당히 존재하기 때문이다. 오스트롬은 이 러한 정의에 입각한 다양한 사례연구를 통해 세계 여러 지역의 공동자원이 성공적으로 관리된 사례를 제시했다. 이를 통해 하딘의 '공동자원의 비극'이 라는 개념에 따라 자연자원을 효율적으로 관리하기 위해서는 비록 자연자원 의 사유화가 많은 문제를 낳지만 불가피하다는 신자유주의적 논리에 강력 한 문제를 제기하고 다양한 대안을 제시했다(김윤상, 2010; 윤순진, 2004; 2006; 이명석, 2006).

그런데 앞에서 언급했듯이 공동자원이 배제불가능성을 갖는다는 정의와 공동자원은 아무나 사용할 수 있는 것이 아니라는 주장에는 모순이 있는 것

---

2   뷰캐넌(Buchanan, 1965)이 새뮤얼슨의 공공재 개념이 가지는 혼란을 비판하고 시장을 옹호하기 위해 1965년에 이미 회원재의 기본적 개념을 제시하기는 했 지만 그것을 다른 자원들과의 관계 속에서 명확히 정의하고 회원재라는 용어를 사용한 것은 오스트롬 부부(Ostrom & Ostrom, 1977)였다고 할 수 있으며, 공 동자원의 개념과 용어 모두 오스트롬 부부가 처음으로 사용했다고 할 수 있다.

이 아닌가라는 질문이 제기 될 수 있다. 사실 이 문제에 관해 오스트롬과 공동자원론자들 대부분이 명확히 대답하고 있지 않다. 그것은 최현(2013a; 2013b; 2014)이 지적했듯이 오스트롬이 경제학의 영향을 받아 공동자원의 물질적 속성에 초점을 맞추기 때문이다. 오스트롬은 공동자원을 '다수의 개별주체들이 공동으로 사용하며, 잠재적인 사용자를 배제할 수 없거나 배제하기 어렵고non-excludable, 한 주체의 사용량이 증가함에 따라 다른 사용자들이 사용할 수 있는 양이 감소하는subtractable 자연적 자원이나 인공 시설'라고 정의한 것을 통해서도 확인된다. 오스트롬의 정의에서는 관리주체는 배제하려고 하지만 자원의 속성상 배제가 어렵기 때문에 공동자원이 생겨난다는 것이다. 하지만 최현(2013a; 2013b; 2014), 김선필(2013), 최현·김선필(2014)은 배제불가능성이 자원의 속성에서 생겨나는 것이 아니라 인간과 그 자원의 관계에서 생겨나는 것으로 파악해야 한다는 것을 제주의 공동목장, 지하수, 바람 등에 대한 사례 연구를 바탕으로 주장한다. 배제불가능성은 자원의 속성이 아니라 사회적 정의와 인간의 생존을 위해 생겨난 결과라는 것이다. 이러한 주장은 공동자원과 관련된 영국, 일본, 인도네시아 등 다른 지역에 대한 경험적 연구(라인보우, 2012; 이노우에, 2014: 특히 5장, 6장, 9장; 폴라니, 2009)에 의해서도 뒷받침된다. 기본적으로 거주지주의의 원리에 따라 관리의 부담을 지고자 하는 사람들에게 개방적이었던 공동자원은 옷, 가구, 자동차 등 타인의 사용을 배제하는 것이 사회적으로 용인되는 사유재와는 다른 것이다.

이러한 주장에 따르면 배제불가능성은 다음과 같은 두 가지 이유 때문에 생겨난다. 첫째, 특정 자원을 자유롭게 사용하지 못할 경우 생존이 불가능하거나 매우 어렵게 된다면 어떤 개인이나 집단도 그 자원을 배타적으로 관리·이용하는 것은 사회적으로 인정되지 않기 때문이다. 둘째, 특정 자원을 형성하는 데 기여한 것이 없거나 매우 적은 개인이나 집단이 그 자원을 배타적으로 관리·이용하는 것은 사회적으로 인정되지 않기 때문이다. 첫 번째 이유를 확인할 수 있는 것은 식수나 공기뿐만 아니라 생계를 위해 농사를 짓는 사람들에게 필요한 용수를 어느 누구도 독점적·배타적으로 사용할 수 없는 다양한 사례를 통해 확인된다. 거의 모든 것이 상품화된 현재 한국에서조차 지하수에 대한 공수개념이 확대되고 있는 것은 이러한 사회적 상식의 압력이 작용하기 때문이다(최현, 2013b). 두 번째 이유는 자본주의의 발전에 따라 토지가 자연자원 중에서 가장 먼저 사유화되었음에도 아직까지도 발전된 자본주의 사회에서 지속적으로 토지 소유권에 대해 정당성을 위협하는 논의들이 등장하고 있는 현실에 의해 역설적으로 뒷받침된다. 소유권을 정당화한 로크도 토지 소유권에 대해서는 누구나 경작할 수 있는 땅이 있다는 조건을 달아 정당화했는데, 이것은 토지를 생산할 수 없는 현실에서는 충족시킬 수 없는 조건이기 때문에 결과적으로 토지 소유권을 정당화하는 데 실패했다(로크, 2011; 최현, 2012). 자유주의자였던 헨리 조지 역시 토지에 대해서는 모든 인류가 평등한 권리를 가진다는 지공주의를 주장했다(김윤상, 2011). 소유권의 중요성을 제기했던 많은 자유주의자들이 토지의 소유권을 정당화하기 힘들었던 것은 무엇보다도 토지 소유자가 그 토지를 생산하지 않았을 뿐만 아니라 개발하거나 관리하지도 않는 경우가 많기 때문이었다.

이에 따라 공동자원은 "잠재적인 사용자를 배제하는 것이 사회적으로 용인되지 않고, 한 주체의 사용량이 증가함에 따라 다른 사용자들이 사용할 수 있는 양이 감소하는 자연적 자원이나 인공 시설"이라고 새롭게 정의되었다.[3] 새로운 공동자원에 대한 정의는 모든 것을 상품화함으로써 인간과 자연

---

3 주요 논점은 아니지만 배제성만이 아니라 경합성도 자연적 속성이 아니라 사회적 속성이며, 사물의 자연적 속성인 감소성과 사회적 속성인 경합성은 구분될 필요가 있다고 지적하고 싶다. 지식이나 소프트웨어 같이 자연적으로 감소성을

을 파괴하는 신자유주의에 대항해서 남아있는 공동자원을 지킬 뿐만 아니라 정의나 공정성 등에 비추어 사유화되어서는 것이지만 사유화되었던 것들을 다시금 모든 인류에게 되돌려주는 운동을 정당화하는 논리적 근거를 제시한다. 이것은 특히 그 특성상 경합성을 갖지만 배제의 정당성이 없는 자연이라는 공동자원의 보호에 커다란 의미를 갖는 것이다. 자연을 개인이나 소수가 독점할 수 없는 공동자원으로 관리하고 거기에서 창출되는 편익을 인류가 공동으로 향유하게 함으로써 자연의 지속가능한 개발에 더 많은 지구시민들을 참여시킬 수 있는 토대를 마련할 수 있다. 부유한 자본가와 빈곤한 자들의 공모에 의한 자연이 파괴되고 있는 현실에 비추어 빈자들에게 자연에 대한 지분을 분배함으로써 자연에 대한 책임감을 이끌어낼 수 있는 것이다.

2) 공동자원 분석 모델의 적용과 신자유주의에 대한 대안적 담론의 형성

2000년대 이전에도 산림계에 관한 연구(강성모, 1989; 이만우, 1972), 공동목장에 관한 연구(한세민, 1987), 어업공동체의 공동자원 관리 연구(오호성, 1986) 등 한국에서도 공동자원과 관련된 연구들이 있었다. 하지만 이러한 연구들은 통합적인 이론을 형성하지 못하고 개별적인 사례 연구에 그쳤다. 한국에 공동자원론이 소개되고 공동자원론과의 관계 속에서 본격적으로 공동자원에 대한 연구가 시작된 것은 2000년대 초반이었다. 앞서 언급했듯이 배득종(2001, 2004) 이명석(2006) 등이 공유재라는 이름으로 공동자

갖지 않기 때문에 경합성도 갖지 않는 무형재가 있기는 하지만, 우리 주변의 대부분의 재화나 서비스는 자연적인 감소성을 갖지만 사회적으로 경합성을 갖지 않는 유형재가 대부분이다. 예들 들어 공기는 감소성이 있지만 그 양이 충분하기 때문에 아직까지 사회적으로 경합성이 없다. 따라서 공기도 대기오염 심화 등 사회적 조건의 변화에 따라 경합성을 갖게 될 가능성도 있다. 한국에서 경합성이 없던 먹는 물이 수질악화로 경합성을 갖게 됨에 따라 이미 상품으로 팔리고 있다.

원이라는 개념을 소개하기 시작했으며, 2010년 오스트롬의 2저서(오스트롬, 2010; 헤스·오스트롬, 2010)가 번역되면서 공동자원에 대한 연구가 본격적으로 수행되기 시작했다. 배득종(2004)은 공동자원을 공공재와 구분하고 경합성이 없는 공공재에 관한 이론과는 달리 경합성이 있는 자원을 다루는 공동자원론은 적용할 수 있는 대상이 대단히 많다는 점을 지적한다. 그런데 그는 행정학자로서 자연의 지속가능한 관리보다는 정부예산 등 사회적 자원, 도시의 쾌적성 등 비가시적 자원 등에 적용할 필요성을 공동자원론을 적용할 필요성을 제기하고 있다. 이명석(2006)은 공동자원 개념과 제도분석 모델을 소개하고 그것이 가지는 협치적 의미를 정리했다. 강은숙·김종석(2013) 역시 행정학자로서 사회-생태계 모델 등 오스트롬의 주요 이론을 소개하고 인간과 제도 간의 상호 작용, 규제 방법 등 이론적 쟁점을 제기하는 한편 한국적 상황에서 적용가능성을 확인하는 경험적 사례연구의 필요도 주장했다. 한국에서는 공동자원론과 관련된 연구가 행정학 분야에서 처음 소개됐고 관련 연구도 비교적 활발하게 이뤄지고 있다. 비슷한 맥락에서 농경제학 분야에서도 농업용수와 관개시설 관리에 대한 연구(김홍상·신은정, 2004; 김홍상·김윤형·김정승, 2013)가 있었다. 하지만 행정학자들의 연구는 공동자원에 대한 효율적 관리와 정책에 치우쳐 있고, 행정학 분야 밖에서 일어나고 있는 공동자원 연구 성과에 대해서는 거의 참고하지 않는다는 문제점이 있다. 이로 인해 사회-생태계 모델도 거의 활용하고 있지 못하다.

이러한 연구들은 자연과학과 사회과학의 협력을 이뤄내지 못했다는 문제점과 함께 공동자원론의 폭을 지나치게 협소하게 만들 가능성이 있다는 문제점을 가지고 있다. 공동자원론 연구가 효율적 관리에 한정되게 되면 기술적인technical 문제에 매몰돼 자연의 불공정한 이용의 문제와 국가와 시장에 의한 자연의 파괴, 지속가능한 삶의 방식의 훼손이라는 거시적 문제를 도외

시하여 공동자원론의 비판적이고 변혁적인 잠재력을 잃어버릴 수도 있다.[4]
이런 잠재력을 인식하고 한국에서 공동자원론을 자연의 공정한 관리와 이
용, 불평등의 해소, 자연의 보호와 지속가능한 삶의 방식의 확대라는 비판
적 관점에서 활용하기 시작한 연구는 윤순진(2002)으로부터 시작되었다.
그는 일찍부터 공동자원론이 가지는 생태적 함의를 이해하고 이후에도 지
속적으로 마을숲, 송림과 공동목장 등 다양한 사례연구를 진행해 왔다(윤순
진, 2004; 2006; 윤순진·차준희, 2009). 이러한 문제의식을 공유하면서 최
현과 그 동료들은 한국의 공동목장, 지하수, 바람 등 공동자원에 대한 경험
적 연구를 수행하는 한편 공동자원론을 지속가능한 삶의 방식을 모색하는데
활용하기 위한 이론적 탐구를 지속하고 있다(김동주, 2012; 김선필, 2013;
2014; 최현, 2012; 2013a; 2013b; 최현·김선필, 2014). 이러한 연구는 누
구의 것도 아닌 자연으로부터 혜택을 불평등하게 향유하기 때문에 자연을
파괴하는 것을 막을 수 없다는 문제의식에서 출발한다. 부유한 사람들은 더
많은 부를 쌓기 위해 자연을 파괴해야만 할 뿐만 아니라, 더 많은 부가 환경
오염으로부터 자신을 지켜줄 수 있다고 믿기 때문에 자연을 파괴하는데 거
리낌이 없으며 더 나아가 자연을 파괴하기 위해 끊임없이 노력하기 때문이
다(벡, 1997). 따라서 공동자원의 개념과 그것을 기초로 하는 자연자원에
대한 사적 소유권 제도에 대한 비판, 공동자원의 호혜적 활용에 관심을 가
진다(최현, 2012; 2013a; 2013b). 마을어장을 지역 주민들을 위한 사회안
전망으로 활용할 수 있다는 김준(2011)의 주장도 공동자원의 호혜적 활용
과 지속가능할 삶의 방식의 결합 가능성을 보여준다. 이러한 측면에서 공동
자원론이 담론적·운동적 실천과 결합되어 발전한 일본 등 동아시아지역의

---

4 김형용(2015)은 공동자원론과 생태복지국가의 전망을 결합시키려는 참신한 시
　도를 하고 있지만, 공동자원론을 복지국가의 위기관리의 방안으로 한정함으로
　써 앞서 언급한 행정학자들의 한계로 돌아가고 있다.

공동자원론을 소개하고 한국의 결합하려는 시도들(김자경, 2014; 박동성, 2012; 따이싱셩·최현, 2015; 이노우에, 2014; 진필수, 2008; 최현, 2014)도 나타나고 있다.

공동자원론과 관련된 또 하나의 중요한 연구 주제는 우자와 히로후미의 사회적 공통자본론과 관련되어 있다(우자와, 2008). 우자와는 한 나라 또는 특정 지역에 사는 모든 사람이 풍요로운 경제생활을 영위하고, 우수한 문화를 발전시키며, 인간적으로 매력 있는 사회를 지속·안정적으로 유지하는 데 반드시 필요하기 때문에 사적 소유나 사적 관리를 인정하지 않고 어떤 사회적 기준에 따라 그 사용이 결정되어야 할 희소자원의 저량stock을 "사회적 공통자본"으로 정의한다. 그리고 이러한 사회적 공통자본을 자연자본(토지, 물, 공기, 삼림, 하천 등), 사회자본(사회간접자본과 경찰, 학교, 병원 등), 제도자본(교육, 의료, 시장, 금융, 사법 등)이라는 3개의 범주로 분류한다. 이 중 자연자본은 물, 하천, 숲, 흙, 바다 등 자연환경 전반을 포함하고 있으며 자연자원의 지속적 이용·관리라는 측면에서 공동자원의 논의와 접점을 가진다.

흥미로운 것은 우자와의 사회적 공통자본 개념 역시 오스트롬 부부(Ostrom & Ostrom, 1977)의 공동자원 개념과 마찬가지로 새뮤얼슨의 공공재 개념이 현실에서 적용가능성이 거의 없다는 비판적 문제의식으로부터 생겨났다는 것이다. 따라서 우자와의 사회적 공통자본론은 오스트롬의 공동자원론과 공유하는 바가 많다. 두 이론 모두 소비, 생산, 효용 등의 경제학의 토대 위에서 만들어진 겼고 '사람들의 생활·생존'을 직접 문제시하면서 희소자원의 구체적인 관리를 꾀하고 현실에 적용할 수 있는 가능성도 크다. 다른 점은 우자와의 사회적 공통자본론이 처음부터 거시적 구조와 제도에 관심을 갖고 대안적 경제 체제에 초점을 맞췄다면, 오스트롬은 앞서 자세히 설명했듯이 지역의 미시적 제도들에서 시작해서 그것을 둘러싼 다양한 수준의 제도, 관련된 시스템과 그것들 사이의 관계 및 시스템의 점진적 변화로 관심을 넓혀왔다. 주류경제학에 대해 우자와의 공통자본론은 직접적으로, 오스트롬의 공동자원론은 간접적으로 비판적으로 접근하고 있다. 우자와의 공통자본론과 오스트롬의 공동자원론은 같은 부모를 가진 형제나 자매와 같다. 그런데 이 두 이론은 서로 같은 문제의식에서 출발했지만 강점을 보이는 영역이 다르기 때문에 서로 보완적인 측면을 가지고 있다. 일본에서는 이 때문에 우자와의 공통자본론을 공동자원론의 2가지 주요한 흐름 중의 하나로 다루고 있다(이노우에, 2014; 최현, 2014).

이러한 측면에서 공동자원론의 발전을 모색하고 있는 한국의 대표적 연구자는 우자와의 저작을 번역하기도 한 이병천이다. 그는 공동자원론을 활용해서 지속가능한 대안적 경제학을 체계화하기 위해 노력하고 있다(이병천, 2013). 그에 따르면 대안적 경제학은 "살림살이"의 경제학이다. 사회와 유리된 시장 효율의 논리와 약육강식의 논리에 따라 조직된 현재의 주류경제학과 달리, 사회에 뿌리내린 채 사람과 자연을 살리는 살림살이의 논리를 따르는 공생의 경제학이 필요하다고 주장한다. 물론 이병천 이외에도 대안적 경제학과 경제체제를 모색하고 있는 한국의 경제학자들은 제도경제학계를 중심으로 많이 있지만, 이병천은 공동자원론과 사회적 공통자본론에서 이러한 실마리를 찾고 있다는 점에서 특징을 가진다고 할 수 있다. 이러한 시도는 경세제민經世濟民이라는 경제의 본뜻에 걸맞은 경제학을 구축하려고 하는 의미 있는 시도로 보인다. 이러한 시도는 또한 칼 폴라니(2009)나 네그리·하트(2014)의 시도와 맞닿아 있다.

3. 한국 공동자원 연구의 과제와 전망

2010년 이전까지는 한국에서 오스트롬의 공동자원론, 제도설계원칙과 제도분석 모델에 대한 이해가 부족했고 그것을 활용한 연구가 거의 없었다. 하지만 2010년 이후에는 개념과 이론에 대한 소개(강은숙·김종석, 2013; 오스트롬, 2010; 헤스·오스트롬, 2010)와 함께 사례연구(김경덕·오내원·김창호, 2013; 김동주, 2012; 김선필, 2013; 김성배·이윤미, 2010; 김홍상·김윤형·김정승, 2013; 최현, 2013a; 2013b; 최현·김선필, 2014; 최현 외, 2016a; 2016b)도 확대되고 있다. 지금까지는 한국에서 공동자원에 대한 관리는 주로 지방자치체, 국가, 국제조직이 담당해 왔는데, 이러한 행정적인 관리방식은 민주주의가 매우 발전한 시스템에서는 효과적이지만 그렇지 못한 경우에는 행정조직이 관리를 못해 자원이 훼손되거나 거대자본에게 팔아넘기는 사유화로 귀결되는 경우가 많았다. 행정학 분야의 공동자원 연구는 이러한 문제에 주로 초점을 맞춰왔고 지역주민과의 협치라는 대안적 방식을 통해 관리의 효율성을 제고하는 방식을 대안으로 제시해 왔다. 이러한 행정학 분야의 연구는 앞서 언급했듯이 공동자원의 공동체적 관리가 효율성을 확보함으로써 안정적으로 유지될 수 있는 조건을 분명히 했다는 장점을 가지고 있다. 그런데 공동자원을 둘러싼 협치에 관한 연구는 현재까지 관련된 마을 주민과 국가에 초점을 맞추고 있지만, 지역주민과 상급 행정단위(구, 군, 시, 도 등)의 주민, 국민, 상급 행정기관(시청, 도청 등), 중앙정부, 국제기구, 전인류의 공동자원을 둘러싼 단위연계(Berkes, 2002: cross-scale institutional linkages)에 대한 분석으로까지 분석 수준을 확대할 필요가 있다. 또 사회–생태계 모델을 충분히 활용하기 위해 자연과학과 사회과학의 협력적 연구도 확대될 필요가 있다.

하지만 지나치게 효율성과 협치, 분석 모델에만 초점을 맞춰 공동자원이 가진 비판적·운동적·담론적 가능성을 제한하거나 훼손해서는 안 된다. 공동자원론은 신자유주의에 맞서 공동자원을 확대해 나가는 운동에 담론적·비판적 정당성을 제공할 수 있기 때문이다. 앞으로의 공동자원 연구는 제도분석 모델을 이용한 공동자원의 효율적 관리 방안에 대한 연구와 함께 공동자원론이 가지는 담론적·운동적 의미를 부각시키는 연구도 확대될 필요가 있다. 이와 관련해서 오스트롬의 공동자원론뿐만 아니라 일본과 대만 등 동아시아의 공동자원론을 참고해서 공동자원론이 가지는 담론적·운동적 의미를 살려 한국적 공동자원론을 발전시킬 필요가 있다. 우자와(2008)를 활용해 주류경제학을 비판적으로 극복하려는 노력이나, 오스트롬의 공동자원 개념과 동아시아의 공동자원 개념을 결합해서 자연에 대한 공공적 관리와 지속가능한 삶의 방식을 확산하기 위해 활용하려는 시도 등에 주목할 필요가 있다.

후자와 관련해서 공동자원이 가지는 배제불가능성의 이유를 해당 자원의 사회적 특성에서 찾으려는 시도는 한국 공동자원론의 독창적인 시도로 공동자원의 확대라는 담론적 실천의 기초가 될 수 있다. 또한 공동자원이 자본주의의 발전 과정에서 사유화되거나 국유화되지 않고 공동자원으로 남아있는 사례를 수집해서 현대사회에서 공동자원을 유지하고 복원하기 위해 필요한 전략을 마련하는 것 역시 매우 중요할 것이다. 예를 들어 제주에서 많은 공동목장이 사라져 가고 있지만 가시리와 선흘리는 마을 공동자원인 공동목장과 곶자왈을 파는 대신 풍력발전부지, 생태관광자원 등으로 활용해서 수익사업을 벌이는 하편 그 수입을 마을 사람들의 복지와 문화생활을 위한 재원으로 활용해서 지속가능한 삶의 방식의 사례를 제시하고 있다. 공동자원과 공동체의 현대적 결합을 통해 자연과 공동체를 함께 재생하고 있는 것이다. 공동자원의 사유화 과정에는 모든 것을 상품화하는 자본주의적 법 제도도 톡톡히 그 역할을 했는데, 이러한 상품화에 저항하면서 공동자원을 제도적으로 보장하기 위해 도입된 제도가 총유總有제도다. 일본이나 대만과는 달리 한국은 1960년부터 시행한 신민법을 통해 총유를 제도적으로 인정하고 있다. 총유를 전근대적 유제로 간주해서 폐지를 주장하는 학자들도 많다(최문기, 2012). 하지만 공동자원에 대한 개인의 소유권을 인정하지 않고 이용권만을 인정하는 총유와 소유권에 관계없이 관리자들의 입회入會적 토지이용권을 인정하는 특수지역권은 공동자원을 상품화로부터 보호하는 제도로 보이기 때문에 관련 사례를 연구하고 적극적으로 계승·발전시킬 필요가 있다.[5] 또한 한국에서 공동자원이나 농경지를 국가가 수용한 후 기업에 팔아서 파괴하는데 이용되고 있는 토지수용법의 문제점에 대한 연구도 반드시 공동자원을 지키고 확대해나가기 위해 필요한 연구다.[6]

4. 나가며

지금까지 이 글에서 나는 한국에서 이루어진 공동자원 연구의 현황을 살펴보는 한편 공동자원론의 발전 방향을 제안했다. 2010년까지만 해도 공동자원에 대한 연구가 거의 없었으나 그 이후 행정학을 필두로 사회학, 농경제학, 환경학 등에서 공동자원에 대한 연구가 상당히 활발히 진행되고 있다는 것을 확인했다. 하지만 아직까지 학제적 연구가 이루어지지 않아 연구 성과를 제대로 공유하지 못하는 문제가 있었다. 또 일본, 중국, 대만 등 동아시아 지역의 연구 성과도 충분히 수용되지 않고 있다. 다양한 공동자원 연구 성과

---

5 총유와 공동자원의 관계에 대해서는 최현(2013a), 총유의 법률적 의미와 그것을 둘러싼 논쟁은 최문기(2012), 특수지역권에 대한 자세한 검토는 이덕승(2010)을, 일본에서의 총유론과 공동자원 연구는 이노우에(2014), 대만의 공동자원과 총유론은 따이싱성·최현(2015)을 참조하시오.

6 토지수용법의 문제를 보여주는 사례로는 허호준(2015)을 참조하시오. 이 기사는 사유지의 토지수용을 다루고 있지만 똑같은 강제수용이 대규모 공동자원에 대해서도 자행되고 있다.

를 수용하고 학제적 공동 연구를 통해 한국에서 공동자원론의 분석적·정책적 가치와 담론적·운동적 가치를 함께 살리는 연구가 활발히 진행되어 국제적으로 공동자원론의 발전에 이바지하는 한편 빈곤과 자연 파괴를 극복하는 데 활용되기를 기대한다.

참고문헌

강은숙·김종석, 2013, 「공유재의 딜레마상황을 극복하기 위한 또 하나의 길」, 『한국 행정논집』 25호, 531~555쪽.

강학모, 1989, 『全北地域 優秀山林契의 現況과 契員의 意識動向』, 전북대학교 임학 과 석사학위논문.

김경덕·오내원·김창호, 2013, 『농촌지역 공유자원의 운영실태와 개선방안』, 한국농 촌경제연구원.

김동주, 2012, 「제주도 바람의 사회적 변형과 그 함의」, 『환경사회학연구: ECO』 16권 1호, 163~204쪽.

김선필, 2013, 「제주 지하수의 공공적 관리와 공동자원 개념의 도입 – 먹는 샘물용 지 하수 증산 논란을 중심으로」, 『환경사회학연구: ECO』 17권 2호, 41~78쪽.

_____, 2014, 「공유지복원을 위한 이론적 검토」, 『마르크스주의연구』 11권 3호, 172~201쪽.

김성배·이윤미, 2010, 「공유재 관리의 정부실패: 곽전의 경우를 중심으로」, 『사회과 학논총』 13호, 41~78쪽.

김윤상, 2010, 「공유지의 비극과 사유화의 비극」, 『국가정책연구』 24호, 89~105쪽.

_____, 2011, 『지공주의』, 경북대학교출판부.

김형용, 2015, 「복지국가의 생태학적 전환과 사회서비스의 가능성」, 『한국사회복지 조사연구』 43호, 211~238쪽.

김홍상·김윤형·김정승, 2013, 『농업수리시설 관리의 효율화 방안 연구』, 한국농촌 경제연구원.

김홍상·신은정, 2004, 『농업용수 관리체계 개편의 방향과 정책과제』, 한국농촌경제 연구원.

로크(John Locke), 2011, 『시민정부론』. 연세대학교 출판부.

네그리·하트(Antonio Negri & Michael Hardt), 2014, 『공통체』, 사월의책.

따이싱셩·최현, 2015, 「대만 공동자원 연구의 현황과 과제」, 『환경사회학연구: ECO』 19권 2호, 7~36쪽.

박동성, 2012, 「일본의 공유자원 관리방식」, 『비교문화연구』 18권 2호, 97~127쪽.

배득종, 2001, 「공공재와 공개재 그리고 공유재」, 『kapa@포럼』 95호, 45~46쪽.

_____, 2004, 「공유재 이론의 적용 대상 확대」, 『한국행정학보』 38호, 147~157쪽.

오스트롬(Ostrom, E,), 2010, 『공유의 비극을 넘어』, 윤홍근·안도경 옮김, 랜덤하우스.

오호성, 1986, 「어업공동체의 공유자원 관리에 대한 경제적 연구」, 『농촌경제』 9권 2호, 37~53쪽.

우자와 히로후미, 2008, 『사회적 공통자본』, 이병천 옮김, 필맥.

윤순진, 2002, 「전통적인 공유지이용관행의 탐색을 통한 지속가능한 발전의 모색」, 『환경정책』 10권 4호, 27~54쪽.

_____, 2004, 「옛날에 공유지를 어떻게 이용했을까?」, 『한국의 전통생태학』, (주)사이언스북스, 136~169쪽.

_____, 2006, 「제주도 마을 공동목장의 해체과정과 사회생태적 함의」, 『농촌사회』 16호, 45~88쪽.

윤순진·차준희, 2009, 「공유지 비극론의 재이해를 토대로 한 마을숲의 지속가능한 관리」, 『농촌사회』 19권 2호, 125~66쪽.

이노우에 마코토, 2014, 『공동자원론의 도전』, 최현·정영신·김자경 옮김, 경인문화사.

이덕승, 2012, 「특수지역권의 재고」, 『재산법연구』 27권 2호, 503~528쪽.

이만우, 1973, 「山林契의 運營實態分析」, 『충북대학교 논문집』 7호, 19~34쪽.

이명석, 2006, 「제도, 공유재 그리고 거버넌스」, 『행정논총』 44호, 247~276쪽.

진필수, 2008, 「촌락공유지의 변천 과정을 통해서 보는 지역사: 오키나와沖繩 킨(金武) 지역의 사례」, 『지방사와 지방문화』 10권 1호, 93~123쪽.

최문기, 2012, 「總有에 관한 規定의 立法論」, 『사회과학연구』 28권 4호, 429~457쪽.

최현, 2012, 「재산권 재론」, 『국제원광문화학술논집』 2권 2호, 1~20쪽.

_____, 2013a, 「공동자원 개념과 제주의 공동목장」, 『경제와 사회』 98호, 12~39쪽

최현, 2013b, 「제주의 토지와 지하수: 공동자원으로서의 공통점과 차이점」, 『환경 사회학연구: ECO』 17호, 79~106쪽.

____, 2014, 「일본의 공동자원 연구 현황」, 『인문학연구』 17호, 162~187쪽.

최현·김선필, 2014, 「제주의 바람: 공동자원론적 관리 방식」, 『탐라문화』 46호, 97~126쪽.

최현 외, 2016a, 『공동자원의 섬 제주1: 땅, 물, 바람』, 진인진.

____, 2016b, 『공동자원의 섬 제주2: 지역 공공성의 새로운 지평』, 진인진.

폴라니(Karl Polanyi), 2009, 『거대한 전환』, 길.

허호준, 2015, 「대법 "공공성 없는 토지 강제수용은 무효" 서귀포 예래휴양주거단지 중단되나」, 『한겨레신문』 (2015. 3. 24).

헤스·오스트롬(Hess, C., & Ostrom, E.), 2010, 「1장 공유자원으로서의 지식」, 『지식의 공유』, 김민주·송희령 옮김, 타임북스, 23~62쪽.

Berkes, Firket, 2002, "Cross~Scale Institutional Linkages: Perspectives from the Bottom Up," In Thomas Dietz, Nives Dolšak, Elinor Ostrom, and Paul C. Stern(eds.), *The Drama of the Commons*, Washington, DC: National Academy Press.

Buchanan, James M, 1965, "An Economic Theory of Clubs," *Economica* 2(125), pp. 1~14.

Ostrom, Vincent, and Elinor Ostrom, 1977, "Public Goods and Public Choices," pp. 7~49 in *Alternatives for Delivering Public Services: The Toward Improved Performance*, edited by E. S. Savas, Boulder, Colorado: Westview Press.

Samuelson, Paul A, 1954, "The Pure Theory of Public Expenditure", *The Review of Economics and Statistics* 36(4), pp. 387~89.

____, 1955, "Diagrammatic Exposition of a Theory of Public Expenditure", *The Review of Economics and Statistics* 37(4), pp. 350~56.

제 2 장

일본 커먼즈론의 확장과 과제:
이론과 현장의 틈으로부터[*]

미츠마타 가쿠(효고현립대학 경제학부 교수)

1. 들어가며

　환경자원관리의 담당자는 시장私과 정부公다. 이런 이항대립적 사고방식에 맞서 '제3의 길'로서 지역 주민의 자치共에 기반한 자원관리의 가능성을 명시했던 것이 1970년 후반에 개화한 '초기 커먼즈 연구'였다. 거기서 집단의 멤버는 자치적인 제도(이용·벌칙 규정을 포함한 관리 규칙)를 스스로 만들어 내 거기에 근거해 자신들이 공유·공용하는 환경자원을 수세기에 걸쳐 자치해 왔음이 밝혀졌다. 초기 커먼즈 연구는 그런 공동체가 구비한 제도를 분석하는 데 역점을 두는 경향이었고, 그 연구 성과는 2009년 노벨경제학상을 수상한

---

[*]　이 글의 집필 계기는 제주대학교 SSK연구단의 윤여일 선생이 마련해주었다. 덧붙여 본 연구는 '2016년도 과학연구비기반연구(B) 자연 액세스제도의 국제비교-커먼즈론의 새로운 전개를 향하여自然アクセス制度の國際比較－コモンズ論の新展開にむけて(과제번호 : 16H03009)' 성과의 일부다. 감사를 표하고자 한다.

엘리너 오스트롬의 '제도 설계' 고안으로까지 승화했다(Ostrom, 1990).

최근 일본의 커먼즈론은 1990년 이후 북미가 주도해온 커먼즈론의 연구 성과를 섭취하며 전개되었지만, 일본의 초기 커먼즈론은 북미 커먼즈론과 발생 배경이 상당히 달라 독자성을 띠었다. 그렇기는 하나 양자는 커뮤니티가 자원관리 제도를 만들어내는 자치의 능력을 갖고 있다는 견해를 공유하고 있었다. 종래의 공공재 이론, 집합행위론에서는 자발적으로 생겨나지는 않는다고 간주되어온 이러한 제도가 이론적으로 만들어질 수 있다, 또는 역사적으로 만들어져왔다는 견해에서 일치하고 있다.

이 글은 먼저 (1) 일본의 초기 커먼즈론의 논의를 확인할 것이다. 이후 (2) 초기 커먼즈 연구가 남긴 과제에 도전한 연구(1990년경 이후)를 약술하고, 나아가 (3) 커뮤니티를 둘러싼 여러 충격(이하 외부 충격)이 커먼즈에 어떠한 영향을 미치는지를 분석함과 아울러 현대 일본은 자원의 과잉이용에서 자원의 과소이용으로 문제가 옮겨가고 있음을 지적할 것이다. 이를 토대로 (4) 커뮤니티 내외의 협동을 통한 환경자원의 공동관리 가능성과 과제를 논해보고자 한다.

2. 일본 고유의 지역에 뿌리를 둔 초기 커먼즈론의 전개

일본 커먼즈론의 시발은 1970년대 후반으로 거슬러 올라간다. 당시 논의를 보면 오스트롬은 물론 하딘도 거의 언급되지 않는다. 그런 의미에서 '일본 독자적인 커먼즈론의 맹아'를 살펴볼 수 있다. 초창기 커먼즈론이 탄생하는 배경에는 1960년대에 표면화된 4대 공해를 비롯한 여러 생태적 위기가 존재했으며, 다음 같은 논의를 거쳐 커먼즈의 중요성이 부각되었다. 즉 생태 위기를 초래한 원흉은 지하자원을 원동력으로 하는 공업화 사회에 있으며, 이와 궤를 같이하여 시장 경제가 침투하여 글로벌 경제체제가 완성되어

갔다. 그 과정에서 애초 성질이 다른 재화인 농산물이 공업제품처럼 취급받게 되었다. 그 결과 농農의 영위의 공업화·상품화가 과도하게 진행되어 농의 영위를 떠받치는 공적 관계(소유·사회관계)가 파괴되었다. 그리하여 질소나 인처럼 생명을 기르는 데 유용한 물질의 순환이 끊겨 국지적 폐열廢熱이 체류하고 중금속 오염 등을 일으키는 공업화 사회가 전개되었다.

표1 농의 영위와 공업의 차이

	농의 영위	공업
본질적 차이	인간의 적극적 참가로 작물, 인간, 인간 이외의 동물, 작물 이외의 식물 등의 공생관계를 일정 주기를 거쳐 반영구적으로 재생산한다.	외관상으로는 고갈성 자원의 동력원을 확대재생산하지만, 실질적으로는 그것을 소진하여 성립한다.
대상으로 하는 자원의 차이	각 지역의 흙과 물에 의거한 인간 생활의 영위이며, 물과 흙의 보전에 유의하는 한 반영구적인 존속과 번영이 보증된다. 원래는 환경 친화적이며 인류의 역사와 함께해 왔다.	공업을 떠받치는 원동력은 고갈성 자원이다. 확대재생산의 속도를 끌어올릴수록 고갈 시기도 앞당겨진다.
생산에서 시간의 차이	불균질·비연속적 : 생산을 위해서는 특정 시기에 특정한 시간이 소요된다(사례: 쌀, 봄에 파종, 가을에 수확).	연속적 : 기본적으로 낮과 밤의 차이, 여름과 겨울의 차이 등과는 무관하게 어떠한 시기라도 연속해서 생산할 수 있다.
장소 규정성의 차이	높다 : 각 작물에 적합한 특정한 흙과 물이 필요하다. 본질적으로 지역적인 속석을 띠며, 공간적으로 비연속적 속성을 띤다.	낮다 : 석탄·석유는 무척 능력이 높은 이동동력원이다. 공업적 생산활동은 폐열·폐물을 버릴 수 있는 곳만 확보하면 어디서든 가능하다.

출처 : 室田(1981),『水土の經濟學』; 宇澤弘文(1990),『社會的共通資本』岩波書店에 근거해 필자 작성

거기서 생태계의 위기를 초래하는 공업과 이를 뒷받침하는 시장의 원리私 그리고 국가의 논리公와는 다른 공적 세계(커먼즈)라는 개념이 등장한다. 그 개념은 1) 입회에 관한 역사학과 민속학 연구의 축적을 재독하고 2) 농의 영위를 떠받치는 상품화되지 않는 노동이나 호혜가 지니는 의미를 재고하며 그 윤곽이 서서히 갖춰졌다.

한편 필드 조사도 소규모의 자연촌을 단위로 하는 입회임야나 입회어장 등 총유(공동소유의 한 형태)의 현대적 의의를 조명했다. 즉 일본 커먼즈론은 촌락사회에 내재된 토지의 공동소유를 포함한 입회적 관행들(결結 등의 다른 시점時点 사이의 노동교환) 속에서 현대 생태계의 위기를 벗어나 '지속 가능한 사회의 조건'을 궁리하는 과정에서 발현했던 것이다.

3. 일본의 초기 커먼즈론이 남긴 과제와 그 검증

이처럼 1970년대 후반에 개화한 일본의 커먼즈 연구는 1980년대에는 그다지 진전하지 않다가 1990년대에 들어서 본격화되었다. 그 시대부터 지금까지의 흐름을 간단하게나마 필자 등이 진행해온 공동연구의 성과를 바탕으로 개괄해 보고자 한다.

> Case study 1 커먼즈론의 시점에 입각한 입회임야 연구
> 일본에는 근세의 자연촌을 단위로 한 입회入會, 즉 공유·공용의 삼림이 각지에 산재해 있다. 이러한 숲을 입회임야라고 부른다. 전통적 입회임야는 어떠한 실태에 있으며, 공적 이용과 관리의 구조는 어떠한 것일까. 이 물음의 해명이 일본의 현대 커먼즈론이 초기 커먼즈론으로부터 계승한 과제 가운데 하나였다. 그리고 연구가 진척되며 다음의 내용이 확인되었다.

① 시읍면보다 하위의 집단에는 법인격을 부여하지 않는 메이지 이후 행정의 기본방침에 맞서 입회집단(근세 촌락)은 근대법의 틀에 따르는 소유형태(사단법인, 재단법인, 재산구, 일부 사무조합 등)를 외투로 걸치되 내실로는 입회집단이 스스로 구축한 관습적 질서에 근거해 자치적 관리를 이어왔다.

② 입회임야 등 공동관리를 통한 환경자원에서 얻은 수익은 개인에게 배분되지 않고 그 집단에 공익성이 높은 재화나 서비스를 공급하는 데 사용되어 왔다.

③ ②를 위해 해당 자원의 재생산이 요구되어 왔다(예를 들어 재식림再植林, 풀베기나 가지치기 등의 가꾸기 활동 등).

④ 그와 동시에 입회는 촌락 안팎에서 일어나는 여러 사회적 변동에 대응해 왔다(예를 들어 신규 주민의 유입에 따른 변동이나 경직적인 행정에 맞선 대항조치 등).

Case study 2 커먼즈론의 시점에 입각한 온천자원 연구

자연촌을 단위로 하는 구촌이 공유하는 재산은 임야만이 아니다. 예를 들어 온천도 입회권적 권리에 따르는 것으로서 전통적인 마을을 단위로 공동관리되어 왔다. 그리고 연구가 진척되며 다음의 내용이 확인되었다.

① 입회권자 등이 공동욕탕이나 공동주방 등을 일상적으로 이용하며 온천의 수위·수질·온도의 변화 등에 주의를 기울여 왔다.

② 전문기관에 위탁해 원천의 용출 상황을 점검하여 고갈되지 않도록 노력해 왔다.

③ 이를 위해 역내에서 사적인 용도의 원천 굴착을 금지하고 있다.

④ 온천수의 공급에 관한 룰이나 원천 관리의 노무 등에 관한 독자적인 규칙을 마련해 이행하고 있다.

⑤ 대형 여관이 들어서서 초래되는 온천 자원의 수탈적 이용을 막고자 여러 방책을 강구하고 있다(온천수의 양적 제한, 참가조건 등의 제한).

나아가 커먼즈론적 접근에 기반한 수많은 입회 연구를 토대로 필자는 다음과 같은 입회의 네 가지 기능을 확인할 수 있었다(三俣, 2009). ① 자급적 기능, ② 지역의 인프라나 문화를 유지하는 지역 재원 기능, ③ 약자 구제 기능, ④ 환경보전적 기능이다. 이에 더해 종래의 집합행위론, 자원관리론의 시점에서 '입회의 환경자원 관리 능력'을 조명한다면 ① 제도의 자발적 공급능력, ② 로컬 룰의 구축과 그 운용능력, ③ 지역 내외에서 일어나는 변화·변용에 대한 대응능력을 인정할 수 있다(三俣, 2014).

그러나 이러한 입회의 기능은 외부 요인의 영향으로 약화되어 집합재集合財가 해당 집단에 더 이상 (적어도 직접적으로는) 편익을 안기지 못하고 있다. 특히 입회임야의 권리자에게는 수익에 비해 관리의무부담이 늘어나는 어려운 상황이 되고 있다.

4. 글로벌 시대의 커먼즈 : 커먼즈 외부와의 관계

이처럼 입회의 현대적 의의와 역할을 확인할 수 있는 한편으로 현대의 입회는 커먼즈 내부요인이 아니라 글로벌 경제의 침투라는 외부 요인으로 쇠약해지고 있다는 사실을 짚어야겠다. 전후에는 확대조림정책으로 전 삼림면적의 4할을 차지하는 삼나무, 노송나무, 소나무 등의 인공림(=경제림)이 형성되었다. 그러나 1964년 목재의 완전자유화 정책이 도입되자 일본 임업은 염가의 다국산 목재의 유입으로 힘을 잃고, 그 결과 각지에서 이용과 관리가 방폐되는 삼림, 전답이 늘어났다. 즉 현대 일본에서는 자원의 과잉이용(고갈 회피)이 아닌 자원의 과소이용(방치 회피·활용 촉진)으로 문제가 옮겨가고 있는 것이다.

이 문제를 파악하려면 외부 충격이 커먼즈에 어떠한 영향을 미치는지를 짚어둘 필요가 있을 것이다. **표2**는 커먼즈에 영향을 미치는 외부 요인을 사적 영역과 공적 영역이라는 두 축으로 나눠 정리하며 긍정적 영향과 부정적 영향으로 명시한 것이다.

표2 외부 충격과 커먼즈에 대한 영향

영역	외부 충격	커먼즈에 미치는 영향	
		긍정적 영향	부정적 영향
사적 영역	비정주화 非定住化 (들어오는 주민과 떠나는 주민)	유입 : 타관 사람(U턴자)의 새로운 가치관이나 지혜 ⇒ 커먼즈의 제도 쇄신·활성화 유출 : 과잉이용 커먼즈의 경우, 자원 배분상의 개선	유입 : 자원의 과잉이용 문제, 타관 사람에 의한 무임승차, 제도 교란·내부 분쟁 유출 : 자원의 과소이용 문제 (과소화→고령화→커먼즈 담당자의 문제)
	커먼즈의 상품화	커먼즈의 유지·강화로 이어지는 경우가 있음	모노컬처monoculture화, 자원의 과잉이용·고갈 시장가치가 사라지면 자원의 과소이용과 방치(황폐)
	① 사적기업에 의한 개발	커먼즈 보전·생업의 지원 ⇒ 1차 산업 지원형·자연재생형	커먼즈 보전·생업을 무너뜨리는 난개발 ⇒ 해체·소멸의 위기
공적 영역	② 공공사업	커먼즈 보전·생업의 지원 ⇒ 1차 산업 지원형·자연재생형	커먼즈 보전·생업을 무너뜨리는 대규모사업 ⇒ 해체·소멸의 위기
	법제도·개정 (근대화)	커먼즈의 정당성·역할을 인정하는 법제정 : 커먼즈는 법적 뒷받침을 가져 이용관리 제도를 구축 (사례 : 영국의 커먼즈 보전정책·2000Act)	커먼즈의 정당성·역할을 부정하는 법제정 : 커먼즈는 법적 뒷받침을 갖지 않은 이용관리 제도는 파괴·소멸의 위기 (사례 : 관민유구분정책·부락유림야통일정책)
	행정·정책	커먼즈의 정당성 확보, 역할을 인정하는 정책과 행정 : (사례: 조례에 따른 재산구의 탄력적인 운용)	커먼즈의 정당성 확보·역할을 부인·해체하는 정책과 행정 (사례 : 입회근대화, 재산구의 경직적 운용)
	사법판단	합리적인 사법판단(커먼즈를 인정하는 법체계·판례축적이 있는 경우): 커먼즈는 법적 뒷받침을 가져 이용관리제도를 안정화	비합리적 사법판단(커먼즈를 인정하는 법체계·판례 축적이 없는 경우): 커먼즈는 법적 뒷받침이 없어 이용관리제도는 불안정화

1) 사적 영역을 중심으로 나타나는 외부 충격

① 급속한 글로벌 시장의 접속에 따른 커먼즈의 상품화

사적 영역에서 커먼즈에 영향을 미치는 외부 요인으로 가장 대표적인 것은 광범위하고 급속한 시장에 접속되어 발생하는 커먼즈의 상품화일 것이다. 이윤 최대화를 추구하는 대규모·집약적 생산체제는 커먼즈(자원)의 모노컬처화를 초래해 생태환경을 뒤바꿔 놓는다(Daly, 1996). 동시에 재화와 서비스의 원활한 교환을 기본으로 하는 시장경제의 진척은 공동체적 소유형태를 사적 소유형태로 이행시키는 힘으로 작용한다.

커먼즈는 경제적 가치를 띤다면 이용되지만, 그 가치가 현저히 저하하면 방치되거나 다른 목적에 쓰이도록 개발된다. 가령 상술했듯이 1960년경부터 염가의 외국산 목재가 대량으로 수입되자 일본의 인공림에 대한 수요가 떨어져 임업이 기간산업이던 농산촌은 쇠약해지고 말았다. 이로써 삼림의 생태환경을 건전하게 유지하는 데 필요불가결한 육림시업育林施業은 정체되고 방치되는 인공림이 늘어났다. 그 결과 자원의 과소이용에서 비롯되는 여러 문제가 현대 일본에서 전형적인 환경문제로서 부각되었다(新保編, 2012). 이는 경작포기자나 방치되는 대나무숲 문제 등 농림업 전반에서 확인되는 경향이라고 할 수 있을 것이다.

② 인구의 유동화

시장경제 기초의 일부인 거주자유의 원칙이 커먼즈에 미치는 영향 또한 크다. 농산촌의 환경자원이 경제적 가치를 지니면 취로의 장을 구해 다른 곳에서 들어오는 사람이 생기지만, 거꾸로 그 가치가 낮아지면 커먼즈의 성원은 커먼즈의 권리를 버리면서까지 취업의 기회를 찾아 도시 지역으로 빠져나간다. 이러한 상황이 현저해지기 이전의 주민(오래된 주민인 입회권자)이 길러낸 공유림 등의 커먼즈를 둘러싸고 오래된 주민과 새로운 주민, 그리고 떠나간 주민 사이에서 문제가 빈번히 일어난다. 새로운 주민에게는 커먼즈의 권리자가 되는 조건이나 수익 배분을 둘러싼 문제가, 마을을 떠나는 사람에게는 이후 커먼즈에 대한 권리 문제가 생겨난다. 한편 농산어촌에서의 인구 유출과 그에 따른 고령화 문제가 심각한 현대 일본에서, 어느 특정의 커먼즈와는 무관한 장소나 환경에서 얻은 지혜·기술·가치관·통찰력을 지닌 새로운 주민이나 U턴자는 오래된 주민의 재산인 '협의의 커먼즈'만이 아니라 이를 품고 있는 지역사회를 위해서도 중요한 역할을 맡을 수 있을 것이다 (小田切, 2014).

2) 공적 영역을 중심으로 나타나는 외부 충격

① 공공사업

전원개발이나 댐 건설과 같은 대규모 공공사업은 자연을 바꿔놓는 정도가 크고 사업 개시부터 완료까지 긴 시간에 걸쳐 진행되기 때문에 커먼즈에 미치는 영향이 무척 크다. 그런데 사회 전체의 복리를 증진하는 진정한 의미의 공공사업이 있는가 하면 별 필요도 없는, 합리성을 결여한 사업이 매우 많다는 사실이 지적되고 있다(五十嵐, 1997). '공공의 복지'라는 대의 아래서 진행되는 거액의 적자국채를 원자原資로 하는 대규모 공공사업으로 수많은 커먼즈가 해체·소멸(댐호수 조성에 의한 취락의 수몰과 그에 따른 강제 이전 등)되고 있는 것이다(松下, 1977). 그 과정에서 제소된 생활권이나 인권의 침해로 인한 계쟁은 일일이 셀 수 없을 정도다. 대규모 사업이라서 정치가와 민간기업·지역과의 이권이 복잡하고 또 긴밀하게 얽혀 있는 까닭에 사업을 그만두거나 재검토하기란 참으로 어려운 경우가 많다. 한편 자연파괴적인 공공사업의 문제점을 직시하여 진정한 의미에서 '공공이익'에 이바지하는 공공사업이라면 커먼즈의 지원과 보전으로 이어질 수 있다. 어느 특정의 커먼즈만이 아니라 다른 커먼즈, 행정이나 NGO 등과의 제휴·협업을 이끄는

계기가 될 수도 있다. 환경자원의 과소이용 문제가 생겨나고 있는 현대 일본에서는 지방자치체가 이처럼 다양한 주체를 연결하는 역할을 맡아야 한다는 목소리가 등장하고 있다(石崎ほか, 1999).

② 법제도가 끼치는 영향

오스트롬(1990)이 지적하듯이 일국의 법제도는 커먼즈에 지대한 영향을 미친다. 커먼즈의 정당성과 역할을 부정·탈취하는 법제도 아래서는 커먼즈가 소멸의 위기에 처한다. 이를 웅변하는 것이 메이지 이후 일본의 입회임야 정책의 변천이다. 에도시대의 근세 촌락(자연촌)을 단위로 하는 공동체 소유의 토지나 임야를 국유와 사유로 양분한 메이지 초년의 관민유구분官民有區分 정책, 이 정책으로 국가의 강제몰수를 면한 구촌락(부락) 소유 땅을 시정촌 재산으로 편입하려 한 1889년의 시제市制·정촌제町村制, 그런데도 부락 소유 형태를 사수한 임야를 시읍면 소유 재산으로 짜넣으려던 부락유림통일部落有林統一정책(1910년~), 부락 소유 임야의 사유림화를 촉진해 한층 인공림 경영의 추진을 지향한 1966년의 입회임야근대화법 등은 무수한 커먼즈를 소멸·해체로 내몰았다. 한편 커먼즈의 역할과 정당성을 인정하는 법제도 아래서 커먼즈는 법적 뒷받침을 배경으로 제대로 된 이용·관리 제도를 만들어낼 수 있다. 앞서 메이지 이후 일본의 입회소멸정책을 거론했는데, 그 한편으로 정부는 민법(1899년)에서 입회권을 물권으로 규정하기도 했다. 이로써 입회 집단은 적어도 공적 부문에 의한 수탈의 위기에 맞설 법적 근거를 마련했다. 근세 촌락을 단위로 하는 순수 부락 소유 숲을 비롯해 여러 형태의 입회를 존속시키는 데서 이 민법상의 입회권 규정은 커다란 의미를 갖고 있다.

③ 행정의 경직된 대응

커먼즈의 정당성을 부인하는 행정은 커먼즈의 쇠약과 해체를 재촉하는 요소로 작용한다. 입회를 계승하는 제도의 하나로서 재산구 제도가 있다. 이 제도는 소속 시읍면장이 '명목상의' 관리자가 된다고 지방자치법에 규정되어 있다. 따라서 해당 도도부현都道府縣이나 시읍면市町村에서 일정한 제한을 받지만, '실질적인' 관리·운영·처분은 입회적인 지연사회(재산구민)의 의사로 결정할 수 있다. 그러나 행정이 실질적인 권한을 키워 재산구 재산(산림, 토지, 온천)으로부터의 수익 용도나 자주 재량의 폭을 강하게 제한하는 바람에 자치적 자원관리뿐 아니라 지역 내 자치 전반을 약화시키는 사태가 일어나고 있다. 한편 행정이 지방자치법 규정의 해석가능한 범위에서 자치 재량을 최대한 인정한다면 재산구는 적어도 제도면에서는 원활한 운영이 가능해진다(三俣·齋藤, 2016).

④ 사법 판단

커먼즈에 법적 지위를 부여하는 법체계나 판례를 축적한 나라라고 하더라도 그 법리에 반하는 비합리적인 사법 판단은 계쟁 중인 커먼즈만이 아니라 같은 문제를 지닌 다른 커먼즈도 약화시킬 수 있다. 근년의 입회 재판에서는 제일선의 민법학자들이 보기에도 도저히 납득할 수 없는 판결이 많이 나오고 있다(中尾, 2003, 2008). 다른 한편 법리에 들어맞는 사법 판단은 커먼즈의 회복·보전·창조에 길을 열어준다. 주민의 강한 반대를 무릅쓰고 일반폐기물처리장 건설을 강행했던 오키나와현 구니가미촌國頭村의 계쟁이 그 전형이라 할 것이다. 이 재판에서는 이 땅과 이어져 있는 헤도辺戶 지역민의 입회권을 인정함으로써 공사가 금지되고 지역의 삼림이 보전될 수 있었다(室田, 2008). 이처럼 사적 영역·공적 영역으로부터의 충격은 긍부정 양면에서 커먼즈에 영향을 미친다.

5. 외부 충격을 완충하는 커뮤니티 내외의 협동

마을 등의 집단조직(자원이용자집단)은 지속적인 커먼즈 관리 제도를 자발적으로 만들어낸다는 오스트롬 등의 이론은 "공유·공용하는 자원이 커뮤니티 성원에게 이익을 가져다주는 한에서"라는 전제 조건 위에서 성립된다. 그러나 글로벌 경제 아래서는 그 전제 조건이 충족되기 어렵다. 그 결과 현대 일본의 경우, 마을 공유재산의 가치는 낮아져 도시지역으로 인구가 유출하고 마을 전체의 기능이 떨어져, 결과적으로 사유, 공유의 형태를 불문하고 환경자원의 과소이용 문제가 산견되고 있다.

이러한 과소이용 문제를 끌어안은 상황에서는 외부 주체와 커먼즈를 관리하는 커뮤니티가 바람직한 관계를 형성해 문제 해결의 실마리를 쥐는 일이 중요하다. 표 2를 본다면 긍정적 영향을 일으키는 관계성의 구축에 해당한다. 예를 들어 이 방향에서 논의를 적극적으로 주도한 임정학자林政學者 이노우에 마코토井上眞는 '협치' 개념을 제창하며 "중앙정부, 지방자치체, 주민, 기업, NGO, 지구시민 등 다양한 주체(이해관계자)가 협동하여 자원을 관리하는 구조"(井上, 2004, p. 140)라고 그 의미를 밝히고 있다. 또한 환경 통치는 "위(정부)로부터의 통치와 아래(시민사회)로부터의 자치를 통합하여 지속가능한 사회의 구축을 향해 관련 주체들이 그 다양성과 다원성을 살리면서 적극적으로 관여해 문제 해결을 꾀하는 프로세스"(松下 2007, p. 4)라고 정의된다.

필자의 연구에 근거해 말하자면 어장 커먼즈가 영향을 받는 유역을 보전하려는 어민의 숲운동을 좋은 사례로 거론할 수 있을 것이다. 하천이나 연안부에서의 댐 건설이나 난개발만이 아니라 인공림 황폐 등의 환경 악화는 내수면 어업이나 연안 어업을 생업으로 삼는 커먼즈에 영향을 미친다. 어장 환경은 어장 역내의 하천이나 해수뿐 아니라 그것과 이어져 있는 상류역의 하천 환경, 또한 삼림 환경의 상태에도 영향을 받기 때문이다. 최근에는 유역의 많은 사람들이 이러한 인식을 공유하여 어업협동조합(어업권＝입회권적 권리를 기반으로 하는 조합) 가운데는 어장이나 하반림河畔林의 보전 활동은 물론 상류역의 깊은 산에서 청소·식수·인공림 시업 등을 여러 행위자와 함께하는 '어민의 숲운동'이 일어나고 있다. 예를 들어 홋카이도 베쓰카이초別海町의 베쓰카이어협別海漁協은 택지조성업자 등에 의한 난개발 우려가 있는 토지를 매입해 베쓰카이초, 삼림조합, 현지 초등학교, NPO 등과 제휴한 식수 활동을 벌이고 있다. 더구나 베쓰카이어협과 해산물을 거래하는 수도권의 생협은 이 활동을 지지하여 어협이나 현지 사람들과 함께 어협이 소유한 숲에서 식수 투어를 실시하는 등 지연을 넘어선 협업에 기반한 유역 환경보전 운동이 전개되고 있다.

한편, 버려진 인공림의 문제를 해결하기 위한 삼림 자원봉사 활동이 일본 전역에서 나타나고 있다. 이 활동의 주역은 소유자나 지역 주민이 아니라 도시 주민이나 NPO다. 그들은 사명감을 느껴서 참가할 뿐 아니라 여가의 일부로 여기기에 삼림 자원봉사를 하고 있다. 『레저 백서レジャ_白書』에서는 이처럼 자신의 관심 내지 취미에 근거하는 활동이 결과적으로 사회에 보탬이 되고 그것이 자신의 기쁨이나 사는 보람으로 이어지는, 사회성을 띠는 여가 방식을 '사회성 여가'라고 부르고 있다. 도시 지역에서 사는 사람들이 사회성 여가로 삼아 이러한 삼림 자원봉사 활동에 참가하고 있는 것이다. 또한 이 활동에 수반되는 파급효과도 거론되는데, 삼림 자원봉사의 활동을 실증적으로 검증한 시마다嶋田에 따르면 1) 많은 단체가 삼림 소유자만이 아니라 지역 주민과 관계를 맺고 보다 깊은 관계를 지향하는 방향으로 나아가고 있으며, 2) 활동을 이어가는 단체일수록 지역주민과 접점이 늘어나 축제 같은 지역 행사에도 참가하는 등의 동향이 확인되고 있다(嶋田, 2005).

이처럼 다양한 주체(이해관계자)가 협동하여 자원을 관리하는 틀을 만드는 데서 필요한 조건은 무엇인가. 이노우에는 바깥에 있는 자는 '관여주의', 안에 있는 자는 '열린 현지주의'를 원칙으로 하는 협치 실현의 방향성을 제시했다. 이어서 열 가지 원칙으로 짜인 원형(原型)의 설계 지침을 내놓았다(井上, 2009; Inoue, 2015). 거기서는 단계적인 멤버십, 행정 변혁에 더해 관련 정도에 따라 아레나(의사형성)에서의 결정권을 부여하는 '응관원칙応關原則' 등이 오스트롬의 설계원리에는 없는 독특한 대목이다. 나아가 이노우에는 필자 및 스가 유타카菅豊와의 공저 논문에서 적대적·파괴적 외부 주체에 대해서는 그것을 못하게 하는 커먼즈의 저항 전략을 거둬들여 '협치와 저항의 보완 전략'의 구상을 밝히기도 했다(三俣·菅·井上, 2010)

　이러한 다양한 행위자가 참여하는 자원관리의 설계원리를 생각할 때 과잉이용 문제를 전제로 하는 북미의 커먼즈 모델에서 배울 바도 많다. 그러나 앞서 기술한 "공유·공용하는 자원이 커뮤니티 성원에게 이익을 가져다주는 한에서"라는 전제조건이 무너져서 생기는 과소이용 문제라면 적어도 관계된 사람을 어떻게 찾아내고 그 인센티브를 어떻게 유지하고, 중심이 되는 지역의 사람들의 자치력을 어떻게 끌어내고, 관련된 주체와 지역의 사람들이 권한과 이익을 어떻게 나눌지라는 점을 이론과 사례 양쪽에서 파고들 필요가 있다. 이는 "커먼즈의 내부만이 아니라 외부 환경과의 관계 구축을 통한 환경자원의 통치가 필요"하다는 점에서는 현재 진행되는 북미의 커먼즈론과 근본적으로 같은 과제를 갖는다고 말할 수 있다. 이 과제에 대한 연구는 커먼즈 내부 분석의 연구 축적에 비해 너무나 부족하다(Dietz et. al, , 2002: Berkes, 2002). 커먼즈론과 여러 인접 학문의 지견을 모아 일정한 원리를 만들어내야 하는 국면에 이르고 있다.

6. 나가며

이 글에서는 일본의 커먼즈 연구 궤적의 일단을 자신의 연구에 비추어 기술해 보았다. 이론과 실증 사이의 끊임없는 응답이 분야횡단적으로 진행되어 범용성汎用性 높은 일반화를 추구하는 것이 과학의 중요한 소임임은 두말할 나위가 없을 것이다. 그러나 한편으로 지역 고유의 출신 성분을 갖는 커먼즈론이 지역의 구체적 현장에서 끊임없는 응답과 참여관찰 가운데 다양한 문제의 해결에 이바지하는 실천성 높은 연구로 내딛는 일 또한 중요하다. 그것은 세계 각국의, 각 지역의 다양한 생태로부터 태어난 커먼즈론의 숙명이기도 할 것이다.

참고문헌

秋道智彌, 1999, 『なわばりの文化史ー海・山・川の資源と民俗社會』, 小學館ライブ
　　　ラリー.

石崎涼子・遠藤日雄, 1999, 「都市近郊の森林管理に關する一考察ー旧入會林野にお
　　　ける社會的ニーズに對應した森林管理の試みから」, 『林業経濟研究』45(1).

井上眞, 2004, 『コモンズの思想を求めて』, 岩波書店.

井上眞, 2009, 「自然資源'協治'の設計指針: ローカルからグローバルへ」, 室田武編,
　　　『グローバル時代のローカル・コモンズ』, ミネルヴァ書房.

宇澤弘文, 2000, 『社會的共通資本』, 岩波書店.

小田切德美, 2014, 『農山村は消滅しない』, 岩波新書.

五十嵐敬喜, 1997, 『公共事業をどうするか』, 岩波新書.

新保輝幸ほか編, 2012, 『変容するコモンズーフィールドと理論のはざまからー』, ナ
　　　カニシヤ出版.

關礼子, 2006, 「共同性を喚起する力: 自然保全の正当性と公共性の創出」, 宮内泰介
　　　編, 『コモンズをささえるしくみ: レジティマシーの環境社會學』, 新曜社.

嶋田俊平, 2005, 「森林ボランティアと山村住民との關係性に關する研究: 近畿地方
　　　の森林ボランティア団体へのアンケート調査結果を中心に」, 『林業経濟研究』
　　　51(3).

多辺田政弘, 1990, 『コモンズの経濟學』, 學陽書房.

中尾英俊, 2008, 「入會判決における恥知らずの判決」, 『西南學院大學法學論集』40
　　　券.

松下和夫編, 2007, 『環境ガバナンス論』, 京都大學學術出版會.

松下龍一, 1977, 『砦に據る』, 筑摩書房.

三俣學, 2009, 「'グローバル時代のコモンズ管理'の到達点と課題」, 『グローバル時代
　　　のコモンズ管理』, ミネルヴァ書房.

三俣學, 2010, 「コモンズ論の射程擴大の意義と課題: 法社會學における入會研究の
　　　新展開に寄せて」, 『法社會學』73号.

三俣學·菅豊·井上眞, 2010,「實踐指針としてのコモンズ論ー協治と抵抗の補完戰略ー」, 三俣學ほか編,『コモンズ論の可能性ー自治と環境の新たな關係ー』, ミネルヴァ書房.

三俣學, 2014,「基調講演伝統的な入會(いりあい):共用資源問題を解決するためのヒント/ Margaret A. McKeanに對するコメント」,『日本森林學會』(日本森林學會100周年事業·國際シンポジウム'森林と人間の未來')第96卷(5).

三俣學·齋藤暖生, 2016,「愛知縣豊田市稻武13財産區自治の軌跡と課題ー條例制定による'自治'回復の諸問題」, 奧田裕規編,『'田舍暮らし'と豊かさ』, 日本林業興業社.

室田武, 1991,『水土の経濟學ーエコロジカルライフの思想ー』, 福武文庫.

室田武ほか編, 1995,『循環の経濟學ー持續可能な社會の條件ー』, 學陽書房.

Berkes, Fikret., 2002, "Cross ?Scale Institutional Linkages: Perspectives from the Bottom Up" in E. Ostrom et al., eds., *The Drama of the Commons: Committee on the Human Dimensions of Global Change*, National Academy Press..

Dietz , Thomas et al., 2002, "The Drama of the Commons" in E. Ostrom et al. (eds.), *The Drama of the Commons: Committee on the Human Dimensions of Global Change*, National Academy Press.

Inoue Makoto et al., 2015, *Mult-level Forest Governance in Asia: Concepts, Challenges and the Way Forward*, SAGE Publications India Pvt Ltd, New Delhi, India.

McKean, Margaret A., 1986, "Management of Traditional Common Lands (Iriaichi) in Japan", Proceedings of the Conference on Common Property Resource Management, National Research Council.

Mitsumata Gaku, 2013, "Complementary Environmental Resource Policies in the Public, Commons and Private Sheres: An Analysis of

External Impacts on the Commons", in Murota Takeshi and Ken Takeshita eds., *Local Commons and Democratic Environmental Governance*, United Nation University Press.

Ostrom, Elinor, 1990, *Governing the Commons*, Cambridge University Press.

■
제3장

대만의 공유자원 학술연구:
추세와 의제

다이싱성(제주대학교 SSK연구단 공동연구원)

1. 대만 공유자원 관리 의제의 흐름

대만에서 공유자원에 관한 실무 및 학문 연구의 주요 의제는 역사, 정치, 경제, 사회, 민족, 문화, 자연환경과 같은 배경의 맥락과 깊은 관련이 있다. 국가체제가 유입되기 이전에 대만에는 주로 원주민족들이 거주하고 있었다. 전 세계 여러 원주민족들처럼 대만 원주민족들에게도 공유자원을 관리해 온 오랜 전통이 있었으며, 당시 대만의 토지와 자연자원은 주로 원주민족의 공유자원 전통 규범에 의해 관리되었다(顔愛靜·楊國柱, 2004).

현대 국가체제와 한인漢人 사회가 대만으로 유입된 이후, 대만에서 토지와 자연자원을 관리하고 이용하는 방식은 점차 새로운 법률, 정치, 경제 및 사회체제의 영향 아래 놓이게 되었다. 한인들이 대만으로 대거 이주해 온 시기는 청조淸朝 무렵이다. 일부 사당이나 사찰의 토지, 펑후澎湖의 해조류(김) 자원 관리에서 보듯 한인사회에서도 공유자원의 전통에 입각하여 토지나 자연자원을 관리한 예를 찾아볼 수 있으나, 전반적으로 원주민족들의 공유자원 관리의 전통과 비교할 때 확실히 빈약하다. 오히려 더욱 중요한 영향을 미친 것은 현대의 국가체제라 할 수 있다. 일본 식민지 시대 초기에 민간 소유의 산림과 전야田野를 제외한 나머지 땅은 당시 토지정책에 의해 모두 국가 소유가 되었다. 이 정책은 장기적으로 지배력을 행사하여, 이때부터 대만 토지와 자연자원은 법적으로 국유재산 혹은 사유재산의 범주에 속하게 되었다.

2차 대전 이후 중화민국 시대에 들어서도 정부는 기본적으로 일본 통치시대의 토지 및 자연자원 재산권 제도를 따랐고, 이 같은 역사적 맥락은 오늘 날 대만의 공유자원 거버넌스가 안고 있는 배경을 형성하는 요인이 되었다. 즉, 대만의 산지는 주민 대부분이 원주민으로 구성되고, 한인은 일부만이 거주하고 있으며, 산지 면적 중 사유재산에 속하는 극히 일부분의 토지를 제외하면, 상당 부분이 국유재산에 속한다. 수자원, 삼림, 야생동식물, 광물 등의 자연자원 역시 철저하게 공유화되었다. 평원 지역은 대부분의 토지가 개인 소유지만 국유지도 일부 포함되는데, 대만당업사(臺灣糖業公司, Taisugar) 소유의 대규모 토지를 예로 들 수 있다. 수자원 등 주요 자연자원은 국유재산에 속하지만, 실질적으로 수리회水利會와 같은 전형적인 공유자원 조직에서 관리하기도 한다.[1] 해안과 바다의 토지 및 자연자원은 철저하게 국가 소유다.

거버넌스 체계와 재산권 제도는 서로 밀접한 관련이 있지만 이 둘에 관한 의제는 각각 다른 각도에서 접근해야 한다. 거버넌스 체계의 측면에서 볼 때 대만의 환경자원 관리는 오랜 기간 중앙집권적state-centric 지휘 통제 command-and-control 방식을 따랐다. 국유 토지 및 자원의 거버넌스에 대한 주요 권한은 중앙정부에 있으며, 지방정부와 민간조직이 참여할 수 있는

---

1   대만의 수리회와 수리회에서 관리하는 수자원은 대만 공유자원 거버넌스 가운데에서도 상세한 연구(Lam, 1996, 2001)를 거쳐 국제 학계에서 잘 알려진 몇 안 되는 예 중 하나다. 이는 공유자원 거버넌스 중에서도 양호한 사례로 꼽힌다.

범위는 매우 제한적이다. 반면 사유지의 이용 범위는 시장 메커니즘에 의해 결정되었다. 다시 말해 대만의 토지 및 자연자원의 재산권 범주와 관리 권한은 국가 규제와 시장 운영이라는 두 가지 원리에 의해 지배되었다. 이렇게 백여 년 간 현대 국가체제에 적응해 오는 동안 대만 사회에서 전통적 공유자원 거버넌스 체제는 대부분 사라졌을 뿐만 아니라, 엘리너 오스트롬의 학설과 같이 현대에 새롭게 대두된 공유자원 거버넌스 사상과 그로부터 파생된 제도 역시 잘 알려지지 않았다. 공유자원 관리 모델이 오랫동안 학술 연구, 정부 시책, 실무 분야에서 철저하게 외면 받아 온 이유를 바로 이러한 배경에서 찾을 수 있다.

물론 이 같은 현상은 지역에 따라 여러 요인이 복합적으로 작용하여 다양한 거버넌스 의제를 낳았다. 원주민족이 많이 거주하는 산지는 1980년대 이전부터 산림 벌목, 고산지대 개간 등 대대적인 개발이 시행되었는데, 이러한 자원 이용 정책은 모두 정부의 주도로 이루어졌다. 그런데 1980년대 이후 대만 정부가 산지에 대한 정책을 보호 위주로 전향하면서 토지, 수자원, 삼림과 같은 자연 자원의 개발은 다소 완화되었다. 그러나 개발을 택하든 보호를 택하든, 원주민족 공유자원 체제의 존속 여부, 원주민들에게 공유자원 체제가 갖는 의의, 현대의 대만에서 공유자원 체제가 중요한 역할을 담당할 가능성 등은 여전히 대만 정부와 사회의 관심 밖이었다.

한인들이 많이 거주하고, 주로 사유재산권이 설정된 대만의 평지는 인구밀도가 높기 때문에 개발 압력이 거세고 환경 파괴가 심각하다. 국유재산으로 설정되어 국가가 관리하는 해안·해양지구는 그 정도가 더욱 심각하다. 이른바 '공유지의 비극the tragedy of commons' 현상의 완벽한 예라고 할 수 있다. 컨딩국립공원Kenting National Park처럼 그나마 사정이 다소 나은 보호구역 역시 이러한 '비극' 현상에서 예외는 아니다.

국유재산으로서 국가에 의해 관리되는 산지와 해안·해양지구의 차이를 이해하려면 생태경제학political ecology의 시각에서 접근해야 한다. 원주민은 정치·경제·사회·문화 등의 영역에서 약자의 위치에 있었기 때문에 대만이 산지를 보호 대상으로 편입시키고자 했을 때 원주민이 해당 정책으로 인해 처하게 될 입장은 전혀 고려되지 않았을 뿐 아니라 정책을 추진할 때에도 정치적으로나 사회적으로 이렇다 할 반대의 목소리가 들리지 않았다. 이러한 상황은 1980년대에 일어난 원주민 운동을 계기로 전환을 맞이하게 되고, 2000년대 이후로는 대만에서 원주민족지구에 대해 보호 정책을 추진하려고 할 때마다 커다란 저항이 일어났다. 그러나 아직까지 대만의 원주민족은 국유재산과 국가 관리라는 틀을 깨뜨릴 만큼 정치적, 사회적으로 충분한 힘을 갖추지 못했다.

한편 대만 사회는 해안·해양지구에서 벌어지는 공유지 비극 현상을 줄곧 인식해 오긴 했으나, 이를 효과적으로 관리할 역량이 부족하여 상황이 악화되는 것을 방관할 수밖에 없었다. 이는 한인사회의 정치적 압력과 밀접한 관련이 있는데, 실제로 자원에 대한 보호 조치를 강화할 때마다 경제적·정치적 이해관계자들의 강한 반발에 부딪혀야 했다. 또 한 가지는 공유자원 거버넌스 체제가 해양자원 보호 문제에 대한 해결책이 될 수 있다는 사실을 정부와 민간 모두가 간과했다는 점이다.[2]

1990년대부터는 원주민운동과 국제적인 학술 사조의 영향을 받은 대만 학계에서 공유자원 거버넌스에 대한 관심이 고조되었고, 원주민족 운동과 학계로부터 나온 주장은 제도 수립과 정부 정책에 일정 부분 영향력을 발휘했다. 그 중에서 가장 눈에 띄는 제도적 성과는 2005년에 제정된 원주민족 기본법이다. 법안은 원주민족지구의 토지와 자연자원에 대한 원주민족의 권리와 원주민족 자치의 원리를 확인했고, 나아가 향후 원주민족 자치법과 원

---

2   여기에 예외도 있다. 둥강잉화새우東港櫻花蝦는 공유자원 체제를 통해 자원의 지속가능한 보호와 이용을 실현한 성공적인 사례로 꼽힌다.

주민족토지 및 해역법 제정을 위한 밑바탕이 되었다(이 두 법령은 현재 입안 중에 있다). 원주민족 운동 및 학계에서는 토지와 자원에 대해 원주민들이 자치권을 행사해야 한다는 의견에 공감대를 형성하고, 토지와 자원 거버넌스가 공유자원 제도common property institution를 통해 이루어지기를 희망하고 있다. 원주민족의 전통 문화에도 부합하는 이러한 제도를 부활시키는 일은 의미 있는 시도일 뿐만 아니라 토지와 자원의 사유화가 초래하는 부정적인 영향을 막을 수 있는 대안이 될 수도 있기 때문이다.

앞서 기술한 제도적 차원에서의 시도와 원주민족의 의제를 바라보는 사회적 시각의 변화를 계기로 대만에서는 공유자원 관리에서 파생된 개념들에 대한 논의가 일기 시작했다. 이제 공동관리co-management는 학계와 실무 영역에서 너무나 잘 알려진 모델이 되었다. 하지만 대만의 한인 사회가 새로운 본보기를 근본적으로 이해하지 못한데다, 기존의 제도 안에서 누려오던 특권을 내려놓기가 쉽지 않았기 때문에, 정부 지도자도 공동관리 시행에 줄곧 소극적이었고 정부 기관들도 이를 극력 저지하거나 그저 시늉만 하는 정도에 그쳤다. 최근 몇 년 동안 대만에서 제대로 된 공동관리 사례를 찾아보기 힘든 것은 이런 이유다. 정부의 이러한 태도는 심지어 공동관리라는 개념을 퇴색시키는 결과를 낳기도 했다. 공동관리가 실제로 정부에 의해 어떻게 오용되는지를 직접 목격한 원주민족 운동가들은 정부와 함께 공동관리를 추진하는 것에 회의적 입장을 보이며 완전한 자치를 주장하기에 이르렀다. 그런데 여기서 중요한 문제가 생긴다. 현재 상황에서 완전한 자치를 실현하는 것이 과연 가능한가 하는 것이다. 만약 버크스(Berks, 2006)의 견해를 따르자면, 이 문제에 대한 답변은 지극히 부정적이다. 여러 계층으로 이루어진 인간 사회에서 그 어떤 계층의 인류 조직도 자원관리의 제반 문제를 자력으로만 처리했던 성공 사례가 없기 때문이다. 여기서 다층적 거버넌스cross-level governance의 중요성이 대두되지만, 이 개념은 공유자원 거버넌스 학계에서 주창한 다른 개념들과 마찬가지로 대만 사회 내에서는 아직 생소하다.

2016년 대선 이후 대만의 원주민족 정책은 전환기를 맞이했다. 8월 1일 차이잉원 정부는 원주민족들이 겪어야 했던 부당함에 대해 정식으로 사과하고 원주민 정책을 더욱 적극적으로 펴 나가겠다는 의지를 표명했다. 이는 곧 공유자원과 관련하여 학술적으로, 실무적으로 풀어 나가야 할 과제가 산적해 있다는 의미이다. 새 정부의 정치적 분위기에 힘입어 임업국이 추진하고자 한 야생동물 원주민족 자체관리제도를 둘러싸고 대만 사회에서는 찬반 양론 사이에 뜨거운 논쟁이 벌어졌다(戴興盛, 2016; 戴興盛裴家騏, 2016). 이러한 논쟁의 주요 쟁점들은 공유자원 거버넌스에 대한 대만 사회의 이해가 여전히 국제 사회가 이루어낸 학문적, 실무적 진전에 비해 한참 뒤쳐져 있음을 말해 준다. 특히 원주민족에 관한 의제들은 물론이고, 한인 사회가 공유자원 거버넌스 제도를 받아들여야 할 필요성에 대해서는 더더욱 이해가 부족하다.

2. 주요 의제

대만 공유자원 거버넌스에 대한 지금까지의 흐름은 정책과 실무에 커다란 영향을 미쳤다. 그와 동시에 과거에서 현재까지 공유자원 거버넌스에 관한 학계의 주요 관심사가 무엇인지, 그리고 앞으로 다루어야 할 의제가 무엇인지를 알려준다. 이에 따라 다섯 가지 의제를 제시하고자 한다.

첫째, 지금까지의 연구는 원주민족과 관련된 공유자원 거버넌스에 집중되어, 원주민족 거주지역의 공유자원을 주로 다루었다. 반면 한인 지역, 혹은 원주민과 한인이 공동 거주하는 지역에 관한 연구는 찾아보기 힘들다. 특히 해양어업자원, 해양생태계 보호, 평지 환경자원 보호 및 이용 등에 관한 연구는 거의 없다시피 하다. 또한 원주민족과 관계된 공유자원 거버넌스에 관한 주제라 해도 실증 연구는 매우 부족한 실정이다. 일례로 대만의 아메이족

阿美族과 타오족達悟族은 해안 및 해양자원의 주요 권리 당사자에 해당하는데, 이와 관련하여 원주민족의 관점에서 접근한 연구는 물론이고 원주민족-한인 공동이용의 관점에서 접근한 연구 역시 매우 부족하다.

둘째, 현재 대만의 환경자원 거버넌스 법안과 정책은 두 가지 문제를 안고 있다. 하나는 그 동안 과도하게 이용된 해양자원과 해양생태계에 강력한 보호 조치가 필요함에도 불구하고 이 부분에 거의 진전이 없다는 점이다. 또 하나는 삼림생태계에 가해진 엄격한 보호 조치 때문에 이를 합리적으로 이용하는 것마저 허락되지 않은 상황은 커뮤니티의 이익 뿐만 아니라 원주민족의 공유자원 거버넌스 전통에도 해를 끼쳤다. 이는 결과적으로 지방 거주자들이 보호에 대해 적대적인 태도를 갖게 만들어 사실상 더 이상의 보호 조치를 취할 수 없는 상황을 초래하고 말았다. 이 같은 상황은 대만이 지속가능한 이용, 특히 소비성 이용consumptive use에 대한 연구를 활발히 진행해야 할 필요성을 일깨워 준다.

셋째, 현재의 연구는 대부분 지역 공유자원에 관한 개별 사례에 집중된 반면, 등급 간cross-scale, 계층 간cross-level 체계적인 상호 연구가 부족하다. 국제 공유자원international commons에 관한 연구는 더 말할 나위도 없다.

넷째, 국제 학계에서 공동관리co-management, 적응 거버넌스adaptive governance, 적응 공동관리adaptive co-management와 같은 제도 정비institutional arrangement에 관한 논의는 오래 전부터 있어 왔으나 대만에서는 관련 연구, 또는 실무에서 응용된 사례를 찾아보기 어렵고, 정부와 민간에는 이러한 개념들조차 매우 생소하다.

다섯째, 방법론에 있어서 대만은 단일 자원 연구가 주를 이루고 포괄적인holistic 시스템 개념을 응용하는 경우는 보기 드물다. 사회-생태 시스템 회복탄력성social-ecological system resilience에 관한 연구도 최근에 와서야 전개되기 시작했다. 마찬가지로, 학문 분야가 단일하다는 점도 문제다. 즉 단일한 학문의 관점에서 진행된 연구가 대부분이고 자연과학과 인문사회과학 등 여러 학문 분야에 걸친cross-disciplinary, 나아가 초학문적인trans-disciplinary 학제 간 통합 연구는 찾아보기 힘들다.

3. 연구 동향: 학제 간 통합 연구 사례

앞서 제시한 주요 지적 사항과 관련하여, 이번 장에서는 학제 간 통합 연구 사례를 소개함으로써 대만 공유자원 연구의 새로운 동향에 대해 설명하고자 한다.

국립동화대학 환경학원은 2012년부터 대만 동부 다농다푸大農大富지역에서 통합 연구를 시도했다. 해당 지역을 선택한 이유는 이 지역의 사회적 특수성과 생태적 맥락이 새로운 단계의 대만 공유자원 연구를 시도하기에 적합하다고 판단했기 때문이다.

화롄현花蓮縣 광푸향光復鄕의 다농다푸 평지조림구는 해안산맥과 중앙산맥 사이에 길게 놓인 계곡인 화둥쭝구花東縱谷 중부에 자리잡고 있다. 생태계 측면에서 보자면 이 지역은 화둥쭝구에서도 특히 지형이 좁은 지점에 있으며, 화롄시花蓮溪와 슈구환시秀姑巒溪의 상류 분수령이자 쭝구 지역에서 유일하게 삼림생물 서식지를 가로지르는 하천이 없는 지역이다. 인류사회 시스템 측면에서 보자면 다농다푸 지역은 19세기 말 전까지는 전통적으로 아메이족의 영역이었다(張長義 외, 2003; 黃雅鴻, 2003). 대만 통치를 시작한 일본 정부는 오래 전부터 이곳에 거주해 오던 원주민들을 쫓아내고 토지를 국유화한 후 제당업을 목적으로 대규모 사탕수수밭을 조성했다. 이후 제당업은 이 지역의 주요 생계수단이 되었다. 2차 대전 이후 중화민국 정부는 계속해서 일본의 토지소유권 및 이용 정책을 그대로 운용해 왔다. 그러다가 2002년 제당업이 몰락하면서 이곳은 정부의 평지 조림정책에 따라 지금의 평지조림구로 탈바꿈했고, 2011년 중앙정부의 관광 활성화 정책에 의해 평지삼림공원이 되었다.

2011년부터 전개된 각급 정부의 다양한 육성 정책과 원주민 운동의 영향으로 중앙정부, 지방정부, 원주민족, 주변 부락공동체, 사회 각계는 다농다푸 조림지의 성격과 기능, 경영관리를 둘러싸고 다양한 시각 차이를 보였다. 중앙에서는 이곳을 평지조림구로 조성하여 환경 정화, 탄소 격리 등 생태계 서비스 기능을 강조하고 생태관광과 같은 저밀도 관광을 추진했다. 그러나 지방정부의 구상은 다소 차이가 있다. 화롄현 정부는 이곳을 고급 관광호텔 단지 및 휴양단지로 개발하여 대규모 인프라와 휴양객을 유치함으로써 관광 수익을 제고하는 것을 주요 목표로 삼았다. 원주민 커뮤니티에서는 이곳을 원래 주인인 원주민들에게 돌려주고 원주민족이 자치를 해야 한다는 입장이다. 한편 한인-원주민 공동 거주 커뮤니티에서는 평지삼림구의 경영관리에 주민이 함께 참여하여 토지와 자연자원을 농업 및 관광 휴양 용도로 적절히 이용함으로써 주변 지역 커뮤니티의 생계와 복지를 향상시키기를 원했다.

사회-생태 시스템 회복탄력성의 각도에서 보자면 화둥쭝구 중부는 대만의 다른 평원 및 저산지대와 마찬가지로 끊임 없는 간섭에 시달렸다. 이 일대 평지는 인위적 활동과 개발이 활발히 진행되어 토지 이용 형태에도 많은 변화가 따랐다. 또한 해안산맥 지역과 중앙산맥 지역의 삼림 역시 일찍부터 간벌되었는데, 그 후 인구 구조의 변천으로 말미암아 해안산맥 지역은 점차 오늘날의 재생림을 형성했고, 중앙산맥 지역 역시 일부 회복되어 재생림을 이루었다. 따라서 이 지역은 장기간 인간 사회와 생태계 사이의 상호 작용, 시스템 회복탄력성 등을 연구하기에 더할 나위 없이 적합한 곳이다.

이 평원 삼림구에는 여러 자원 유형이 있다. 토지, 임목, 삼림 부산물, 수자원, 야생동물, 관광자원 등의 공유자원은 물론이고, 생물다양성, 문화다양성(아메이족 문화), 탄소 격리carbon sequestration 등의 여러 공공재public goods가 있다. 그런데 기존의 접근 방식은 한 번에 한 가지 공유자원이나 공공재만 다루는 것인데, 그러다 보면 시스템 측면을 간과할 가능성이 있다. 그러나 여러 가지 자원을 보호하고 이용하는 것은 복잡한 상호작용을 필요로 한다. 숲의 아름다운 경치에 감탄하는 관광객들이 이곳에 얽힌 배경과 어두운 역사를 이해하거나 숲이 자라면서 주변 지역 수자원 공급에 지장을 초래했다는 사실을 알기란 어렵다. 또 많은 이들이 평지 삼림이 중앙산맥과 해안산맥을 연결하는 생태 통로의 역할을 할 것으로 기대하고 있지만, 그 이전에 이 지역 야생동물 분포 상황, 야생동물과 인간 사이의 상호작용(농업 손실) 등을 이해할 필요가 있다.

상술한 복잡한 문제들을 해결하기 위해서는 단일 학문 연구로는 어렵다. 예를 들어 IAD(Institutional Development and Analysis) 분석틀은 중요하긴 하지만 주로 사회과학 분야의 연구 방법이다. 그런데 삼림, 야생동물, 수자원 등의 생태계 관련 의제는 자연과학 연구가 뒷받침되지 않으면 제대로 된 이해를 수반하기가 힘들다. 그러므로 SES 분석틀(Multi-tiered Diagnostic Approach for Social-Ecological Analysis)과 같이 IAD를 뛰어넘는 또 다른 방법론이 필요하며(Ostrom & Cox, 2010), 생태계에 관한 자연과학 분야 연구들을 통합할 필요가 있다(Epstein 외, 2013).

이러한 대규모 조림지는 다양한 유형의 자원 및 이익당사자와 관계될 뿐만 아니라, 다중적 제도 차원의 자원 거버넌스 의제와도 관련 된다. 따라서 다양한 거버넌스 기관의 정책 및 경영관리 조치, 조림지와 주변 해안산맥 재생림의 생태적 기능과 생태계 서비스 문제, 부락과 커뮤니티의 생계 및 복지와 발전 문제, 농업-야생동물과 관광-생태관광 사이의 경쟁 문제, 원주민족 전통영역, 토지소유권과 자연자원소유권 관련 문제 등 해결해야 할 과제가 많다.

이상의 배경 서술을 근거로 본 연구 계획은 대만의 사회-생태 시스템 회복탄력성은 어떤지, 시스템 회복탄력성에 영향을 미치는 주요 요인은 무엇인지, 시스템을 인류 생존에 적합한 상태로 유지하기 위해서 현재 우리가 취할 수 있는 조치는 무엇인지 등의 가장 근본적인 문제의식에서 출발했다. 연구 계획은 총 여섯 가지 세부 계획으로 구성되며, 각각 거버넌스 제도, 야생동물생태학, 토지이용 변천, 삼림성장동태動態학, 탄소예산, 시민과학, 지역 지속가능성 지표, 토지이용선호, 농업환경정책 등의 각도에서 연구가 진행되었다. 본 계획은 인류사회와 생태계의 상호 역학작용에 관한 연구 성과를 결합하여, 한 사회와 생태계의 회복탄력성을 평가하는 한편, 연구 결과에 근거하여 적절한 공동관리 조치를 추진하고자 했다. 계획의 예비조사 결과를 보면, 사회생태계 회복탄력성과 학제 간 통합의 각도에서 출발하여 우리가 도달한 결론이 단일 자원을 다룬 단일 학문적 연구 결과와는 상당히 다를 것으로 예상된다. 주요 이유는 시스템 관점이 개별 자원의 최적화optimization나 개별 학문적 관점이 아닌 전체 시스템의 동태에 초점을 둔다는 것이다.

4. 나가며

앞서 소개한 연구는 대만 공유자원 연구 흐름의 변화를 반영하고 있다. 즉 기존 IAD 분석 틀 대신 사회-생태 시스템 회복탄력성 분석 틀을 응용했고, 지방의 개별 사례 연구를 다층적 거버넌스 연구로 확대했다. 또한 연구 범위를 원주민족 지역에서 다양한 유형의 사회-생태 시스템으로, 산지에서 평지로 확대했다. 단일 학문 연구에서 학제 간 통합 연구를 진행했다는 점, 공동관리 및 적응 거버넌스 등 대만에 생소한 개념들을 도입, 추진했다는 점도 눈에 띄는 점이다.

현재 대만 내에는 중앙연구원에서 진행한 컨딩墾丁 산호초 사회-생태 시스템 회복탄력성 연구 계획을 포함한 통합 연구가 이미 몇 편 발표되었다.

이러한 최근 동향은 현재의 흐름 속에서 대만이 해결해야 할 과제들의 본질적인 변화를 반영하고 있다. 이전에는 공유자원 연구가 지방의 단일 자원에 대한 보호와 이용, 이에 대응하는 제도 및 규범에 중점을 두었다면, 현재는 많은 새로운 의제들이 생겨났다. 기존의 의제들 역시 새로운 흐름 속에서 내용이 더욱 풍부해졌다. 다눙다푸 사례에서 보듯 현지 주민들이 아끼는 전통 공유자원도 물론 중요하지만, 다른 유형의 공유자원이나 공공재 역시 중요하긴 마찬가지다. 때로는 관광 자원과 같은 새로운 유형의 공유자원이 전통 공유자원보다 경제적 측면을 비롯한 여러 측면에서 더 중요한 가치를 지닐 수도 있다. 또한 인간이 환경에 미치는 영향이 점차 커져 가는 상황에서는 개별 자원에 대한 의제에만 매달리기 보다는 전체적인 사회-생태 시스템의 다이내믹스動態에 주목할 필요가 있다. 오늘 날과 같이 다층적이고 글로벌화가 심화되는 사회 시스템 안에서는, 자원 유형을 막론하고 이들 자원의 보호와 이용, 그와 관계된 거버넌스 제도 등에 관한 의제가 과거와 크게 달라질 수밖에 없다. 그리고 이 모든 것들이 바로 대만 공유자원 연구의 새로운 동향이자 도전 과제라고 하겠다.

참고문헌

黃雅鴻, 2003, 『他者之鄉：從空間霸權論述談Karowa 原住民的流離與主體性運動』, 國立東華大學族群關係與文化研究所碩士論文.

張長義·蔡博文·劉炯錫·李建堂·汪明輝·官大偉·林益仁·倪進誠·范毅軍·裴家騏·劉吉川·盧道杰, 2003, 『原住民族傳統領域土地調查研究報告』, 行政院原住民族委員會委辦研究計畫.

顏愛靜·楊國柱, 2004, 『原住民族土地制度與經濟發展』, 稻鄉出版社.

戴興盛, 2016, 「穿山甲事件之後：野生動物保護與利用如何往前走？」, 『獨立評論@天下』(2016. 10. 5.)

戴興盛·裴家騏, 2016, 「野生動物保育法修正，是臺灣社會齊力往前走的契機」, 『獨立評論@天下』(2016. 12. 22.)

Berkes, F., 2006, "From community-based resource management to complex systems: the scale issue and marine commons", *Ecology and Society* 11(1).

Lam, Wai Fung, 1996, "Institutional design of public agencies and coproduction: a case study of Irrigation Associations in Taiwan", *World Development* 24(6).

Lam, Wai Fung, 2001, "Coping with change: a study of local irrigation institutions in Taiwan", *World Development* 29(9).

■

제4장

제주 커먼즈의 경험:

수눌음의 역사와 사회적경제

김자경(제주대학교 SSK연구단 공동연구원)

1. 들어가며

수눌음은 제주의 대표적인 전통문화이다. 일종의 상부상조 문화이다. 한국에는 두레, 품앗이 등과 같은 상부상조의 문화가 존재하며, 이것을 제주에서는 수눌음이라 불렀다.

제주는 고려시대 원나라(1276~1368년)의 지배를 받았고, 조선시대에 출륙금지령(1629~1823년)으로 인해 육지부와 단절되어 고립된 상태가 장기간 지속되면서 독특한 제주섬 문화가 형성되었다. 더불어 섬이라는 지리적 특성과 화산회토의 토질, 해양성 기후라는 특성으로 인하여 한국의 다른 지역 농업과 그 구성이 매우 다르다. 예로부터 삼재(三災-태풍, 가뭄, 강의 범람)의 섬이라 불렸다고 하는 것은 그만큼 제주가 척박한 땅임을 상징한다.

척박한 환경을 이겨내기 위해 자생적으로 협동 조직이 형성되기 마련이다. 따라서 제주에서 상부상조하는 공동체적 문화의 틀은 매우 넓을 수밖에 없다(주강현, 2006, 690쪽). 이 글의 목적은 첫째, 제주의 대표적인 상부상조 문화인 수눌음의 사례들을 커먼즈론의 시각에서 살펴보는 것이다. 커먼즈론은 주로 서양을 중심으로 논의가 전개되어 왔다. 그러나 오랜 세월 동안 커먼즈는 서양 사람들만의 일상이었을 리가 없다. 인류 역사의 면면을 살펴보면, 사람들은 각자의 환경에서 각각의 공동생활과 협력 양식을 만들어왔다. 그런 측면에서 보면 서로 다른 생활습관과 문화적 양상이라 할지라도 제주에서도 커먼즈의 시각으로 해석할 수 있는 다양한 모습들이 존재한다. 특히 제주는 커먼즈의 섬이라 할 만큼 지하수, 바람(풍력), 마을공동목장, 마을공동어장, 곶자왈 등이 남아있다. 이 글에서는 다양한 제주의 커먼즈 가운데 마을공동목장을 중심으로 살펴보고자 한다.

한편 오늘날 제주의 모습을 브로델 식의 표현을 빌려 표현해보면, 제주는 아주 오래전에 시작되어 지속되어온 커먼즈와 얼마 전에 시작된 자본주의가 같은 공간에 존재하면서 대립하고 있는 갈등의 공간이라 할 수 있다. 대표적으로 마을공동어장이 남아있는 해안가에는 수많은 카페와 게스트하우스 등이 들어섰고, 마을공동목장이 있는 중산간 지역은 많은 골프장으로 잠식되었으며, 또다른 대규모 개발사업들이 추진되고 있는 중이다. 인클로저 이후 세상의 수많은 커먼즈가 사라지고 있지만, 다시 커먼즈를 만들어가려고 하는 움직임도 존재한다. 제주 지역 사회도 사회적경제를 통한 다양한 시도를 하고 있다. 그 실마리를 제주에서 수눌음이라고 불리는 제주형 커먼즈의 경험을 통해 오늘을 살아가는 우리에게 주는 지혜를 탐구하고자 한다. 이것이 이 글의 두 번째 목적이다.

2. 커먼즈의 개념

일반적으로 커먼즈라 하면 개럿 하딘의 '공유지의 비극'을 떠올린다. 경제학원론 교과서에 따르면 공유지의 비극은 재산권이 확립되어 있지 않아서 발생한다고 보았다. 저개발국가의 삼림훼손의 원인을 정부가 재산권을 잘 지키지 못했기 때문이다. 따라서 커먼즈에 대해 재산권을 부여하고 집행하는 것이 공유지의 비극을 해결하는 방법이 될 수 있으며, 실제 영국에서 중세부터 공유지였던 목초지를 오랜 기간에 걸쳐 사유지로 변했다는 것을 그 증거로 들고 있다(조순·정운찬·전성인·김영식, 2009, 426~427쪽).

하딘이 다루고 있는 연구의 초점은 공유지 그 자체에 있다. 공유지를 사용하는 사람들은 모두가 합리적이고 이기적인 사람들이다. 이들은 효용극대화를 위한 이기심 때문에 공유지를 결국엔 황폐하게 만든다. 하딘이 상정하고 있는 사람들은 일상의 삶이 존재하지 않는 경제적 인간일 뿐이다. 실제로 하딘은 이기적 인간들이 공유지를 황폐화하는 것을 막기 위해 사유화(인클로저) 내지는 국유화(리바이어던)를 주장했다(Garrett Hardin, 1968, pp. 1243~1248). 결론적으로 공유지의 비극을 막기 위한 정책은 사유든 국유든 재산권의 강화로 귀결된다.

이에 반해 엘리너 오스트롬은 하딘의 논의에 반박하기 위한 수많은 경험적 사례들을 검토하여 '관리되고 있는 공유지'의 수많은 성공사례가 존재하는 것을 밝혔다. 그 결과 다양한 성공과 실패 사례들의 실증분석들을 통하여 공유지가 잘 관리되기 위한 8가지 제도적 운영원리를 밝혔다(엘리너 오스트롬, 2010). 오스트롬의 공적은 시장의 지배(사유)도, 국가의 지배(국유)도 아닌 커먼즈의 운영원리가 지속가능한 삶을 가능케 할 수 있다는 새로운 관점을 제시한 점에 있다. 즉 오스트롬은 커먼즈를 과거의 추억이 아니라 '오래된 미래'로서 현재의 공론장에 올려놓았다.

한편 오스트롬은 커먼즈의 개념을 경제학적 틀을 기반으로 "경합성과 비배제성을 가진 자연자원과 이러한 자원을 둘러싼 제도"라고 보았다. 최현은 이러한 오스트롬의 정의에 대해 현재 문제가 되고 있는 자연 자원의 특징을 개념적으로 정의함으로써 자연자원을 이해하고 그것을 둘러싼 갈등을 해결하는 데 도움이 된다고 평가하지만, 다음의 두 가지 이유 때문에 오스트롬의 개념은 재정의 되어야 한다고 주장한다(최현, 2013, 12~39쪽). 첫째, 자원의 물리적 속성만을 고려하다보면 역사적 변화에 따른 자원의 사회적 속성의 변화를 파악할 수 없기 때문이다. 기술이 발전하거나 소유권 제도가 생겨나고 사람들의 자원에 대한 태도가 변함에 따라 이전에는 다른 사람이 사용하는 것을 배제할 수 없던 자원이 배제할 수 있는 자원으로 바뀌는 경우가 있음을 지적하고 있다. 둘째, 경제학적 정의가 사유재와 클럽재 등 대부분의 자원으로부터 사람들을 배제하는 것을 정당화하는 결과를 초래하기 때문이다. 따라서 오스트롬의 정의는 커먼즈를 사유화로부터 보호하는 데는 유용하지만, 그 영역을 확대하기에는 어렵다. 실제로 배제성이라는 자원의 물리적 속성이 사유화나 독점을 가져오는 것이 아니라 사유화나 독점이라는 사회적 제도가 배제를 가져온다. 이러한 논의의 결과 최현은 오스트롬의 자원에 대한 정의를 다음과 같이 재구성했다. 즉 "어떤 개인이나 집단이 독점하는 것이 정당하지 않은 자원"이다.

이에 더하여 본 연구에서는 최현의 논의를 바탕으로 커먼즈 정의에 대한 논의를 한 가지 더 추가하고자 한다. 피터 라인보우와 이반 일리치와 같이 역사적 사실을 바탕으로 커먼즈의 가치를 다룬 연구들을 살펴보면 오스트롬의 커먼즈론과는 연구의 결이 다르다는 것을 알 수 있다. 이들의 연구를 살펴보면 인클로저로 인해 공유지에서 쫓겨난 사람들에게 초점을 맞추고 있다. 인클로저 이전의 사회에서 커먼즈가 가지는 의미는 장원이나 마을과 같은 공동체에서 배제될 수 있는 소수자들을 끌어안아야 한다는 것이다. 커먼즈가 존재했기에 가난한 자가 들판과 숲을 이용할 수 있었고, 사람들이 길과 강을 이용할 수 있으며, 과부와 거지에게는 환경을 활용할 수 있는 예외적 권한을 보장했다(피터 라인보우, 2012, 50~76쪽) 커먼즈는 "어떤 개인이나 집단이 독점하지 않았기"에 공동체의 구성원 모두가 접근가능하고 이용할 수 있는 권리를 가지게 되었으며, 이를 통하여 사회 안정망의 역할을 할 수 있었던 것이다. 이러한 시각은 일리치의 커먼즈에 대한 인식과도 통한다. 일리치는 커먼즈를 "환경 중 제한이 설정된 부분, 공동체가 생존하기 위해 필요한 부분, 여러 집단이 다양한 방식으로 살아가는데 필요한 부분, 그러나 엄밀히 경제적 의미로 볼 때 희소하다고 인식되지 않은 부분"으로 인식했다. 그리고 커먼즈를 "공동체에서 희소성 인식이 확대되지 않도록 막아주는 일련의 규칙"이라고 보았다(이반 일리치, 2013). 그렇기 때문에 커먼즈에는 자연 자원과 그 사용을 다스리는 뚜렷한 공동체가 존재한다. 그리고 커먼즈를 이용하는 사람들은 나름의 접근 및 사용규칙들을 서로 정하고 이를 유지시켜 왔다.

따라서 커먼즈는 자원으로만 구성되지 않고 자신의 고유한 규칙들, 전통들, 가치들을 고안함으로써 자원을 관리하는 공동체로도 구성된다. 다시 말해 "커먼즈는 '자원＋일련의 사회적 규약＋공동체'이다. 이 세 가지가 상호의존적으로 영향을 미치면서 통합된 전체를 이루는 것"이다(데이비드 볼리어, 2015). 그리고 자원은 최현이 지적하는 바와 같이 "어떤 개인이나 집단이 독점하는 것이 정당하지 않은 자원"이다.

이러한 시각은 오늘날 커먼즈를 되찾고자 하는 움직임이 사회적 변혁 운동의 실천이론으로서 중요한 시사점을 제공한다. 일리치는 1982년 일본의 학술토론회[1]에서다음과 같이 커먼즈 운동의 가능성을 언급했다.

---

1 이반 일리치는 일본 엔트로피 경제학파의 다마노이 요시로우玉野井芳郎와 많은 교류가 있었다. 다마노이는 1985년 『커먼즈로서의 바다』를 출판하면서, 일본에

울타리는 모든 역사를 통틀어 생존이라는 도덕경제가 의존하는 바로 그 종류의 환경(자원)에 대한 민중의 권리를 박탈했습니다. 울타리를 일단 용납하고 나면 공동체가 재정의 됩니다. 울타리는 공동체의 지역 자율을 잠식합니다. 공용(커먼즈)에 두른 울타리는 이렇게 자본주의자에게 이익인 만큼 전문가와 정부 관료에게도 이익이 됩니다. 울타리가 있을 때 관료는 지역 공동체가 스스로 생존을 부양할 능력이 없다고 정의하게 됩니다. 사람들은 자신을 위해 생산되는 상품에 의지하여 생존하는 경제적 개인이 됩니다. 근본적으로 대부분의 시민운동은 이처럼 환경(자원)을 탈바꿈시켜 사람을 소비자로 재정의하는 행위에 맞서는 반란에 해당됩니다(이반 일리치, 2013, 69~70쪽).[2]

이와 같은 커먼즈에 대한 인식은 신자유주의에 대항하는 저항운동으로서, 그리고 새로운 유형의 도시 커먼즈를 만들어 내는 도시 운동으로서 다양한 함의를 보여주고 있다(제이 월재스퍼, 2013; 실비아 페데리치, 2013; 데이비드 하비, 2014). 특히 데이비드 하비는 커먼즈를 "특정 종류의 사물, 자산, 사회적 과정이 아닌, 불안정하고 가변적인 하나의 사회적 관계"로 해석하고, 커먼즈와 사회 구성원 간의 사회적 관계를 만들어야 하는 사회적 실천에

서 처음으로 커먼즈에 주목하여 진행된 연구자로 인정받고 있다. 또한 일본에서 칼 폴라니의 저서를 번역하면서 엔트로피 이론과 폴라니의 형식적 경제와 실체적 경제를 구별하는 논의를 재정립하여 독자적인 지역주의를 주장하면서 커먼즈론의 선구자였다. 일리치는 1986년 일본 엔트로피 학회에 초대받아 강연하면서 다마노이와의 교류를 밝혔다(일리치, 2013, 89쪽). 이후 일본의 커먼즈 연구는 지속적으로 발전하면서 독자적인 연구의 영역을 구축했다.

2   한편 ( )안은 필자가 바꾼 것이다. 일리치의 번역에서 환경은 오스트롬의 자원에 대한 정의보다는 최현의 정의를 따라 자원으로 파악하는 것이 옳다고 판단한다. 공용은 커먼즈 그대로 사용하는 것이 좋다고 여겨진다. 커먼즈에 대한 번역어는 공용, 공유지, 공유재, 공동자원, 공통자원 등 매우 다양하지만 여기서는 커먼즈를 그대로 사용한다. 물론 커먼즈를 우리의 언어로 표현하는 것은 중요하지만 이는 추후의 과제로 삼고자 한다.

도 주목하고 있다. 볼리어는 사회적 실천이라는 점에서 커먼즈를 명사로 보지 않고 '동사'[3]로 보았다. 즉 커먼즈의 핵심은 커머닝commonig이라는 사회적 실천이 핵심이며, 정치철학이나 정책 과제가 아니라 능동적이고 살아있는 과정이라고 보고 있다.[4]

오스트롬의 노벨상 수상 이후 커먼즈에 대한 관심이 차츰 높아지고 있다. 그러나 우리 사회에서 커먼즈는 서양의 언어라는 점에서 조금 불편함을 느끼는 것이 사실이다. 볼리어의 말대로 커먼즈는 우리의 일상이었으며, 자연 자원에 대한 공동체적 관리는 언제나 존재해 왔다. 그렇기 때문에 우리의 일상의 삶 속에서 면면히 이어져 왔던 커먼즈에 관한 경험들을 하나씩 복기하며 우리의 언어로 재구성해야 할 필요성을 느낀다. 이에 다음 절에서는 제주의 공동목장을 중심으로 커먼즈의 경험을 살펴보고자 한다.

3. 제주 커먼즈의 경험

1) 마을공동목장을 둘러싼 수눌음의 사례

제주의 토양은 중산간 지대나 조나 보리농사를 하는 밭농사 지대라도 낮은 함수율을 가지는 이른바 뜬땅이라는 화산회토의 답전이다. 건조한 토양

---

3 수눌음의 어원이나 수눌음의 형태가 언제부터 시작되어 전래되어 왔는지 그 기원을 찾기는 쉽지 않다. 그러나 『제주어사전』에 의하면 수눌음은 '수눌다'의 명사형으로, "품앗이, 즉 힘든 일을 이웃간에 서로 거들어가며 하는 것"으로 정의되어 있다. 필자가 주목하고자 하는 지점은 명사형인 '수눌음' 보다는 '수눌다'의 동사형이다. 커머닝과 수눌다에 대한 본격적인 연구는 차후의 과제로 삼고자 한다.

4 David Bollier, "Commoning as a Transformative Social Paradigm", 2016. http://thenextsystem.org/commoning-as-a-transformative-social-paradigm/ 참고로 이 글의 한글번역본은 이곳(http://minamjah.tistory.com/122)에 게재되어 있다.

환경으로 인해 씨앗을 파종해도 바람에 날려 버리기 때문에 우마들을 농경지로 들여보내 토양을 밟아 주어야 했다. 이를 진압농법鎭壓農法이라고 한다(김동전·강만익, 2014, 59쪽; 송성대, 2001, 262쪽). 때문에 제주 도민들은 최소한 말이나 소 한 마리씩은 농사용으로 사육하게 되었다. 이 마소들을 먹이기 위해 필요한 것이 공동목장의 너른 초지이다. 과연 제주의 마을공동목장에는 하딘이 말하는 공유지의 비극이 나타났을까.

한편 제주의 마을공동목장은 중앙정부의 축산정책에 따라 조성되었지만, 제주 사람들의 목축생활사가 시간의 흐름에 따라 누적되어온 역사 문화의 경관들이 중첩된 장소로 그 의미가 깊다(강만익, 2008, 77쪽). 본 절에서는 마을공동목장의 형성과정에 대해서는 다루지 않고,[5] 커먼즈의 시각에서 제주 사람들이 마을공동목장과 함께 어떻게 살아왔는지에 대해 중점적으로 살펴보고자 한다.[6] 마을공동목장과 마을 공동체, 그리고 마을공동체에서 보이는 관습인 '수눌음'이 어떻게 운영되고 있는지 중점적으로 살펴본다.

밧볼림

앞서 설명했듯이 제주의 밭들은 뜬땅이다. 이러한 화산회토의 보수력을 높이기 위해 마을의 소나 말을 답전踏田에 넣는 것을 '밧볼림'이라 한다. 밧볼림은 말과 소를 가진 사람들이 모여서 구성된 조직도 있으며, 성산읍 고성리 '밧볼리는 접'의 경우 말과 소를 가지고 있지 않은 집끼리 서로의 밭을 밟아주기 위해 조직을 구성할 때도 있다(한국문화원연합회 제주특별자치도

---

5 제주의 마을공동목장에 대해서는 강만익의 『일제시기 목장조합 연구』의 연구가 대표적이며, 커먼즈의 시각에서 마을공동목장을 분석한 연구는 최현의 「공동자원 개념과 제주의 공동목장」이 대표적이다.

6 제주도 축정과 자료에 의하면 2014년 현재 직접 운영하고 있는 마을공동목장은 41곳, 임대해주고 있는 마을공동목장은 15곳, 개방해서 관리하고 있는 마을공동목장은 1곳이며, 합 57곳에 이르고 있다.

지회a, 2010, 168쪽).

> 서귀포시 강정동의 '거시림밧볼림계'
> ① 1900년 이전부터 구성된 것으로 보이며, 계원들의 말을 수십마리 동원하여 좁씨 뿌린 밭을 공동으로 밟아 일손을 돕고 수확량을 높이기 위해 결성되었다.
> ② 지위고하, 빈부차별 없이 운영되었으며, 말이 없는 농가에도 혜택이 제공되는 특징이 있다.
> ③ 밧볼림은 통상 3회(초벌, 두벌, 마무리)에 걸쳐 진행된다. 보리 수확 후 초벌갈이, 장마걷이 후엔 두벌갈이(이를 거시림이라 함), 흙을 평평하게 고르는 설피질을 하고 그 자리에 좁씨를 뿌린 후, 계원들이 사육하는 말 수십마리를 좁씨 뿌린 밭에 몰아넣는다(마무리갈이). 말의 선두잡이와 후미에 말 몰이꾼의 밧볼리는 소리에 맞춰 좁씨가 밭 흙에 단단히 박히도록 잘 밟게 했다.
> ④ 이렇게 밭을 다지면 잡초가 덜 자라고 단단한 땅에 조가 뿌리를 내려 옆으로 쓰러지지 않아 잘 자라고 수확량이 많아졌다(한국문화원연합회 제주특별자치도지회a, 2010, 348쪽).

둔쉐멕이기, 쇠접, ᄆ쉬접, ᄆ쉬제 등

제주에서는 조의 파종이 끝나면 말이나 소를 직접 농사에 이용할 일이 없어진다. 말이나 소에게는 농한기에 접어드는 셈이 된다. 소의 주인들은 소를 외양간에 메어놓고 매일 먹이(풀, 꼴)를 베어다줄 처지가 되었다. 물론 농번기에도 각각 자기 소유의 가축을 끌고 나가 돌보는 것은 비효율적이었다. 따라서 몇몇 농가가 낮에 공동으로 소나 말을 돌보는 방법을 만들어 냈던 것이다. 이 때 한 곳으로 모아진 마을의 소떼를 '둔쉐'라고 한다. 둔쉐를 '번쉐' 또는 '쉐번'이라고도 하는데, 번갈아가면서 먹이는 소 또는 소 먹이는 당번이라는 뜻이다. 둔쉐 먹이기는 보통 새 풀이 돋아나가 시작하는 4월부터 풀이 쉬서 없어지는 10월까지 반년 동안 이어진다. 번쉐계, 곳쉐계, 테우리접, 쉐테우리돌음계, 소먹이계, 낙인계 등 다양한 방식으로 불린다.

순번이 돌아온 농가 또는 목동들은 도시락(동고량)을 챙기고 자기가 돌봐야 할 말이나 소들을 각자 집 또는 휴한지 등에 내 놓아 풀이 풍부한 들판으로 몰고 나가 하루 종일 풀을 먹였다. 그리고 저녁 무렵 못이 있는 곳으로 몰고 가서 물을 먹인 후 다시 각자의 집이나 휴한지로 몰로 돌아가는 것이다. 방목에 익숙한 소떼들은 들에서 풀을 뜯어 마을로 돌아오게 되면 사람이 뒤에 있든 없든 간에 상관없이 스스로 제 집을 찾아 들어가는 진풍경을 연출하기도 했다고 전해진다(한국문화원연합회 제주특별자치도지회b, 2012, 93~94쪽; 제주도, 2006, 771쪽).

성산읍 수산리의 '무쉬접'
① 뜻이 맞는 사람 15인이 모임을 가졌는데 이를 '둔을 짓는다'고 하고 대표는 둔주라 한다.
② 둔주의 책임 하에 순번제로 당번을 맡았다.
③ 청명(양력 4월5일경)과 망종(양력 6월6일경)까지는 공동목장에 방목한다. 당번은 일주일에 한 번 정도, 혹은 자주 점검하고 확인한다.
④ 마소떼를 밭에 들여놓고 밤새도록 분뇨를 받아 거름이 되게 하는 바령은 계원의 순번제로 철저히 시행하여 불평불만이 없도록 한다. 이에 대한 조정은 둔주가 맡았다.
⑤ 입동(양력 11월7일경)이 되면 귀표와 낙인을 했다.
⑥ 낙인 후에는 술, 떡, 귀표를 끊어내서 구운 것을 올리고 마소의 번성을 기원하는 제를 올렸다.
⑦ 음력 7월 15일 밤에는 마소의 번식을 비는 백중제를 목장에서 지냈다 (한국문화원연합회 제주특별자치도지회a, 2010, 178쪽).

통상 무쉬접이라 불리우는 이러한 형태는 말이나 소를 효율적으로 관리하기 위한 조직이다. 목초지 관리, 우마용 물관리, 우마 방목관리, 진드기 구제, 낙인찍기 등의 일을 계원들이 공동 또는 당번제로 운영했다.

이러한 무쉬접의 가장 큰 특징은 마을 단위의 협동정신을 발휘했다는 점이다. 때문에 무쉬접이라 하는 수눌음 문화는 자유롭게 방목하여 말이나 소가 먹을 풀이 모자라거나, 공동목장이 황폐화되는 공유지의 비극이 나타날 수 없는 장치이자 관습인 것이다. 한편 성산읍 성읍리의 무쉬접은 결성연대가 1870년대로 가장 오래된 무쉬접으로 1950년대에 해산되었다(한국문화원연합회 제주특별자치도지회a, 2010, 246쪽). 구좌읍 상도리의 큰에움접은 1952년 7월 4일에 결성되어 1999년 4월 6일에 해산되었는데, 가장 최근까지 남아있던 무쉬접에 해당한다. 상도리의 큰에움접은 접원들이 소를 팔아 목축업을 하지 않으면서 해산되었다(한국문화원연합회 제주특별자치도지회a, 2010, 145쪽).

맴쉐, 무쉬벵작

맴쉐는 경제적 여유가 있는 집에서 소를 가난한 집에 빌려줘 반작[7]을 하는 것이다. 맴쉐는 경제적 여유가 있는 집에서 암소를 가난한 집에 하나 사 준다. 그러면 그 사람은 소를 이용해서 농사를 지을 수 있게 된다. 그러다가 그 암소가 새끼를 낳으면 첫 번째 낳은 새끼는 소를 기르는 사람이 가지고, 다음 새끼를 낳으면 암소를 사준 주인 몫이 된다. 즉 맴쉐는 가난한 사람에게 소를 이용하게 해주고 그 새끼를 나누어 가지는 소의 반작제도이다. 소 뿐만 아니라 말도 이와 같은 방식으로 벵작(반작)을 한다. 남의 소를 길러주고 새끼를 나누기로 한 조건으로 끌어온 소가 새끼를 낳지 않아 되돌리게 되는 경우에는 봄에 농사일에 부리면 여름동안 소를 먹여서 가을에 임자에게 돌려준다. 만약 가을에 그 소로 일을 했다면 그 해 겨울을 먹여서 다음 해 봄에

---

7 반작半作제도는 농토를 갖지 못한 농민이 일정한 소작료를 지급하며 다른 사람의 농지를 빌려 농사짓는 일을 말한다. 통상 지주와 소작인이 수확량의 절반씩을 나누어 가진다.

소 임자에게 돌려준다. 맴쉐의 문화를 통하여 수눌음의 대상은 마을사람들 뿐만 아니라 말이나 소도 해당됨을 알 수 있다(한국문화원연합회 제주특별 자치도지회b, 2012, 128쪽; 제주도, 2006, 771~772쪽). 또한 말이나 소를 가지지 못한 사람들을 배려하는 장치이며, 이에 그치지 않고 농사를 지을 때 가장 필요한 가축을 나누어 자급할 수 있는 여건을 만들어 주는 장치이기도 하다.

목장불놓기

목장 불놓기는 제주도 일원에서 2월 초순에 마을의 모든 사람들이 목야지의 목축지에 불을 넣던 행사이다. 지붕을 이는 '새'나 소나 말의 먹이인 '촐'이 잘 자라고 살충(진드기)의 구제 수단으로 목장 불놓기를 하던 것인데, 이때는 말이나 소가 없는 마을사람들도 모두 참여했다. 한편 불을 놓은 다음에는 목야지의 경계선 겸 마소의 침입을 통제하기 위해 쌓았던 '켓담' 정리를 하는데, 이때도 마을 사람들이 모두 동원되었다. 만일 이때 자기집에 말이나 소가 없다는 이유로 빠지면 농사철에 말이나 소를 빌려주지 않아 애를 먹었다(제주도, 2006, 393쪽).

2) 마을공동체를 둘러싼 수눌음 사례

마을공동목장은 마을 사람들이 무쉬접을 조직하여 말이나 소를 방목하거나 초지를 관리했다는 것을 알 수 있다. 소나 말이 없는 마을 사람들도 다양한 조직(밧불리기, 맴쉐, 목장불놓기)에 참여할 수 있었다. 이렇게 커먼즈가 구성됨으로써 마을 사람들은 한 해의 농사를 짓고 자립하며 살아갈 수 있는 생계수단을 마련하게 된 것이다. 마을공동목장을 이용하기 위한 수눌음 조직을 통하여 마을의 공동체 의식이 확립되었다는 것을 알 수 있다.

한편 제주에는 마을공동목장과 관련된 사례 이외에도 마을공동체 내에서 보이는 독특한 수눌음의 사례가 존재한다. 교환노동, 공동소유의 밭, 증답 등의 사례들을 통하여 마을공동체 내의 상호부조와 호혜성을 통한 커먼즈적 삶이 어떻게 드러나는지 살펴보고자 한다.

검질제

검질은 제주어로 잡초를 말한다. 온난한 해양성기후는 잡초를 빠르게 자라게 한다. 잡초제거는 보통 3회 정도는 해야할 정도이다. 특히 여름철 뙤약볕 아래서 조밭의 김매기는 매우 힘든 일이었다. 수눌음을 통해 서로의 밭에 김을 매어주는 공동노동조직을 검질제라 한다. 이 조직의 특징은 한 해가 저물면 그 시효가 종료되고 새봄이 오면 다시 모임이 새롭게 짜여진다는 점이다. 일반적으로 육지부의 품앗이와 같은 교환노동의 특징을 가지면서도 계의 형태를 띤 조직을 구성하는 특징이 있다.

제주시 도두동의 '검질제'
① 계원은 5인이며 모두 같은 동네에 산다. 농번기에 일손이 부족할 때 서로 도와 김매기를 해주며 친목을 도모한다.
② 우두머리인 제장은 1인이 맡는다.
③ 보리, 콩, 조 등의 김을 매는 시기에 서로의 밭에서 김을 매준다.
④ 일손이 부족해 계원이 요구하는데도 김을 매주러 갈 수 없을 때는 사람을 사서 보냈다.
⑤ 자본금은 따로 조성하지 않으며 부조해야 할 상황이 발생하면 각자가 한다. 친목보다는 노동력의 교환에 목적이 있다. 한 해가 끝나면 접도 자연히 해체된다. 새봄이 되면 새로운 멤버로 다시 구성하여 일 년 동안 유지한다(한국문화원연합회 제주특별자치도지회a, 2010, 78쪽; 한국문화원연합회 제주특별자치도지회b, 2012, 24쪽).

연자매 관리집단, 물방애접

연자매 관리집단은 이웃이 공동으로 연자매를 만들어 곡식을 정미하기 위한 조직을 말한다. 주로 말을 이용했으므로 물방애라 했고, 소를 이용하면 쉐방애라고도 했다. 마을마다 대략 20~30가구에 1기씩 시설하여 접을 맺고 접원으로서의 행동규범을 마련했다. 이용하는데 합리적인 방안을 따르고 공동체의 질서를 유지했다. 명칭은 지역에 따라 물ㄱ레접, 물방애계, 물ㄱ레접, 물ㄱ랑제, 물방접, 물방잇접 등 매우 다양하다.

물방애를 설치할 당시에 구성된 물방애접의 구성원들이 차례를 정해 사용했으며, 방에왕(연자방아를 놓아둔 창고형 건물)의 지붕일기나 보수는 접원들의 공동책임으로 했다. 또한 계원들 사이에 부모나 조부모의 상례나 묘소의 축장, 또는 가옥의 신축 등 대사를 당했을 때 쌀 등을 모아 부조하는 경제적 결사체의 기능도 가지고 있었다(한국문화원연합회 제주특별자치도지회b, 2012, 128~129쪽; 김창민, 1995, 84쪽). 성산읍 신풍리의 경우 방앗돌의 제작과 관리에 대한 접원들의 약속이라고 할 수 있는 기록「馬確接入錄」이 다음과 같이 남아 있다. 『제주도접계문화보고서』에는 30곳의 물ㄱ레접이 구술조사 되어 있는데, 신풍리의 물ㄱ레접은 그 중 가장 오래된 조직이자, 문서가 남아 있는 곳이다.

성산읍 신풍리의 '물ㄱ레접' 입록
〈1870년 2월 12일 설립하며 기록한 규약〉
우리 마을에 원래부터 물ㄱ레가 없어서 어떤 때는 절구로 쌀을 찧고 어떤 때는 정ㄱ레로 가루를 만드니 아이들과 부녀자의 수고로움이 이루 다 말할 수 없다. 그 노랫소리가 우는 소리 같이 슬퍼서 그 괴로움을 상상할 수 있다. 지금 접원 모두가 쌀 2말과 포(布) 2자씩 내어서 물ㄱ레를 설치할 자본으로 삼았다. 이에 공인을 모아 돌을 다듬고 접원은 출역하여 ㄱ레왕을 2칸을 짓고 물ㄱ레 1기를 설치하여 자손대대로 전하여 사용하기로 설립을 의논함.

* 절목

-. 접원이 죽은 뒤에는 장자와 종손이 대신하고 지자(枝子, 장자 이외의 아들), 지손(枝孫)은 대신할 것을 허락하지 않는다.

-. 새로이 접에 참가하려면 의논하여 참가할 수 있다.

-. 매년 동지 전에 새(茅) ㅇ묶음씩을 내어서 지붕을 덮고 집강을 선출한다.

-. ㄱ레를 사용할 때는 먼저 도착한 자를 우선으로 하여 차례차례 돌려가면서 사용한다. 혹시 파손이 되면 접원에게 알려 조처한다.

-. 접원이 아닌 사람이 사용하다 파손되면 그 사람이 주선하여 복구하여야 한다.

-. 접원 중에 상을 당하면 그 상가가 우선 사용하고 상가가 여럿 있을 때는 복(服)이 무거운 사람(상복을 입는 기간이 긴 사람)이 우선한다(한국문화원연합회 제주특별자치도지회a, 2010, 565~566쪽).

사진1 제주 돌문화 공원에 복원된 말방아와 말방아 창고(방에왕)
출처: 필자촬영

새왓접, 케왓접

새왓은 초가지붕을 잇는 재료인 새(띠)를 얻기 위해 공동으로 조성하고 관리하는 마을소유의 밭을 말한다. 계원들이 공동으로 소유하는 밭에서 공동으로 얻은 생산물을 공동으로 분배하는 것이 특징이다. 주로 평탄한 용암평원을 갖는 제주의 서부 지방에서 행하여졌는데, 마을 사람들이 모여 약 2만평 단위로 공동작업을 하여 울담을 둘러 친 다음 그 안에서 약 200평 단위로 나누어 간단한 표식으로 경계를 한 다음, 능력만큼 나누어 관리 수확하게 된다. '나눈다'는 것은 배타적 소유권의 의미가 아니라 단지 각자 노동량을 정한다는 의미를 가질 뿐이다. 새왓(케왓)은 8년동안 새(띠)를 재배하여 지역이 쇠약해지면 2년 동안 잡곡을 재배하여 지력을 회복시킨다. 케왓뿐만이 아니라 마을 단위에서 특정 지역을 공동으로 관리해 나갔던 사례는 공납, 진상을 둘러싸고도 확인할 수 있다(고창훈, 1984, 19~45쪽; 송성대, 2001, 237쪽; 홍기돈, 2015. 123~160쪽).

일반적으로 커먼즈적 방식은 소유권 보다는 이용권에 주목한다. 마을공동목장 역시 소유권은 꼭 마을에만 있는 것이 아니라 국유, 공유, 사유 등 다양한 형태의 소유권을 보이고 있다. 그러나 소나 말을 가지지 않은 마을사람들마저도 그 이용에 관해서는 배제하지 않는 것을 커먼즈적 방식이라 할 수 있다. 새왓접은 소유권을 마을에서 가지고 있지만 마을사람들의 노동능력을 고려하면서 그 이용에 제한을 두지 않는 특징을 보이고 있다.

> 구좌읍 상도리의 '새접'
> ① 용눈이오름 굼부리 3,000평을 개간해 새왓을 조성했다.
> ② 새밭에 가축이 들어가지 못하도록 1인 3일씩 돌아가면서 번을 섰다.
> ③ 새는 수확 후 접원끼리 나눈 나머지는 팔아 공동자금을 확보했다.
> ④ 용눈이오름에서 생산된 새는 품질이 우수해 인기가 많았다. 새를 판
>   돈으로 새밭은 매입해 태담(경계)를 쌓았다(둘레는 500m 정도).

⑤ 조직은 으뜸 정○○, 공원 정○○, 소임 ○○

⑥ 음력 12월말 결산을 한 후 돼지를 잡아 정월 명절 때 제숙을 쓰기 위해 골고루 분육했다.

⑦ 초가집 지붕개량으로 새을 쓸모가 없어지면서 해체되었다(한국문화원연합회 제주특별자치도지회a, 2010, 149쪽).

증답 : 반테우기, 고적, 부조

증답贈答은 음식물의 분배(반테우기), 금품의 부조, 기타 물품의 교환을 통해 공동체 구성원들의 경제순환과 자급자족 체계의 기능을 원활하게 해주었다(고창훈, 1984, 33쪽). 그 가운데 고적과 물부조의 사례를 보면 다음과 같다.

고적은 친척집에 경조사가 생기면 정해진 규약에 따라 준비하여 주는 부조를 말한다. 대소사 때(혼례, 상장례 등)는 친척들이 공동으로 부조를 담당하여 경제적인 부담을 덜어주는 것이다. 고적은 현금이나 물품(쌀, 술, 고기 등) 등 규약과 여건에 따라 행해진다. 이때 친척들은 고적이라는 공동부조를 물품으로 주고, 며칠간 일을 도와주는 등 노동력을 제공한다. 지금도 이 관습이 남아 있어서 며느리 친목 형태로 경조사에 동참하거나 의무적으로 참여하는 경우가 많다(한국문화원연합회 제주특별자치도지회b, 2012, 30~31쪽).

물부조(물부지)는 혼례나 상례가 나면 마을 여자들이 물로써 부조하는 것을 말한다. 상수도가 없던 시절, 집안의 큰일을 치르게 되면 제일 걱정되는 것이 물의 확보였다. 손님을 많이 치르게 되고 음식장만도 많아지게 마련이어서 무엇보다도 물을 길어오는 일이 주부 혼자서는 역부족이었다. 그래서 동네 여인들이 한 사람이 5~6 허벅씩 번갈아가며 물을 길어다주었다(한국문화원연합회 제주특별자치도지회b, 2012, 119~120쪽).

그릇제

그릇제는 여자들의 계이다. 그릇제는 많은 손님을 맞이해야 하는 경조사를 치르기 위하여 여러 벌의 식기를 공동으로 구입하기 위한 조직이다. 계원들은 자유롭게 활용하고 비계원들에게는 유료로 임대한다. 현재는 장례식장 등이 생겨서 임대를 신청하는 사람이 거의 사라지고 없다. 현재까지도 지속 중인 그릇제도 그 수가 적지는 않다. 제주시의 봉개동의 그릇제는 현재 부인회에 그 운영권을 넘겨 유지하고 있으며, 대정읍 영락리는 처음부터 마을 부녀회에서 조직해서 지금까지 유지하고 있다(한국문화원연합회 제주특별자치도지회a, 2010, 48쪽, 439쪽).

> 한림읍 대림리의 '그릇접'
> ① 70여호 정도가 한 동네였던 대림리에서는 각 마을마다 그릇접이 있다.
> ② 집집마다 얼마씩을 내어 필요한 그릇을 공동으로 구입한다.
> ③ 관혼상제나 기타 필요할 때 그릇을 대여한다.
> ④ 대여한 자는 약간의 사용료와 손상된 그릇에 대해서는 변상한다.
> ⑤ 그릇을 관리하는 자(접주)는 1년을 주기로 마을사람들이 돌아가면서 한다.
> ⑥ 처음 동참 시 출연금을 내지 않은 이는 처음엔 제외시켰으나 시간이 흐르면서 동참시켜 나갔다.
> ⑦ 현재는 노인복지회관에 보관중이다. 요즘에는 결혼식이나 장례식을 전문기관에서 하기 때문에 그릇의 사용처가 없어져 버렸다. 하지만 마을 창고에 보관중이며 마을행사에는 이용하기도 한다(한국문화원연합회 제주특별자치도지회a, 2010, 510쪽).

쌀제, 쌀계

쌀이 귀했던 시절 1970년대 중반 이전에는 잔치에 쓸 쌀을 미리 조달하기 위해서 쌀제를 맺어두었다. 보통 10~20명이 계를 맺고 그 조직은 계수

(가장 연장자를 추대), 집강(총무 1년 임기) 그리고 계원으로 이루어진다. 집강은 임기 중에 계원이 대사가 생겼을 때 쌀을 모으는 일을 주관한다. 식구가 많고 형편이 넉넉한 집안에는 2개 정도의 쌀계를 들어 두었다. 쌀계의 전 구성원이 한 번씩 받으면 계는 해산되고, 다시 희망자들이 모여 새로 조직되는 경우가 많았다.

> 서귀포시 토평동의 '쌀계'
> ① 집강 1인을 두어 계원 간 모든 연락을 취하고 대사 시 쌀을 모아 전달했다(계원은 총 16인).
> ② 혼례나 상례 시 백미 한 말(소두)씩을 모아 주었다.
> ③ 매년 정월에 총회를 열고 집강의 교체했다(계원 윤번제).
> ④ 계가 해산 시까지 쌀을 받지 못하면 쌀이나 쌀값에 해당하는 금액을 받았다.
> ⑤ 쌀계는 보통 전 계원이 1회씩 받으면 해산하게 되며, 다시 형편이 비슷한 사람들끼리 계를 조직했다.
> ⑥ 만약을 대비해서 한 사람이 2개 이상의 쌀계에 가입하는 경우도 있었다(한국문화원연합회 제주특별자치도지회a, 2010, 346쪽).

3) 한 가족의 삶을 통해 드러나는 수눌음의 연결망

지금까지 마을공동목장을 중심으로 한 수눌음과 마을공동체에서 보이는 수눌음의 사례를 살펴보았다. 이러한 개개의 수눌음이 한 가족의 삶을 통해 어떻게 실천되는지 살펴보고자 한다. 특히 소나 말이 없는 A가족의 경우(**그림1** 참조)를 예로 들여다보고자 한다.

A가족의 경우 **그림1** 위의 그림처럼 ᄆ쉐접에 속할 수 없게 된다. 그러면 A가족은 다른 B, C, D, E가족과는 사회적 관계를 맺지 못하는 것일까? 또한 A가족의 생계는 어떻게 꾸려나갈 수 있을 것인가?

A가족의 경우 조나 보리의 파종기가 되면 C가족과 E가족에게 말이나 소

를 빌려 하루씩 밧볼리기(밭밟기, 진압농법)를 한다. 그 대신 A가족은 C와 E 가족의 잡초제거를 위해 검질매기(김매기)를 각각 2~3일 정도 일을 해주면 서 갚는다. B가족의 집에 제사가 있으면 A가족은 부조를 하면 B가족은 제 사 음식을 나눠주는 반테우기와 같은 증답이 이뤄진다.

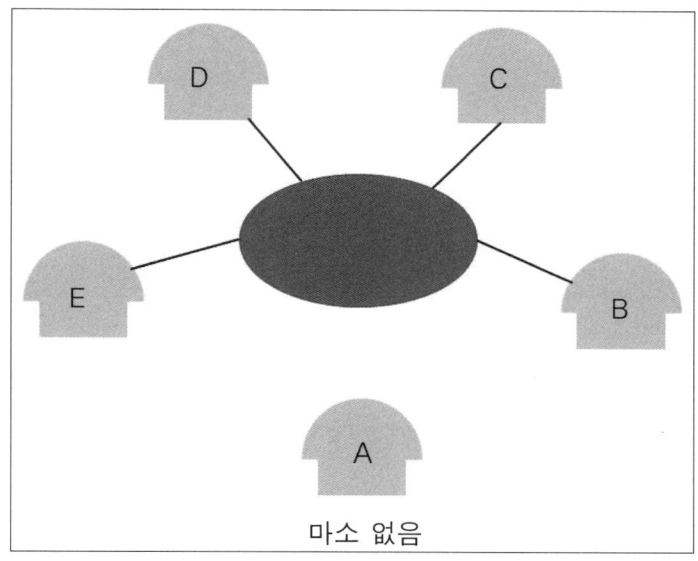

마소 없음

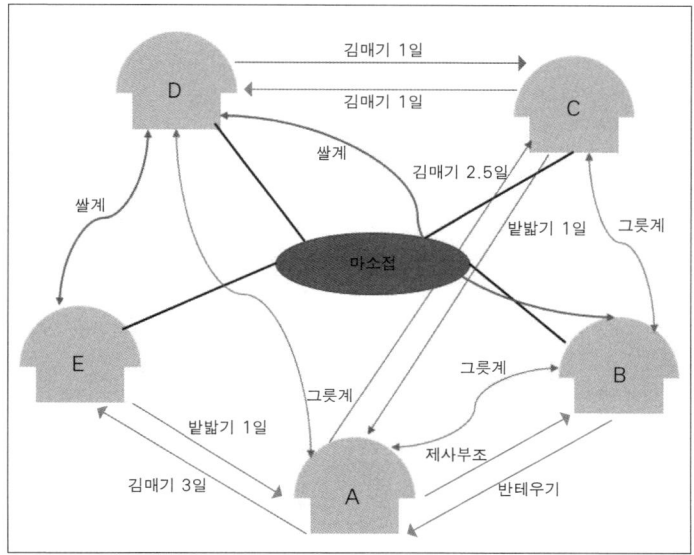

그림1 제주 수눌음의 연결망

A가족은 관혼상제와 같은 큰 일을 대비하여 B, C, D가족과 그릇제를 구성했다. ᄆ쉬접에서 마을공동목장의 켓담(경계담)을 정비하거나 목장불을 놓을 때는 당연히 A가족도 나가서 함께한다. 한편 A가족은 쌀제(쌀계)도 들고 싶었지만 부담이 되어서 미루고 있다. 쌀제는 B, D, E가족이 구성했다. C가족과 D가족은 ᄆ쉬접도 같이 하지만 검질제도 구성하여 함께 하고 있다.

이와 같이 A가족은 말이나 소가 없어도 충분히 마을에서 농사를 지으며 살아나갈 수 있다. 뿐만 아니라 나머지 가족들도 다양한 수눌음의 조직을 통해서 서로 관계를 맺고 있다. 특히 밭을 밟아주고 나면 김매기로 노동력이 교환되는 데 보통은 1:3의 비율로 노동력이 교환되었다. 즉 밭을 하루 밟아주면 그 집에 가서 김매기를 3일정도 해주는 것이다. 이러한 방식은 나이가 많아서 힘든 육체노동을 할 수 없는 할머니는 김매는 일을 해주고 쟁기질이나 파종과 같은 육체노동을 수눌음할 수 있었다. 이와 같은 방식으로 운용되는 수눌음은 나이가 많은 사람이라도 소작을 주지 않고 자기 힘만으로 농사를 지을 수 있는 문화적 장치가 되었다(김창민, 1995, 84쪽). 다시 말하면 상호부조의 주고받음을 일상적 생활공간 안에서 누적되어 나타나는 경험을 공유했을 때 공동체의 일원으로 인정받을 수 있었을 것이다.

따라서 촘촘하게 연결된 수눌음의 사회적 관계망은 생계의 자립을 꾀할 수 있는 상호부조와 호혜의 관계망이자 제주 커먼즈의 특징이라고 할 수 있을 것이다. 이러한 수눌음의 경험을 현대적 의미로 해석한다면 연대와 협동, 돌봄과 배려의 공동체적 사회안전망이라 할 수 있을 것이다.

제주의 수눌음 문화는 섬의 환경이 준 삶의 지혜라 할 수 있다. 육지부의 '두레'는 마을단위의 농업생산조직의 대표명칭일 뿐 실제 생산형태와 지역에 따라서는 건답지역의 '황두'라든가 제주의 '수눌음' 같이 다양한 조직들을 모두 그 범주에 넣을 수 있다. 그리고 이 모든 조직들은 자연발생적으로 '공동체적인 삶의 필요'에 의해 생겨났다(이해준, 2001, 29쪽). 즉 척박한 자연환경과 그에 따른 노동의 조건은 상호부조와 협동으로 해결해 나갈 수밖에 없었던 것이다. 수눌음의 문화는 마을 단위의 지역 문제를 해결하는 하나의 전통이었으며, 수눌음 조직을 중심으로 사회관계를 형성했음을 알 수 있다 (박경훈, 2014).

한편 제주의 수눌음은 다양한 형태의 계[8]를 조직하면서 나타나고 있음을 알 수 있다. 수눌음은 육지 지역의 두레, 품앗이, 계 등으로 성격이 크게 구별되는 것이 아니라 제주의 마을 공동체 안에서 다양하게 복합적으로 나타나고 있는 것이 눈에 띈다. 이는 수눌음이라는 단어를 통하여 제주의 고유성을 드러내는 커먼즈적 삶의 문화로 표현할 수 있을 것이다. 즉 마을공동목장을 둘러싼 마을공동체의 상호부조, 호혜성, 연대와 협동, 돌봄과 배려, 그리고 사회적 관계망을 통하여 수눌음이라는 관습과 문화가 만들어진 것이다.

4. 수눌음의 소멸과정

1968년 9월 21일 제주도에서 최초로 경운기 기술교육 수료식이 있었다. 이 행사를 통하여 제주에 경운기가 본격적으로 도입된 것이다. 조나 보리의 파종시 밧볼리기라는 수눌음도 더 이상 필요없게 되었다. 말이나 소가 필요없게 되니 이들을 마을목장에 방목할 이유가 사라져버렸다. 마을공동목장의 이용과 관련된 무쉬접, 맴쉐 등이 사라지게 된 것이다. 기계의 도입으로 말이나 소의 필요가 점점 사라지고 있는 가운데 1970년 3월 24일 한라산이 국립공원으로 지정되면서 말이나 소의 방목도 서서히 금지되었다(고광민,

---

8 제주에서는 특이하게 서부지역에서는 계(또는 제-제는 계의 제주사투리임), 동부지역에서는 접을 주로 사용한다. 한편 오성찬은 제주의 마을들을 조사하면서 수눌음과 관련된 계의 기록을 찾아냈다. 가장 오래된 기록은 서귀포시 호근리의 '차일장계遮日帳契'이다. 차일장계는 1701년에 조직되어 오늘날까지도 그 명맥이 이어지고 있는 가장 오래된 계이기도 하다(오성찬, 1995, 189쪽).

2016, 19쪽). 마을사람들은 삶의 필요가 사라짐에 따라 마을공동목장과 멀어지게 된 것이다.

이러한 마을공동목장은 개발업자들에게 더 없이 좋은 투기대상이 되었다. 정부의 정책도 마을공동목장과 마을사람들을 멀어지게 했다. 1961년 10월 제정된 '지방자치에 관한 임시조치법'은 리, 동, 읍, 면단위의 공동재산을 부인했다. 마을의 공동재산이 시나 군유지로 바뀌면서 마을공동목장지들도 시군유지로 바뀌게 되었다. 이제까지 마을의 사람 모두의 것으로 이용되고 관리되던 것이 사라지게 된 것이다. 따라서 무상사용되던 마을공동목장은 임대료를 내게 되었다. 특히 대규모의 목장지들이 시군유지로 바뀌면서 헐값에 팔려나가고, 정부의 금융특혜까지 입은 육지의 대자본가들에게 헐값에 팔려나가기 시작했다. 1968년 '제주도 중산간개발계획'은 이에 박차를 가했다. 1960년대를 기점으로 해서 시작된 한라산–중산간 목장지대의 외부자본 잠식은 아직까지도 꾸준히 계속되고 있는 셈이다(오성찬, 1990, 255~264쪽).

1970년에는 '새마을운동'이 전국적으로 확산되었다. 생활환경개선이라는 이름하에 '새(띠)'를 덮었던 초가지붕은 슬레이트 지붕으로 바뀌어 갔다. 초가지붕을 이는 재료를 마련했던 새왓접도 필요없게 되었다(고광민, 2016, 19쪽). 정미소와 탈곡기가 늘어나면서 물그레접도 사라지게 되었다.

또한 새마을운동을 계기로 제주의 농업은 점차 현금수입을 위한 환금작물 재배로 바뀌게 되었다. 감귤재배가 시작되면서 토지의 이용방법이 바뀌었으며, 노동의 형태도 바뀌었다. 생계 경제 하에서 생산을 위한 노동력 동원이 가족노동력과 수눌음이라면, 환금작물 경제하에서는 가족노동력과 임금노동으로 특징지어진다. 환금작물을 중심으로 제주의 농업구조가 재편되면서 수눌음 문화가 급격히 약화된 것이다(김창민, 2016, 192쪽). 밭작물의 경우도 트랙터가 도입되고, 임노동이 증가하고, 농약(제초제)이 들어오면서 검질제도 사라지게 되었다.

한편 그릇제의 경우도 전문 결혼식장이나 장례식장이 생기면서 점차 사라지게 되었다.

수눌음이 사라져가는 이유를 정리해보면, 농기계의 도입, 제초제의 발달, 국가의 개발정책의 시작, 시장경제의 도입(감귤을 중심으로 한 환금작물재배) 등으로 인해 공동체 안에서 서로 도와가면서 살아가야 할 필요성의 감소함에 따른 다는 것을 알 수 있다. 수눌음의 필요가 사라지면서 수많은 수눌음 공동체가 해체된 것이다. 이러한 현상은 수눌음의 복원까지는 아니더라도 연구하려는 생각조차 어렵게 만들고 있다고 판단된다.[9]

5. 나가며-커먼즈적 삶과 사회적 경제를 지향하며

1997년 IMF사태 이후 한국의 상황은 새로운 생존의 문제에 직면했다. 심화된 공권력의 사유화와 고용불안, 주거불안 등은 국가의 실패, 시장의 실패를 선언하기에 이르렀다. 그 결과 미래를 살아나가야 할 청년세대는 취직, 결혼, 출산 등을 포기하며 스스로 생존을 위해 방법들을 찾아나가고 있다. 고시원 쪽방은 쉐어하우스로, 컵밥은 함께하는 부엌 등 공유경제sharing economy를 실현하는 다양한 시도들이 나타나고 있다. 하지만 이러한 개개인들의 노력과 시도는 가상하지만 연대하지 못하는 홀로된 개인이 상상된다. 시장자본주의의 가장자리에서 서서 자신이 가지고 있는 최후의 상품화 되지 않은 그 무엇을 공유의 이름으로 판매하고 있는 홀로된 나이다. 공유경제는 플랫폼의 이름으로 중간지원조직이 이들 개개인의 연대를 꾀하면서 지원할 것 같은 착각을 불러일으킨다. 그러나 현재 공유경제에서 보이는 유명한 플랫폼들은 그저 내가 가진 무엇인가를 공유의 이름으로 판매

---

9   실제로 제주의 수눌음 문화에 대한 본격적인 연구는 거의 없는 실정이다(오성찬, 1992, 129~139쪽; 홍기돈, 2015, 135쪽).

할 수 있다는 인터넷 쇼핑몰에 다름 아니다. 현재 인터넷 쇼핑몰들은 중개시장으로 판매자와 구매자의 개인거래에 대한 책임을 지지 않고, 판매의 장소만을 제공하는 시스템이다. 공유경제의 플랫폼도 그러하다. 최근 공유경제 숙소에서 일어나는 사건사고들은 개인간의 상호거래이기 때문에 플랫폼을 제공한 회사는 어떠한 책임도 표명하지 않았다. 공유경제sharing와 커먼즈 commoning의 차이를 인식해야 할 시점이다. 다만 필자는 공유경제가 커먼즈의 삶을 지향하는 디딤돌이 되었으면 하는 바램이 있다. 그리고 커먼즈의 실천방식인 커머닝의 방법으로 최근 법제화까지 추진되면서 주목을 받고 있는 사회적경제에 주목하고자 한다.

제주도는 2015년 '제주 사회적경제 종합발전계획'을 수립하면서, 사회적 경제의 비전으로 '수눌음경제 공동체'를 제시했다.[10] 수눌음의 전통이 거의 사라져 가고 있는 오늘날, 국가의 실패와 시장의 실패 등으로 인해 발생한 복지의 후퇴, 고용의 불안정, 사회적 불평등 등을 극복하고자 다시 대두된 사회적경제-사회적기업, 협동조합운동, 마을기업 등-의 영역에서 수눌음의 문화가 새롭게 주목받고 있다.

사회적 경제는 1830년 프랑스의 경제학자 샤를 뒤누와이에가 처음으로 사용한 용어이다. 유럽에서는 1차 산업혁명을 거치면서 이윤, 경쟁으로 사회적 불평등을 낳은 자본주의 시장경제의 야만성을 비판하면서 등장했으나 이내 잊혀졌다. 1970년대 경제위기가 전 세계를 강타하면서 복지국가의 정책이 축소되면서 그동안 묻혀 있던 개념이 재조명된 것이다. 즉 시장경제 및 복지국가에 닥친 위기가 새로운 사회운동을 촉발한 것이다(김연순, 2016, 210~212쪽). 한국에서 사회적경제라는 단어가 처음 소개된 것은 2000

10　김형훈, 「제주사회적경제 종합발전계획 연구용역 마무리」, 『제주의소리』(2015. 12. 15.) http://www.mediajeju.com/news/articleView.html?idxno=179257

년 '빈곤과 실업극복을 위한 국제포럼'이었다. 2007년 정부에 의해 '사회적 기업육성법'이 제정되고, 2012년 '협동조합기본법'이 제정되었다. 그리고 2014년 '제주특별자치도 사회적경제기본조례'가 제정되었다.

사회적 경제는 연대와 협동, 호혜성을 강조하면서 이윤창출을 목적으로 하지 않고 필요의 충족을 목적으로 한다는 점에서 상호부조의 수눌음 문화의 맥락과 일치하는 부분이 존재한다. 사회적경제가 추구하고자 했던 이상형은 자본주의 이전의 세상 즉 커먼즈의 세상이었을 것이다. 제주 수눌음의 사례에서 알 수 있듯이 호혜성을 바탕으로 한 연대와 협동의 촘촘한 사회안전망이 구축되고, 커먼즈를 중심으로 마을의 재산, 마을 기금이 조성되어, 상호부조 및 자립, 자율, 자치가 실현되는 공동체의 삶 그 자체였을 것이다. 많은 사람들이 공동체의 복원을 꿈꿀 때 그 삶의 모습이 커먼즈적 생활이었을 것이라고 생각된다.

문제는 커먼즈가 우리의 삶에서 멀어지고 있다는 점에 있다. 커먼즈가 해체되면서 자연자원은 상품이 되거나 폐허가 되어 버린다. 그리고 그 모든 폐해는 마을 공동체가 지게 된다. 커먼즈를 둘러싼 특유의 문화 역시 사라지게 된다. 과제는 명확하다. 커먼즈와 삶의 필요를 어떻게 연결할 것인가? 커먼즈와 우리의 삶을 멀어지게 하는 원인이 국가의 개발정책이라면 이에 저항해야 할 것이다. 그리고 커먼즈와 우리의 일상을 함께 영위할 수 있는 삶의 필요를 찾아 나서야 할 것이다.

참고문헌

강만익, 2008, 「1930년대 제주도 공동목장 설치과정 연구」, 『탐라문화』 32호, 제주 대학교 탐라문화연구원.

강만익, 2013, 『일제시기 목장조합 연구』, 경인문화사.

고광민, 2016, 『제주생활사』, 도서출판 한그루.

고창훈, 1984, 「제주문화의 사회과학적 이해에 관한 연구: 공동체의식을 중심으로」, 『제주도연구』 1권.

김동전·강만익, 2014, 『제주도 목축문화의 실태와 보전·활용방안』 제주발전연구원.

김연순, 2016, 「사회적경제에 희망을 거는 이유」, 『덜 소비하고 더 존재하라』, 시금치.

김창민, 1995, 『환금작물과 제주농민문화』, 집문당.

데이비드 볼리어, 2015, 『공유인으로 사고하라 : 새로운 공유의 시대를 살아가는 공유인을 위한 안내서』, 배수현 옮김, 갈무리.

박경훈, 2014, 「제주문화 헤쌍보기」, 제주문화의 인문학이야기 강의자료, 주최 제주 대안연구공동체.

송성대, 2001, 『문화의 원류와 그 이해』, 도서출판 각.

엘리너 오스트롬, 2010, 『공유의 비극을 넘어』, 윤홍근·안도경 옮김, 랜덤하우스코리아.

오성찬, 1990, 「법의 이름 아래 잃어가는 제주도 땅」, 『법과 사회』 2(1).

오성찬, 1992, 「수눌음과 제주의 향약」, 『향토사연구』 4집.

오성찬, 1995, 「제주 마을조사의 현황과 실제」, 『향토사연구』 7집.

이반 일리치, 2013, 『과거의 거울에 비추어』, 느린걸음.

이해준, 2001, 「마을의 조직과 생활문화」, 『한국민속의 탐구』, 국립민속박물관.

제주도, 2006, 『제주도지 제7권 문화유산』.

제주특별자치도, 2009, 『개정증보 제주어사전』.

조순·정운찬·전성인·김영식, 2009, 『경제학원론』, 율곡출판사.

주강현, 2006, 『두레』, 들녘.

최현, 2013, 「공동자원 개념과 제주의 공동목장」, 『경제와 사회』 99호.

피터 라인보우, 2012, 『마그나카르타 선언』, 정남영 옮김, 갈무리.

한국문화원연합회 제주특별자치도지회a, 2010, 『제주도 접계接契문화조사보고서』.

한국문화원연합회 제주특별자치도지회b, 2012, 『제주민속사전』.

홍기돈, 2015, 「제주 공동체문화와 4·3항쟁의 발발 조건」, 『탐라문화』49호.

Garrett Hardin, 1968, "The Tragedy of the Commons", SCIENCE 162.

David Bollier, 2016, "Commoning as a Transformative Social Paradigm", 참고로 이 글의 한글번역본은 이곳(http://minamjah.tistory.com/122)에 게재되어 있다.

제5장

변용하는 커먼즈:

마키하타와 산호초의 사례로부터

아키미치 토모야(종합지구환경학연구소 명예교수)

1. 아시아의 커먼즈론을 향하여

커먼즈는 분명 서양의 개념이다. 그렇다고 아시아에서 수입된 개념에 머무르는 것은 아니다. 일본에는 '산천수택山川藪澤', '공사공리公私共利', '이리아이(입회)入會い', '공유림共有林', '마을소유村持ち' 등의 용어가 있는데, 여기서 알 수 있듯이 지역의 소유권·보유권과 밀접히 연관된 제도·관행이 고대로부터 존재해왔다. 한국에서도 공유지 개념에 근거한 연구가 힘을 얻고 있으며, 마을숲 역시 현대적 삼림 보전에서 중요 연구대상이다(張, 2012). 중국 윈난성의 삼림지대(서쌍판납 따이족자치주)에서는 1982년 임업삼정 정책林業三定政策에 따라 삼림은 크게 국유지(국가 삼림), 촌락이 공유해 화전 등을 하는 삼림(집체림), 개인이 사용하는 토지나 밭(농호토지農戶土地)으로 구분되었다(秋道, 2004).

따라서 현재, 국제적으로 통용되는 커먼즈라는 용어는 서양의 사례에만 국한되는 개념으로 봐선 안 될 것이다. 그러나 19세기에 L. H. 모르간이 인류사는 공유제로부터 사유제로 진화·발전했다는 장구한 모델을 제시하고, 이후 마르크스-엥겔스가 유물론을 정립하며 점차 공유제는 사유제에 선행하는 것으로 여겨졌다. 이로써 커먼즈 논의가 마치 서양에서 생겨났다는 인식상의 오류가 세계적으로 오늘날까지 이어졌다.

나는 이 글에서 커먼즈의 사상사나 학문적 계통을 상세하게 논술할 작정은 아니다. 어디까지나 아시아 지역에 기반한 사례를 제시하여 커먼즈의 현대적 위상을 재검토할 것이다. 나는 여기서 논의를 집약하고자 커먼즈에 관해 세 가지 논제를 제기하고자 한다. 첫째, 커먼즈 즉 공유의 발상 내지 사상은 부동의 것이 아니라 조건에 따라 변화한다는 것을 보여주는 사례를 제출할 것이다. 둘째, 이에 근거해 공유共有뿐 아니라 사유私有나 공유公有의 제도가 동시대·동지역에서 어떻게 역동적인 관계를 맺고 있었는지를 밝힐 것이다. 그리고 셋째, 자연과 문화의 상호작용에서 커먼즈가 지니는 의의를 명료하게 제시할 것이다.

2. 커먼즈의 동태론

원래 지구상의 토지와 수역은 누구의 것도 아닌 무주지terra nullius다. 그러나 역사가 시사하듯 무주의 땅은 자유분방하게 이용되어온 측면이 있다. 대항해시대 이후 서양의 나라들이 아메리카 대륙이나 오스트레일리아 등지로 식민했다는 역사적 사실은 이를 여실히 보여준다. 그런데 역사 속 사례들을 자세히 살펴보면 토지와 수면의 소유ownership와 보유tenure는 사유, 공유共有, 공유公有, 국유, 무소유로 구분할 수 있음을 알 수 있다. 다만 국유, 공유公有라고 하더라도 실제로 그 토지나 수면에 들어갈 수 있는가는 상황에 따라 달라진다. 공유共有라고 하더라도 공유지를 이용할 수 있는가라는 이해

관계자의 위치설정은 사회문화적 틀에 따라 다양하다.

여기서 더욱 단순화한다면, 이제부터 다룰 접근권에 기초하여 세 가지 형태로 정리할 수 있을 것이다. 첫째, 누구나 자유롭게 이용할 수 있는 오픈 액세스open access의 경우다. 둘째, 이용권을 가진 관계자도 조건에 따라 이용이 제한되거나 이용권 자체에 어떤 제한이 설정되는 리미티드 엔트리limited entry의 경우다. 셋째, 극단적인 경우에는 어떠한 인간도 들어올 수 없는 성역sanctuary의 경우다(秋道, 2016).

중요한 점은 오픈 액세스, 리미티드 엔트리, 성역이라는 삼극이 제도 내지 관행으로서 언제나 정해져 있는 게 아니라 자연환경의 변화나 역사·사회·문화적 조건에 따라 변용한다는 사실이다. 이 점에서 공유나 총유는 넓은 의미의 조건부 리미티드 엔트리에 포함된다. 즉 내부자에 한해 접근이 가능하고 외부인은 배제된다. 나아가 한 지역의 자원 혹은 토지·수면으로의 접근권이 모두 공유·총유의 제도·관습에 따라 결정되는 것도 아니다. 일부는 국유화

원래는 누구의 것도 아니었지만 역사적·정치적 조건으로 인해 삼분화되었다. 더구나 전환하기도 한다. A,B,C의 드라이버(driver)를 찾을 필요가 있다.

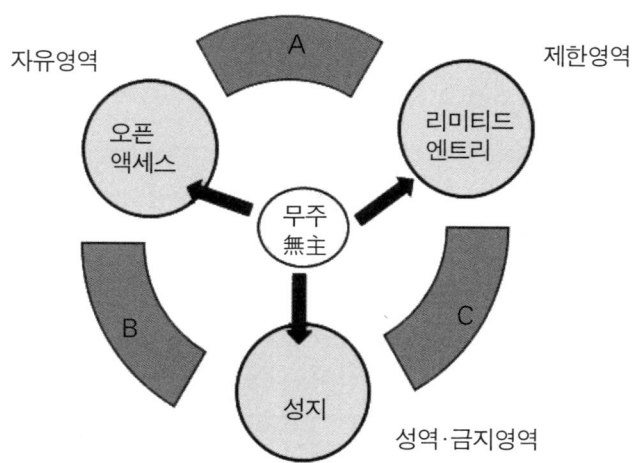

그림 1 영역에 대한 접근권을 기초로 한 구분

되고 다른 부분은 사유화된 영역이며, 이런 식으로 지역 내에서 이용권·보유권의 이질적 영역이 모자이크 형상으로 배치된다. 더구나 영역의 이용권이 시계열로 전환하기도 해서 양상은 더욱 복잡해진다. 예를 들어 공유지가 어느 시기에는 사유화되거나 혹은 오픈 액세스가 되는 경우가 있다. 따라서 공유지의 논의를 (1) 사유지·공유지·국유지 등의 상호관계에 주목하고, (2) 연도나 계절에 따른 시간적 변화에 주의를 기울이는 것이 몹시 중요하다.

이처럼 커먼즈의 동태가 문제를 푸는 커다란 착안점임을 확인한 위에서 일본의 사례로서 시마네현島根縣 오키제도隱岐諸島에서의 마키하타[1]과 연안 지역의 돌김 채취, 야에야마제도重山諸島 이시가키섬石垣島, 이리오모테섬西表島의 산호초 이용, (C) 라오스 남부의 용수지 이용에 대한 사례를 검토해보고자 한다.

3. 공유와 사유의 순환-오키제도의 마키하타와 미역 채취

1) 고대부터 근대까지

일본의 고대, 다이호大宝 율령제 아래서 전답은 조세의 핵심인 쌀의 생산지로 농민이 소유했다. 전답 이외의 토지는 산천수택[2]이라고 일괄되는 영역이었다. 산천수택에서는 지배층이나 귀족계급만이 아니라 평민계급도 수렵, 어로를 하고 땔나무, 야생초 등을 자유롭게 취할 수 있었다. 고대에는 '산천수택의 이利, 공사공리公私共利'의 원리가 있어 이른바 비농경지는 커먼즈로 설정되었다. 그러나 이후 호족이나 귀족, 절과 신사 세력에 의한 인클로저로 비농경지가 개발되고 사유화되었다. 조정은 이를 금하는

1　마키하타牧畑 방목과 경작을 번갈아 하는 밭을 말한다.

2　산천수택山川藪澤 외부 세계로 미개발지를 말한다.

법령을 몇 번이나 발했지만, 이 추세는 근세기의 타이코오 켄치[3] 시대까지 이어졌다. 토지의 개발이나 어장의 확대를 통해 촌락 사이에서 입회지, 입회어장의 관행이 진척되어 있는 조건에서 토요토미 히데요시는 타이코오 켄치를 통해 토지 하나에 경작자 한 명을 정해 생산량에 따라 수확량 즉 납세액을 물납으로 확정하려 했다. 그러나 실상은 각 마을 내의 권리관계가 따라 양상이 복잡했다. 이후 메이지기의 지조 개정(1873)으로 토지의 사유권이 인정되어 토지 크기에 따라 지조(조세)를 금납으로 하기로 결정되었다. 한편 토지의 소유자가 없어 납세가 곤란한 입회지(커먼즈)는 사실상 메이지 정부가 몰수했다. 이러한 조치는 이후에도 계속되었고, 공유지의 권리관계를 둘러싼 여러 분쟁이 따랐다(秋道, 1995a).

2) 오키제도의 마키하타

이처럼 전 국토에 걸친 사유와 공유를 둘러싼 역사적 동태와 함께, 근세부터 현대에 이르는 지역의 독자적인 토지이용체계도 주목해야 한다. 그 일례가 마키하타에서의 토지 이용 제도인데, 시마네현 오키제도에서는 흥미로운 사례가 기록되어 있다.

오키제도는 크게 도젠島前과 도고島後로 나뉜다. 도젠은 치부리지마知夫里島, 나카노시마中ノ島, 니시노시마西ノ島로 이뤄져 있으며 도고는 도고섬뿐이다. 이 주요한 네 섬 이외에 약 180개의 작은 섬들이 분포해 있다. 섬에는 평탄한 토지가 적고 비탈진 곳이 많아 밭농사가 중심이다.

오키제도에서는 소두, 대두, 미, 보리, 밀 등을 주기적으로 재배하는 마

---

3   타이코오 켄치太閤檢地 1590년 집권한 토요토미 히데요시가 추진한 토지정책이다. 이전에 자율신고제였던 시대에는 전국에 측량단위가 가지각색이었는데 타이코오 켄치는 켄치샤쿠檢地尺라는 통일된 자를 마련하고, 이것으로 측량해 면적, 등급, 경작자 등의 데이터를 켄치쵸오檢地帳라는 토지대장에 기입했다. 그리고 농민은 연공 납입 책임자로 선정되어 토지를 소유하게 되었다.

키하타의 관행이 1967~68년 무렵까지 이어졌다. 3년간의 윤작기간 중 밭은 세대의 책임으로 경작된다. 4년째가 되면 밭의 지력이 쇠하니 일년간 소나 말의 공유 방목지, 즉 목牧으로 이용된다. 일 년 후에는 다시 사유지로서 농민이 분할해 농경을 행한다(田中 1977). 즉 세대가 이용하는 밭은 4년마다 공유의 마키하타로 변한다. 마키하타는 토지의 이용형태가 시계열에 따라 공유와 사유 사이에 오간다는 점에서 중세 유럽의 삼포제三圃制와 유사하지만, 오키제도에서는 사포제가 된다. **그림2**는 전형적인 마키하타의 윤작 시스템을 보여주는데, 첫해에는 1구에서 방목, 2구에서 소맥과 팥, 3구에서 피와 조, 4구에서 대두가 재배된다. 이듬해에는 1구에서 소맥과 팥, 2구에서 피와 조, 3구에서 대두, 4구에서 방목이 행해진다.

주식인 소맥과 두류를 재배해 뿌리혹박테리아에 의한 질소 고정을 촉진함

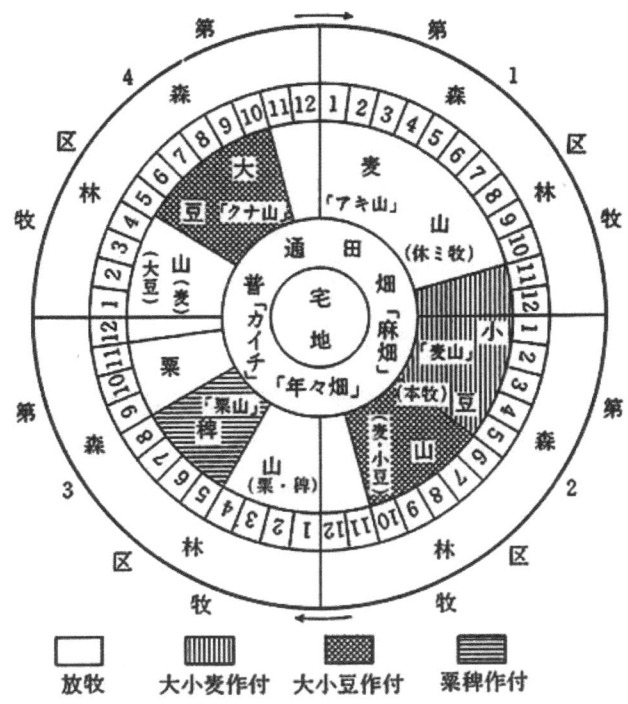

그림 2 오키제도의 마키하타

과 함께 두류를 된장, 간장 등의 가공식품으로 이용하고, 여기에 기후가 좋지 않는 해에도 자라나는 피, 조를 조합하는 식으로 해마다 다른 작물을 재배하는 복합 기능을 지닌 경작 형태였다. 또한 소와 말을 방목해 길러서 먹거나 농경에 쓰는 것 말고도 분변을 이용해 지력 회복을 꾀했다. 노모토 칸이치野本寬一의 조사를 참조하면 마키하타의 공간적 구성은 **그림 3**처럼 된다.

취락은 해안부 가까이에 입지하며 취락 주위에는 돌담이 많다. 취락 안은 밭에서 야채 등을 재배한다. 취락의 출입구는 키드キド라 불리며 바깥측이 마키하타다. 마키하타는 경사지에 있으며, 경사면을 올라간 산정부는 토코トコ라고 하는 초원 지대다. 산림은 보통 야브ヤブ라고 불렸다. 취락마다 있는 마

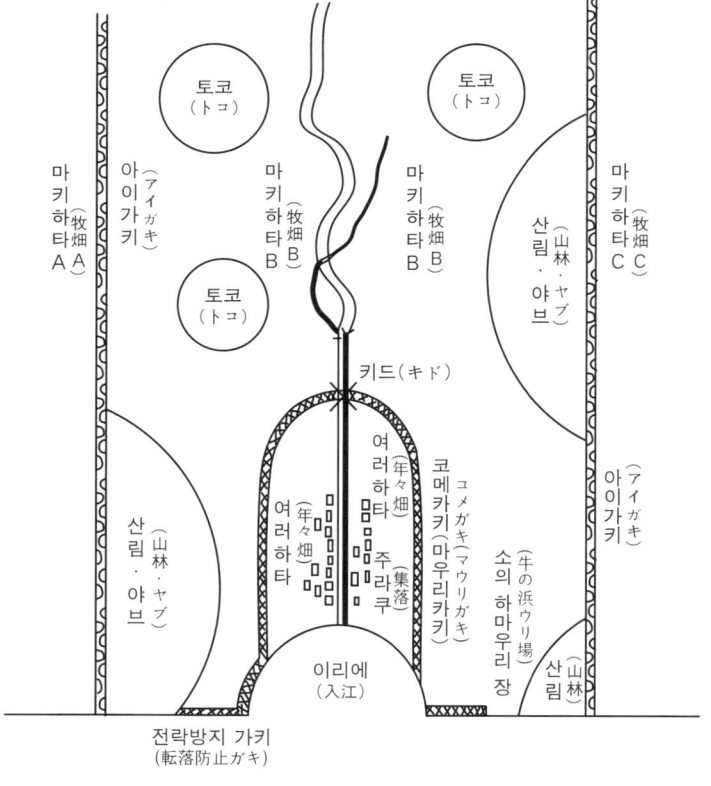

그림 3 오키 도젠의 취락을 중심으로 하는 생활생업공간
출전 : 野本 1996

키하타의 경계인 돌담은 아이가키アイガキ라고 칭했다.

방목지 주위의 돌담에서 오래된 것은 에도시대로까지 거슬러 올라간다. 돌담은 가축을 일정한 마키하타 구획 내에 가둬두는 동시에 토지 이용의 경계라는 의미도 지녔다. 또한 가축이 벼랑에서 떨어지지 않도록 마련해둔 울타리와 함께, 바닷가로 내려가는 장소도 만들어졌다(野本 1996). **그림 4**는 도젠에서 마키하타의 분포를 보여준다. 마키하타가 해안부에서 산정부까지 퍼져 있었음을 알 수 있다.

방목지와 농경지의 이용에서 문제가 일어나지 않도록 규칙도 마련되었다. 이미 근세기인 1752년 도젠의 미타美田 마을의 무라카타 법도村方法度는 일련의 공동체적 규칙을 위반하면 벌금을 부과했다. 소와 말이 피나 조를 기르는 밭으로 들어와 뜯어먹으면 겨울에 사료가 사라지니 큰일이다. 마키하타

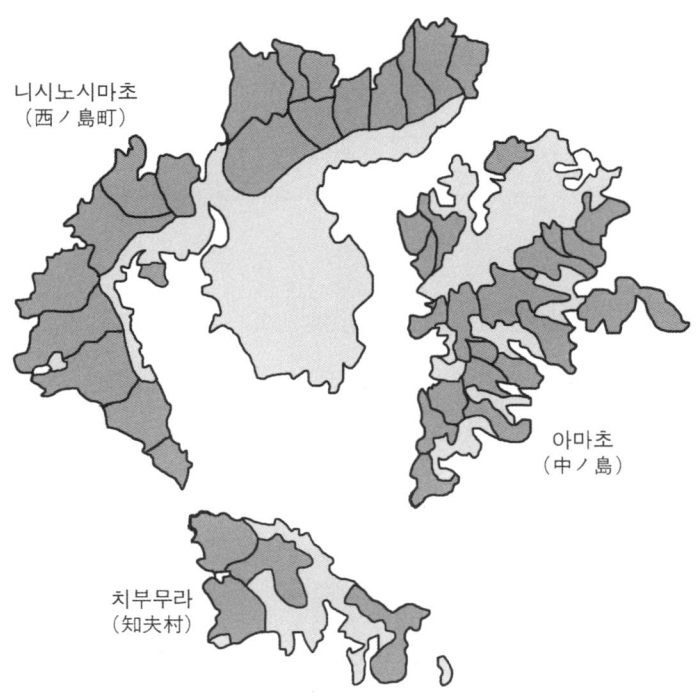

그림 4 도젠에서 마키하타의 분포

의 목책木柵을 자르거나 취하는 것도 금지사항이었다. 목牧에서 목으로 소와 말을 이동시키는 공동 노동에 불참해도 벌금에 처해졌다. 어쨌든 마키하타는 토지를 공유(방목)와 사유(분할해 실시하는 농경) 사이에서 시계열적으로 전환하는 사포제로서 주목해야 하며, 자유롭게 다니려는 가축을 관리하기 위해 일정한 규칙이 마련되었음을 알 수 있다.

마키하타의 쇠퇴 요인에 대해서는 여러 이유를 들 수 있는데 마키하타 자체의 저생산성, 과소화에 의한 마키하타의 삼림화, 양잠업과 수산업의 발전에 따른 노동력의 분산 등 메이지 시대 이후 발생한 생태학적·농학적·축산학적·경제적 요인이 복잡하게 얽혀 있다(長澤·小松原·野村, 1988). 그러나 마키하타의 공유제가 맡았던 사회적·의례적 역할을 두고 아직 본원적인 논의는 이루어지지 않았다. 앞으로 계속해 검토할 여지가 있을 것이다.

덧붙여 오키제도에서는 정월에 표고떡국을 먹는 의례가 있다. 이것은 오키제도의 풍부한 산림을 이용하여 표고버섯 재배가 성한 데서 유래한다고 여겨진다(長澤·小松原·野村, 1988). 국물에는 건조한 날치를 사용한다. 바다와 임지를 요령껏 이용한 배경에는 마키하타의 존재가 있었다.

3) 오키제도의 돌김, 미역 채취

메이지 이후 일본의 연안 각지에는 지역마다 어업협동조합이 생겨나 연안 자원의 이용을 커먼즈로서 규제해왔다. 공동어업권 어장으로 규정된 해역은 어업협동조합이 나라의 인가를 얻어 관리한다. 특히 제1종 협동어업권어장은 육지에서 가장 가까운 연안 지역으로 해조, 성게, 조개류 등 저생 자원의 채집·포획이 허용되어 있다. 해당 어업협동조합의 성원이라면 누구나 해안가의 자원을 채집할 수 있지만, 보통 어업협동조합이 채집의 일정이나 개시, 종료시간을 엄밀하게 규제한다. 이 자원은 커먼즈이지만, 실제로 채집에 나서면 개인 간에 경쟁이 일어난다.

그렇다면 이러한 현황을 바탕으로 오키제도의 해조 채취 실태를 살펴보자. 오키제도는 낡은 화산으로 이루어진 암초성 섬들로 오키 전체의 해안선 296km 중 90%가 암석 해안이다. 그 중 80%는 절벽이다. 주위 바다에는 일본에서도 최대 규모의 해초·해조 조장[4]이 형성되어 있다. 이 중 모자반속屬의 조장은 가라모장ガラモ場, 아마모의 조장은 아마모장ア マモ場으로 불린다. 그밖에 해초에서는 거머리말, 해호말 등이, 해조류에서는 대황, 감태, 미역 등이 작은 군락을 이루며 광범하게 서식한다. 또한 니시노시마西ノ島와 나카노시마中ノ島에서 생육하는 옥덩굴은 해조 중에서는 유일한 국가 지정의 천연기념물이다.

미역은 고대에 '누노하メのは'로 불렸다. 『이즈모노쿠니후도키出雲國風 土記』의 이즈모군조出雲郡條에서는 '해조생海藻生'이라 하였는데, 해조는 보통 메メ로 불리며 미역이 대표적인 것이었다. 오늘날에도 음력 1월 5일이면 이즈모시出雲市 타이샤마치大社町의 히노미사키 신사日御碕神社에서 메카리和布刈 제사를 올린다. 미역은 천연물만이 아니라 1963년 이후로는 양식으로도 재배되고 있다.

오키제도에서 촌락은 지게地下로 불리며, 바다나 산의 공유자원을 마을사람 모두가 채집하는 날을 '스ス'라 한다. 채집의 시작은 '스다테スダ テ'다. 스를 세운다는 뜻이다. 산에는 유채, 졸참나무, 장작 등의 스가 있고, 바다에는 미역, 대황, 돌김, 우뭇가사리 등 해조류의 스가 있었다. 촌락이 몇 개의 오오아자[5]로 구획되는 경우 오오아자마다 스다테의 날을 정하는데, 이 역할을 맡는 조합의 이사는 '스다테닝スダテニン'으로 불린다. 스다테닝은 봉사의 몫으로 연간 5만 엔을 받는다.

---

4 조장藻場 해조류가 많이 모여 서식하는 곳으로 바다 생물의 산란장이 된다.

5 오오아자大字 일본의 말단 행정구획의 하나다.

도고의 후세布施 마을의 세 오오자와, 이이비飯美, 후세布施, 우즈키卯敷의 돌김에 관한 스다테의 상황을 1993～1994년분에 걸쳐 조사한 결과는 다음과 같았다. 이이비에서는 1993년 12월 21일, 1994년 1월 26일, 2월 6일, 7일이었다. 후세에서는 1993년 12월 25일, 26일, 1994년 1월 9일, 16일, 2월 7일이었다. 우즈키에서는 1993년 12월 25일, 27일, 1994년 1월 9일이었다. 스다테의 날은 남녀노소 누구나 참가할 수 있으며, 섬에서 멀리 떨어진 암초로 돌김을 채집하러 갈 때는 함께 배에 올랐다.

　도고의 최북단에 있는 나카무라中村에서는 1월 1일부터 월말까지 오오아자마다 결정한 이틀 동안에 공동체 전원이 돌김 채집에 나서지만, 2월 1일 이후 연말까지는 개인의 재량에 맡긴다.

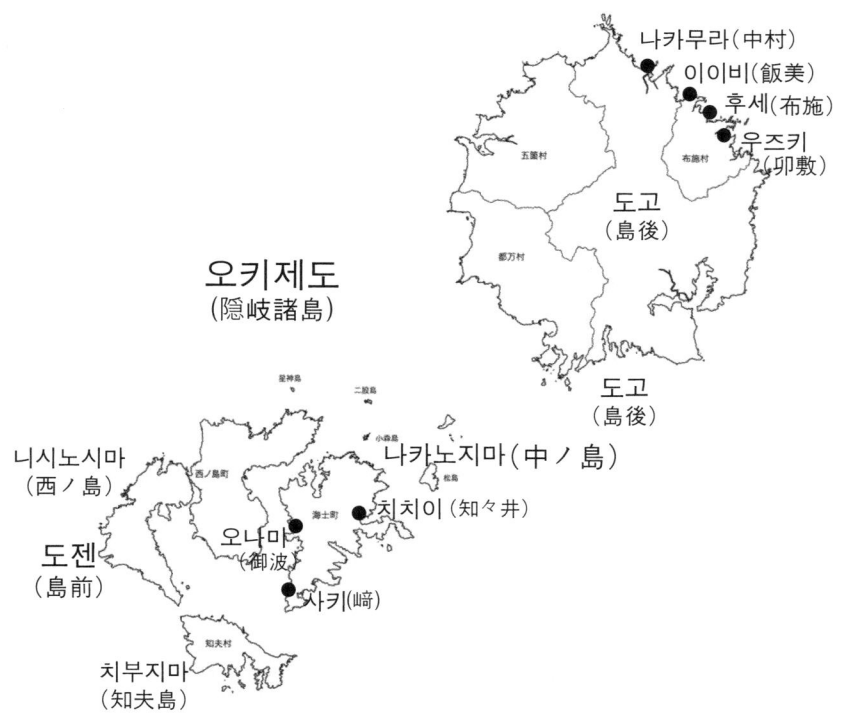

그림 5　오키제도와 본문에서 인용한 촌락

한편 도젠의 나카노시마에서는 도고처럼 엄밀하게 규제하지 않았다. 예를 들어 사키(·)의 어업협동조합에서는 돌김 채집은 12월 25일 이후 개시하는 내용만을 정하고 나머지는 내버려두었다. 사키에 인접하는 오나미御波나 치치이知々井의 어업협동조합도 돌김이나 미역의 스다테는 하지 않았다(**그림 5**). 과거에는 있었지만 관행이 쇠퇴한 것이다. 여기에 돌김의 생산량이 줄어들고 양식 미역의 생산이 늘어나 천연물의 시장가격이 하락하면서 미역 채취의 의욕이 사라진 것 등도 이유로 거론할 수 있다.

이처럼 오키제도의 돌김 채취를 보면 스의 관행처럼 리미티드 엔트리의 경우도 있고, 스를 세우지 않는 오픈 액세스의 경우도 있으며, 그 중간형태로서 일정기간을 지나면 입어 규제가 풀리는 경우까지 지역의 공동체마다 자주적으로 판단한다는 것을 알 수 있다. 커먼즈를 평면적으로 이해해선 안될 것이다.

4. 야에야마제도 산호초 해역의 커먼즈

나는 이제껏 일본이나 동남아시아에서 어업을 사례로 삼아 국가가 짜낸 근대적인 법적 틀과 각 지역에서 형성된 관습법 내지 합의의 충돌을 조사해왔다. 가령 인도네시아 동부의 아라푸라해에 있는 아루제도 어촌의 사례를 보면 정부와의 수산합작회사가 촌락 주변에서 입어하는 경우에는 고액의 입어료를 청구하지만, 근린 촌락에서 사는 어민이 반찬을 구할 때면 입어료를 요구하지 않기도 하는데, 이는 '이중의 세력권なわばり'이라고도 할 현지 주민의 대응을 보여준다(秋道 1995b, 1996).

그러나 외부인이 기업적 어업을 하는 경우와 달리 자급적 어업을 하는 어민이 입어하면, 입어료를 물게 하는 것과는 다른 문제가 발생하기도 한다. 예를 들어 인도네시아의 마카사르 해협에 접한 만달 지방에서는 전통적으로 대나무 뗏목을 타고 고기를 낚아왔다. 그런데 슬라웨시섬 남동부 바다에 있는 살라야르섬의 어민이 여기까지 고기를 잡으러 와서 어장 이용을 둘러싸고 분쟁이 일었다. 재판 과정에서는 바다는 국민 모두의 것이라는 인도네시아국 법률(1945년 수카르노 대통령의 선언)과 전통적 관습에 따른 만다르 어민의 관습법이 충돌했는데, 결국 "한 나라에 두 개의 법은 필요 없다"는 이유로 만다르 어민의 호소가 각하되었다. 하지만 관습법을 존중하지 않고 자원을 이용하면 난획을 유발해 지역공동체의 문화가 위기에 노출될 수 있다(Zerner, 1990 ; 1991 ; 2003).

이 대목에서 공동체가 기반이 되어 자원을 관리하거나 정부 내지 외부단체와 협의·합의하며 자원을 관리하는 공동관리가 지역주민의 의향을 반영하고 자원에 대한 토착적 지식이나 실천을 중시하기에 유효할 수 있었음을 짚어두고 싶다(秋道 1996, 2010, 2013). 이제부터는 이러한 각도에서 일본의 야에야마제도八重山諸島에서의 자원관리와 지역 독자적인 관행의 상극에 대해 살펴보자.

1) 야에야마제도 산호초의 관행적 어업권

현재 오키나와의 야에야마제도(이시가키시石垣市와 타케토미쵸竹富町)에서는 야에야마어업협동조합이 공동어업권을 배타적으로 갖고 있다. 한편 일본에서 최대 산호초가 있는 세키세이초호石西礁湖나 맹그로브 지대는 이리오모테이기가키국립공원西表石垣國立公園이며, 현재 스무 개의 해역공원지구가 지정되어 있다. 이시가키항石垣港에는 이도와 오키나와 본도를 연결하는 부두나 여객선, 컨테이너선이 발착하는 항만이 있는데, 공공성이 높은 장소라서 국가나 현이 관리한다. 이시가키시에는 제2종 어항(오키나와현 관리)과 중요항만(이시가키시 관리)이 있다. 또한 해상보안청 소속의 이시가키해상보안부가 설치되어 영해를 침범한 외국 어선의 불법조업, 외국해양조사선의 주변해역 조사활동에 대한 감시·단속 업무나 센카쿠 제도에서 대만, 홍콩 등의 활동가가 센카쿠 열도의 영유권을 주장하는 활동에 대한 경계 업무 등의 책무를 맡고 있다.

한편 산호초 해역에서의 해수면 이용을 둘러싸고 현지의 전업 어업자와 관광 다이버, 낚시꾼 사이에 다툼이 일어나기도 한다. 전업 어업자로서는 자신들이 이용하는 산호초 어장에 다이버가 뛰어들어 물고기가 도망치니 관광객은 어업에 지장을 초래하는 존재다. 그러면서 전업 어업자가 낚시꾼의 안내인으로 일하기도 한다. 또한 산호초 어류의 산란기에 금어구를 설정하는데, 이를 둘러싸고도 다른 종류의 고기를 잡는 어민 사이에서 분쟁이 일어난다(Akimichi, 2003).

어업권은 물권으로 어업협동조합원이 점유하는 구조다. 그러나 원래 연안의 산호초 바다는 어업권의 틀과는 전혀 달라서 현지 주민이 이용해왔다. 야에야마제도를 이루는 섬들 주위에는 초지가 발달해 있는데, 오키나와에서 일반적으로 이노ィノ_라고 부른다. 이리오모테섬 북서부에 있는 호시다테 干立에서 조사한 결과를 보면 이노 이용에 대해 다음의 내용을 알 수 있다.

"우리는 전통적으로 모래사장과 이노를 우리 것으로 이용해왔다. 그러나 산호초 바깥의 외해는 다른 데서 온 어민이 장사를 하려고 사용해온 바다로서 우리 것이라고는 생각하지 않았다."

그림 6에서 볼 수 있듯이 이리오모테 서부의 방언으로 해안의 모래사장은 파나모パナモ_, 초지는 스나スナ_, 외양外洋은 우브투ゥブトゥ_라고 불린다 (**그림** 6). 위의 발언은 스나는 자신들의 바다이나 피ピ_(초원礁原)의 바깥쪽은 자신들의 것은 아니라는 사고방식을 보여준다. 스나 안쪽에서는 생업을 위한 자급적인 고기잡이가, 그 바깥쪽에서는 상업적인 고기잡이가 영위되어 왔다고 대략적으로 정리할 수 있을 것이다.

호시다테에서는 매해 가을에 시치節라고 불리는 풍년제가 개최되고 바다

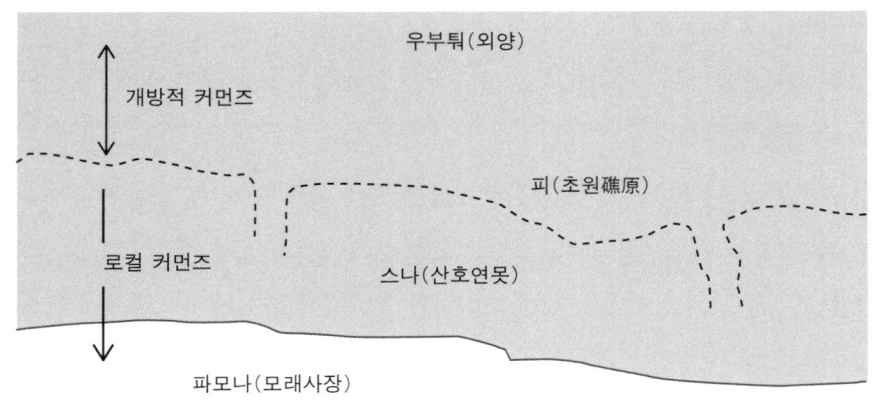

그림 6 이리오모테섬의 로컬 커먼즈 개념도

로부터 섬으로 오는 미륵신을 맞이하는 일련의 의례가 행해진다(**사진 1**). 즉 스나의 바다는 사람들이 어로·채집 활동을 할 뿐 아니라 신을 맞이하는 의례적 의미를 지닌 바다로서 지역문화와 밀접히 연관되어 있다. 더구나 호시다테의 서쪽에 인접한 츠키가 해변月ヶ浜은 붉은거북의 중요 산란장이다. 호시다테의 스나와 파모나를 아우르는 영역은 지역의 자연과 문화를 품는 로컬 커먼즈로서 '보물 바다'라고 할 수 있다.

이와 무척 유사한 사고방식을 인접한 이시가키섬 시라호白保에서도 접할 수 있다. 여기서는 개발과 보전을 둘러싼 분쟁이 삼십년이 넘게 이어져왔다. 1979년 이래 오키나와현 이시가키섬에서 신이시가키공항 건설을 둘러싼 문제가 커다란 정치문제로 비화되자 시라호 지구의 주민은 이노의 이용권에 대해 어업권에 의거하지 않는 해역의 이용을 총유권으로서 주장했다(熊本, 1999). 시라호의 전면에 펼쳐진 이노에는 언덕석산호나 유포르비아 티루칼리의 세계적인 군락이 있다는 사실이 알려져 환경 단체나 뜻 있는 사람들이 매립에 반대하는 움직임을 펼쳐왔다(環境省, 2004).

한편 시라호의 주민은 산호초의 이노에서 참홑파래, 낙지, 조개류, 성게 등의 해산물을 취해 반찬으로 삼아왔다. 음력 3월 3일에 열리는 하마우리浜

下り 행사는 이노에서 고기를 잡아 바닷가에서 건강을 비는 전통적인 민속행사다. 시라호만이 아니라 오키나와의 여러 곳에서 행해지는데 바다와 지역의 관계를 보여주며, 이처럼 이노는 로컬 커먼즈적 활동의 장으로 자리를 잡고 있다. 전후 식량난의 시대에도 바다 덕분에 살아남았다는 걸 똑똑히 기억하는 시라호 주민이 '보물 바다'의 매립을 묵인할 리 없었다(家中, 2014).

사진 1 바다에서 도래하는 미륵신을 맞이하는 시치의 의례(이리오모테섬 호시다테)

이처럼 시라호의 주민은 야에야마어업협동조합의 성원에게 주어지는 어업권을 갖고 있지는 않지만, 반찬을 구하려고, 생활을 위해, 그리고 의례를 위해 이노의 바다에 관한 권리를 주장해왔다. 덧붙이자면 시라호의 이노는 세계적으로도 드문 산호군락이 있다.

시라호에는 얼마 전까지 산호석회암이나 암석을 쌓아 말굽 모양으로 만든 카치カチ라는 어로 시설이 있었다. 각 가계마다 점유해 간조 때 여기에 갇힌 물고기를 잡았던 것이다(사진 1). 이것은 아마미, 오키나와만이 아니라 큐슈, 한국, 대만에도 확인되는 오래된 낚시방법인데, 일반적으로 이시히미石干見라고 불린다(田和, 2008). 현재 시라호에서는 현지의 카치를 부활시켜 지역의 어업 진흥을 꾀하고 자연관찰, 환경학습의 장으로 활용하려는 움직임이 현지의 WWF산호초보호연구센터나 시라호바다보전협의회를 중심으로 일어나고 있다(上村, 2010). 여기에 지역주민뿐 아니라 NPO 법인이나 외부단체, 연구자가 참가하니 카치는 총유적 성격을 갖는다고 말해도 좋을

것이다(Akimichi, 2011 ; 五十嵐, 2013).

시라호의 사례는 이리오모테섬의 I씨가 이노를 자리매김한 것과 확실히 겹치는 측면이 많다. 시라호에서는 이노의 외측에서 상업적 어업이 영위되고 앞바다에서 전업 어업자의 어로 활동을 하는 바람에 이노나 카치로 들어오는 물고기가 줄었다고 불평하는 주민들이 많다. 적어도 거주지 근처 바다에 대한 지역 주민의 이용권만큼은 정당하게 인정되어야 할 것이다(浜本, 1998). 이것은 곧 총유권을 긍정하는 일이다.

5. 성역과 보호구

성역은 한자 뜻 그대로 신성한 영역이다. 성역에는 몇 가지 의미가 있다. 성스러운 장소, 범죄자의 피난처, 죄사함을 받는 곳, 특히 여성과 환자에게 마음의 평온을 되찾는 장, 금수보호구 등. 이 중 생태학적인 보호구는 조류나 짐승 등 뭍에서 사는 야생동물뿐 아니라 바다에서 사는 고래나 어류 등을

사진 2 이시가키섬 시라호에 이시히미

보전하기 위한 해양보호구도 포함한다.

이곳의 출입이 금지되는 이유는 다양하다. 종교적인 성지라서 침범이 터부시되는 사례라면 종교적인 교의나 신화, 전승에 의거해 재화나 저주에서 벗어나는 장치를 성역이라고 간주할 수 있다. 한편 성역과 유사한 개념으로 출입금지구역이나 비무장지대DMZ: demilitarized zone가 있다. 예를 들어 화산 분화로 인해 위험하다고 여겨지는 구역이나 후쿠시마 제1원자력 발전소의 방사능 모래로 인한 오염 지역은 출입이 금지되기도 한다. 비무장지대라면 전쟁·분쟁 상태 혹은 정전 상태에 있는 국가(또는 군사세력) 사이에서 평화조약·휴전협정 등을 통해 설정된다. 여기서는 야에야마제도에서의 성소와 해양보호구, 오스트레일리아의 세계유산과 보호구에 대해 검토하고자 한다.

1) 야에야마제도의 성소와 해양보호구

오키나와 아마미 지방에서는 취락 내 혹은 주변에 울창한 숲이 있어 지역주민이 신앙의 대상으로 삼아왔다. 일반적으로 우타키[6]라고 불리며, 니라이카나이ニライカナイ라는 불로불사의 나라에서 인간에게 풍요를 가져오고 항해의 안전을 지키는 신이 거하는 장소로 여겨져왔다. 우타키에서는 다양한 의례가 행해진다. 우타키라는 말은 18세기에 류큐 정부가 총칭으로 만들어낸 것으로, 그 이전의 시대에는 지역마다 무이ㅅㅕ, 무투ㅅㅏ-로 불리며 조령祖靈을 모시는 신성한 장소로 여겨졌다. 이리오모테섬 호시다테의 후타데 우타키フタデ御嶽은 바다로부터 조령을 맞이하는 신성한 장소로 숭배되어왔다(사진 3).

---

6 우타키御嶽 오키나와에서 조상신을 모시는 성지를 말한다.

사진 3 1. 호시다테의 후타데 우타키   2. 국가 지정 중요무형민속문화인 시치 기
념비

따라서 우타키는 공동체 성원에게 의례적인 커먼즈의 장이라 말할 수 있다.
이 우타키를 중심으로 호시다테에서는 다음해 풍작을 기원하는 축제가 벌어
지는데, 국가가 중요무형문화재로 지정하기도 했다. 또한 시라호의 바닷가
근처에 있는 오세우타키ォ_セ御嶽에서는 촌락의 신녀神女들이 의례를 행하
는 장으로 하얀 산호 부스러기가 깔려 있다(사진 4). 이것은 신성한 장을 연
출하는 도구다.

야에야마제도는 아열대 기후에 속하는 이시가키섬, 이리오모테섬, 고하마
섬小浜島, 다케토미섬竹富島, 쿠로섬黑島, 하테루마섬波照間島, 카미치上地·시
모지섬下地島 등으로 이뤄진다. 이시가키섬과 이리오모테섬, 다케토미섬, 쿠
로섬, 고하마섬 등으로 둘러싸인 해역에는 일본 최대의 세키세이초호로 불
리는 초호礁湖가 있으며, 주변의 외양外洋과는 수로를 통해 연결된다. 산호초
에서 외양으로 이어지는 수로는 일반적으로 쿠치口라고 불리며 각각의 이름
을 갖는다. 쿠치는 물고기가 오가는 어로인데, 자망이나 통발을 이용하거나
물고기를 한쪽으로 몰거나 위에서 낚거나 잠수해서 작살로 찌르거나 하는
식으로 다양한 방법으로 물고기를 잡는다.

야에야마제도에서는 산호초에서 생식하는 능성어류를 어획하기 위해 방
금 거론한 여러 방법이 활용되었는데, 여기에는 법적 규제가 없었다. 능성어

사진 4 시라호의 오세 우타키

류가 산란기를 맞이하는 4, 5월에는 능성어류가 떼지어 다니고 산란하는 쿠치 주변이 중요 어장으로 이용되었다. 이처럼 산호초에서 생식하는 어종을 대상으로 하는 경우는 오픈 액세스라고 할 수 있다.

그러나 본토 복귀 이후 산호초 어류의 난획으로 능성어류의 자원량은 크게 감소했다. 그러자 오키나와현은 자원 관리를 위해 능성어류의 산란장인 해역을 산란기에 한해 금어하자는 제안을 내놓았고, 이에 수산청, 오키나와현 농림수산부 등의 행정을 비롯해 야에야마어업협동조합 및 어협의 조합원, 다이빙이나 낚시의 업자 등이 모여 협의회를 결성했다.

어류생태학 전문가의 의견을 반영해 산란 장소의 중심이 되는 야에야마제도의 여러 쿠치를 금어로 하는 안이 제시되었지만, 어민의 반대 의견이 거세 수정을 겪어 결국 **그림 7**에서 볼 수 있듯이 네 곳의 금어구가 4월 1일부터 5월 말일까지 두 달 간 설정된 이후, 2013년에는 새로 두 곳의 금어구가 설정

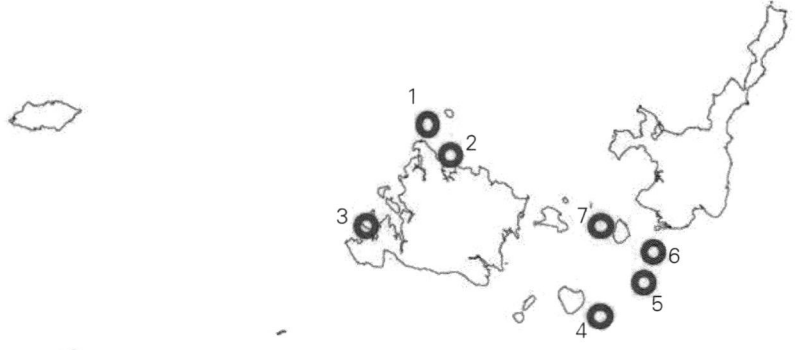

◉ 는 해양보호구의 위치를 나타낸다.
모두 산호초의 구치로 설정되어 있음에 주의할 것.

1 . 하트마니시ハトマニシ （1999~2013 ）　　2 . 인다비시インダービシ（1999~ ）
3 . 토싱구치トーシングチ（ 2013~ ）　　　　4 . 켄구치ケングチ（1999~2013 ）
5 . 유이사구치ユイサーグチ（1999~ ）　　　6 . 카나라구치カナラグチ（2008~ ）
7 . 마사구치マサーグチ（2013~ ）

그림 7 야에야마제도의 해양보호구

되어 현재에 이르고 있다(Akimichi, 2003; 秋道, 2016)(**그림 7**).

　이처럼 금어구의 감시와 더불어 밀어를 방지하는 조치도 취해졌다. 하지만 금어구가 설정되기까지 산란기에는 많은 어민이 쿠치로 쇄도해 혼잡한 상황이 벌어졌다. 자유경쟁이었던 까닭에 먼저 잡으면 임자라는 원리가 우선시되었고, 결과적으로 자원의 난획과 감소로 이어졌다. 금어구가 설정되어 자원량이 회복되었다는 보고는 아직 없으며, 오픈 액세스라서 자원이 감소했기에 협의하여 보호구를 설정했는데도 어업자 사이에서는 갈등이 여전하다. 이처럼 자원의 집중과 포획의 적정화에 관한 시나리오는 커먼즈의 비극을 고찰하기에 좋은 사례를 제공한다고 볼 수 있다.

2) 아넘랜드의 성지와 개발 문제

오스트레일리아에서는 선주민인 아보리니가 조상의 탄생지로 여기는 성지가 있어 소중히 지켜왔다. 성지를 침범하는 행위는 집단 내외를 불문하고 어떤 이유에서든 용납되지 않는다. 그런데 외부기업이 우라늄광산을 개발하려고 성지를 침범, 파괴하는 일이 생기고 있다. 오스트레일리아 북부의 카카두 국립공원에서 아보리니의 성지를 포함한 토지가 우라늄 광산 개발에 노출된 것이다(鎌田, 2005). 일부의 반대에도 아랑곳하지 않고 개발을 밀어붙인 한 가지 사례가 공원 내 마젤란강 유역에 있는 배린저광산으로 1980년대부터 채굴이 시작되었다. 배린저광산의 상류에 있는 쿤가라 지구에서도 광산 개발이 예정되어 세계유산으로서의 지위를 잃었지만, 아보리니가 반대하여 2013년 3월에 세계유산과 국립공원으로 재등록되고 개발 계획은 좌절되었다. 오스트레일리아 북부의 아넘랜드에 거주하는 욜릉구족 사이에서도 바다의 성지인 하구부에서 바라문디 잡이 상업어선이 침입하자 크게 반발이 일어 상업어선을 내쫓고자 하구부를 폐쇄하는 행정조치가 단행된 적이 있다(Davis, 1984).

6. 토론

1) 사유와 공유의 전환-화전 모델

이상으로 오키제도의 마키하타나 연안 지역의 돌김 채취를 사례로 삼아 사유와 공유, 혹은 액세스 자유와 공동체 규제의 변환 과정을 논의해 보았다. 이러한 시스템은 다른 데서도 발견되는데, 가령 화전이 그렇다.

화전은 삼림에 불을 내서 불탄 나무의 재를 영양분 삼아 작물을 심는 농경 방식이다. 화전 농경민은 토양 성분이 나빠져 지력이 쇠하면 그 토지를 일정

기간 내버려둔다. 이차적인 식생이 회복하면 다시 불을 내고 작물을 심는다.

화전 경작을 하면 토양의 비옥도는 점차 낮아지고 잡초나 이차 식생이 번성한다. 휴한기를 두더라도 토양의 양분은 일정 정도 이상으로는 오르지 않는다. 그리하여 수년에서 십수년, 나아가 수십년의 휴한기를 두고 불을 내는 편이 바람직해진다. 여기서 주목하고 싶은 것은 화전의 이용권을 어떻게 결정하며, 거기에 따르는 관행은 무엇인지이다.

일본의 사례에서는 마을이나 공동체에 소유권이 있는 산림이 공동체의 성원에게 분할되어 세대나 확대가족마다 일정 구획 내에서 화전을 한다. 화전 경작을 하는 몇 년 동안 각 분할지는 개인이나 세대의 '모치야마持ち山'가 된다. 그러나 화전을 그만두고 휴한지가 되면 그 토지는 개인이나 세대의 소유 내지 관리 하에 놓이거나, 다시 마을의 공유지가 되거나, 아니면 인간 존재를 넘어선 신의 것이 되는 등 여러 양상의 결정이 이루어진다(秋道, 1995a).

일본 이외의 지역에서 행해지는 화전에서도 이차 식생의 천이遷移에 따라 작은 동물의 수렵이나 비목재 삼림 산물의 채집 활동이 자유로운 경우가 있다. 예를 들어 보르네오의 이반인 사회에서는 사회 구성원 누구나 휴한지의 산채와 임산물을 이용할 수 있지만, 거기서 다시 화전을 할 수 권리는 원생림을 최초로 개척한 사람이거나 그 후예나 집단에만 주어진다(市川, 2007).

그렇다면 이처럼 토지의 이용권이 시간적으로 변화하며 공유와 사유가 순환적으로 융통되는 경우를 화전 모델이라 불러두기로 하자. 항상 경작하는 밭이라면 그 이용권이 보통 부모에게서 아이로 친족의 유대를 통해 계승되며 사유가 원칙이다. 반면 화전에서는 삼림의 개척, 작물의 재배·윤작·휴경의 시간 변화와 연동해 이용권이 사유에서 촌락의 공유로 변화한다.

물론 세계의 모든 화전 경작민이 사유와 공유의 연쇄에 따른 토지 이용의 관행을 갖고 있는 것은 아니다. 화전 경작용의 토지가 촌락의 공유지인 경우, 특정의 씨족이나 집단의 공유지인 경우, 모두 개인이나 세대·씨족 등의

소유지로 분할·계승되는 경우에 이르기까지 다양한 형태가 존재한다(杉島, 1999). 내가 『커먼즈의 인류학コモンズの人類學』에서 다룬 파푸아뉴기니의 저지에 사는 기데라족의 경우 토지의 소유권과 이용권은 씨족마다 정해져 있지만, 경작권은 개인에게 귀속된다(秋道, 2004). 이용한 밭을 버린 시점에 그 토지는 다시 씨족의 공유지가 된다. 이 사례도 화전 모델에 부합한다.

따라서 화전 모델은 휴한기에 이용권과 그 내용이 변화하는 경우에 한해 적용된다는 점을 강조해두고 싶다. 그리고 화전이나 휴한기 중의 이차림을 관리하는 주체가 변화하는 것은 사회의 안정성과 유동성을 담보할 가능성이 있다. 혹자는 화전을 환경파괴의 원흉으로 간주하지만, 생물다양성 보전과 사회 안정성의 관점에서 말하자면 결코 그렇지 않다고 말할 수 있을 것이다.

2) 공유지의 감퇴

공유지의 이용은 장점을 갖지만, 시대적으로 그 관행이 쇠퇴하기도 한다. 이 문제를 초원, 물풀, 갈대의 이용을 주목해 검토해보자.

초원

일본에서는 과거에 풀을 취하기 위해 광대한 원야를 이용했다. 채초된 풀은 가축의 사료나 전답의 비료, 지붕의 소재로 쓰였다. 채초지는 산야에서 하천의 저습지까지 널리 분포하며, 대부분은 촌락의 공유지로서 입회제도가 발달해 있었다. 하지만 초원은 시대 변화와 풀 수요의 감소로 크게 후퇴했다. 현재 방목지와 함께 있는 채초지는 파종을 하지 않는 목초지를 포함하는 경우가 많다.

아소阿蘇 초원에서는 취락마다 입회권을 가진 농가가 목야조합을 조직해 입회지에서 소와 말의 방목과 채초, 땔나무 채취 등을 공동으로 한다. 입회권을 가진 목야조합은 초원의 유지 · 관리의 의무를 맡기에 공역公役이라 불린다. 그 역할에는 노야키[7], 와치기리[8], 목장의 책柵이나 목도牧道의 수리·수선 등이 포함된다. 와치기리는 노야키 때 연소를 막는 방화대 만들기를 뜻한다. 아소에서는 노야키와 와치기리를 할 때 공익재단법인 그린스톡 Greenstock이 자원봉사자의 참가를 조직하고 있다. 2008년도에 목야조합은 160개, 입회권자는 9,419 호수였다.

채초지는 시대와 함께 크게 변화했다. 예를 들어 오카야마현岡山縣 히루젠蒜山 동부에 위치하는 카와카미무라川上村에는 '히이레[9] 채초지'로 불리는 입회원야가 있다. 1907년부터 시작된 '공유림임야통일사업'으로 입회지 대부분은 마을땅村有地이 되어, 1950년대까지 마을의 점화채초지는 약 600헥타르로, 32 취락 중 22 취락이 히이레를 했지만, 2007년에는 히이레 원야가 120헥타르 11 취락으로 감소했다. 여기에는 전후에 농업의 근대화, 화학비료 등 대체비료로의 전환, 인공초원의 증가 등에 따른 퇴비 수요 급감이 요인이었다(阿蘇草原再生協議會, 2007).

물풀과 갈대

호수와 늪지대에서는 물풀을 밭의 비료로 사용해 토양을 개량했는데 주로 침수식물을 이용했다. 시가현滋賀縣 비와코琵琶湖에서는 물풀이 무성한 호숫가에서 농가가 퇴비로 쓰고자 풀을 채집했다. 그런데 수초지水草地는 어류의 중요 산란장이기도 한 까닭에 어민과의 갈등이 끊이지 않았다. 메이지 시대에 물풀의 채집권은 허가어업이었다. 1890년의 자료를 보면 물풀의 채집은 6~7월에 금지되다가 8월 1일에 해금되었다. 또

---

7 노야키野燒き 들판에 불을 질러 잡초를 태워 다음해의 비료로 삼는 것을 말한다.

8 와치기리輪地切り 초원과 삼림 등과의 경계에 있는 풀을 일부 베어내 방화대防火帶를 만드는 것을 말한다.

9 히이레火入れ 마른 풀 따위를 태우는 것을 말한다.

한 채집 금지구가 마련되어 대나무로 만든 도구만 허용되고 철로 만든 어구는 금지되었다. 그리고 물풀만이 아니라 진흙과 수초를 함께 채집하기도 했다.

비와코 북쪽에 있는 요고호余吳湖는 면적 1.7평방 킬로, 주위 약 6킬로, 수심은 최대 12미터의 작은 호수다. 요고호 주변의 카와나미 쉬락川並集落에서는 산의 땔감과 함께 요고호의 물풀은 주요 비료이며 호수의 진흙이나 분뇨도 사용되었다. 카와나미에서는 물풀 채취의 해금일을 정하는 쿠치 제도가 있었다(芳賀·大塚·松田·芦谷, 2006).

일본의 기수역[10]에서 채초지의 전형적 사례가 갈대밭이다. 갈대는 기수역에서 생육하는 벼과의 초본草本으로 지붕, 가구, 일용품의 소재로 널리 활용되었다. 중세사 연구자인 사노 카즈요佐野和代에 따르면 비와코 주변의 갈대밭은 고대부터 활용 방식이 다양했다(佐野, 2004). 토호쿠의 기타카미강北上川下 하류 유역에서도 생업을 위해 갈대밭을 이용해 왔다. 갈대밭을 공유재산으로 점유해온 것은 촌락 내의 호조조직助組織의 하나인 '케이야쿠코우'[11]다. 이 조직이 갈대 베기 작업의 단위였다. 갈대는 갈대지붕, 김발, 토담의 하지재下地材 원료로 사용되다가 고도성장기 이후 수요가 감소해 현재는 문화재인 신사와 절의 지붕 소재나 발簾의 재료로 세세히 이용되고 있다(塚本, 2007).

---

10 기수역汽水域 강물이 바다로 들어가 바닷물과 서로 섞이는 곳을 말한다

11 케이야쿠코우契約講 동북지방에서 보여지는 촌락조직이다.

7. 나가며

  이상으로 일본의 마키하타(농경과 방목), 연안의 고기잡이沿岸漁를 중심으로 유동하는 커먼즈의 실태와 그 변모 양상을 살펴보았다. 자원에 대한 접근권의 각도에서 보자면 오픈 액세스, 리미티드 엔트리, 성역 등 어느 경우에도 세월의 사이클(4년 주기의 마키하타 시스템), 생태학적·경제적 요인에 따른 공유제 상실 등의 변화가 현저하다. 그러면서도 집단의 생존과 의례를 위한 커먼즈적 사상은 여전히 뿌리 깊게 살아있음 또한 분명하다.

  여기서 다시 한 번 **그림 1**로 돌아가 오픈 액세스, 리미티드 엔트리, 성역의 삼극 모델을 떠올려주길 바란다. 이제껏 커먼즈론은 하딘의 주장처럼 소유 제도를 핵심에 두고 거론되어왔다(Hardin, 1968). 그러나 이 글에서 강조했듯이 접근권을 중심에 둔다면 오픈 액세스, 리미티드 엔트리, 성역의 어느 경우에서도 '커먼즈'적 속성을 확인할 수 있다(**그림 8**).

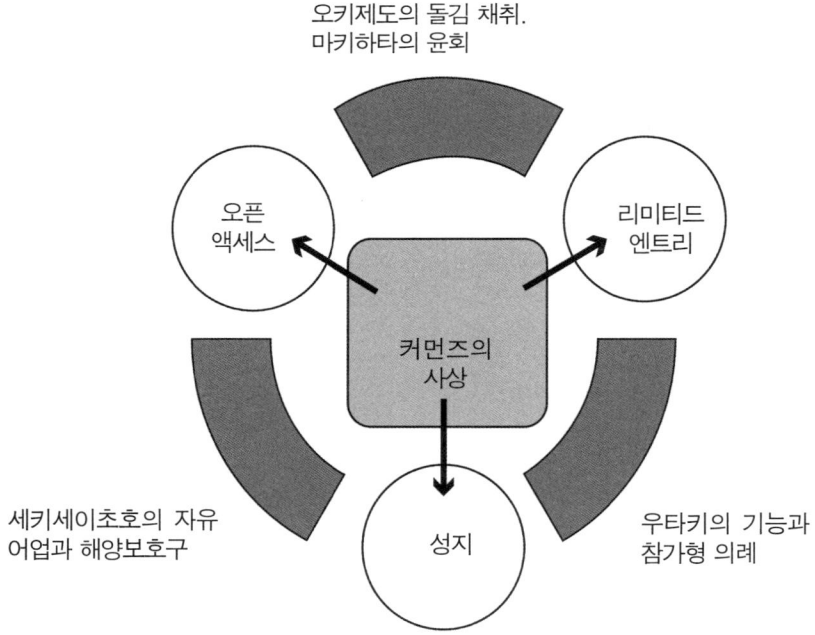

그림 8 접근권과 커먼즈의 삼극 모델

즉 오키나와의 우타키는 성스러운 공간이지만, 집단 내 성원은 의례에 참가할 수 있다. 야에야마제도에서의 해양보호구는 두 달간 성역이 되며, 나머지 기간은 자유롭게 드나들 수 있다. 다만 야에야마어업협동조합의 성원이 '정당한' 접근권을 갖는다. 어업권을 갖지 않은 일반 시민도 자유 해수면에서 낚시할 수 있지만, 전업어업자와 마찰할 가능성이 있어 사태는 고정적이라기보다 유동적이라 하겠다(Akimichi, 2003).

오키제도에서 돌김 채취는 공동체 성원이 하는 리미티드 엔트리의 대상이지만, 장소에 따라서는 시계열적으로 오픈 액세스로 변하거나 애초 오픈 액세스인 경우가 있다. 게다가 마키하타는 방목지가 오픈 액세스라면, 농경지로서 이용되는 토지는 리미티드 엔트리다.

이처럼 어느 사례에서건 자원에 대한 접근권이 변용 내지 전환하는 동학을 읽어낼 수 있다. 커먼즈의 사상은 이러한 접근권의 변용과 전환 속에서 파악해야 하며, 소유권만을 중시해서는 제대로 포착할 수 없는 측면이 있다는 게 분명하다. 따라서 우리는 앞으로 공유에 관한 문제를 법률적 형식면에서 바라보는 데 줄de juur의 관점만이 아니라 실제적 운용에 착목하는 데 팩트de facto적 관점에서 풀어나가야 할 것이다.

참고문헌

秋道智彌, 1995a,『なわばりの文化史―山·海·河の資源と民俗社會』, 小學館.

秋道智彌, 1995b,『海洋民族學―海のナチュラリストたち』, 東京大學出版會.

秋道智彌, 1996,「インドネシア東部における入漁問題に關する若干の考察」,『龍谷大學經濟學論集』35(4), pp. 21～40.

秋道智彌, 2004,『コモンズの人類學―文化·歷史·生態』, 人文書院.

秋道智彌, 2010,『コモンズの地球史―グローバル化時代の共有論に向けて』, 岩波書店.

秋道智彌, 2013,『海に生きる―海人の民族學』, 東京大學出版會.

秋道智彌, 2016,『越境するコモンズ―資源共有の思想をまなぶ』, 臨川書店.

阿蘇草原再生協議會, 2007,『阿蘇の草原を未來に―阿蘇草原再生全体構想』, 阿蘇草原再生協議會.

五十嵐敬喜, 2013,「總有と市民事業―國土·都市論の「未來モデル」」,『世界』6月号, pp. 138～151.

市川昌廣, 2007,「ボルネオ·イバン人の「里山」利用の変化と日本とのかかわり」, 日高敏隆·秋道智彌編,『森はだれのものか』, 昭和堂, pp. 61～83.

鎌田眞弓, 2005,「オーストラリア先住民族によるランド·マネジメント―アーネムランド´カカドゥ國立公園´ニトゥミラック國立公園」,『名古屋商科大學總合経営·経営情報論集』49(2), pp. 119～135.

上村眞仁, 2010,「石垣島白保集落における里海再生―サンゴ礁文化の保全·継承を目指して」,『Ship & Ocean Newsletter』235, pp. 1～2.

環境省, 2004,『日本のサンゴ礁』, 環境省·日本サンゴ礁學會.

熊本一規, 1999,「海はだれのものか＿白保·夜須·唐津の事例から」, 秋道智彌編,『自然はだれのものか―「コモンズの悲劇」を超えて』, 昭和堂, pp. 139～161.

坂本四郎·竹浪重雄, 1954, 「牧畑の農業経営的特性」, 『島根農科大學研究報告』1, pp. 24~53.

佐野靜代, 2004, 「琵琶湖內湖をめぐる歴史的利用形態と民俗文化ーその今日的意義」, 『滋賀縣琵琶湖研究所所報』21, pp. 131~136.

杉島敬志, 1999, 「序論ー土地·身体·文化の所有」, 杉島敬志編, 『土地所有の政治史ー人類學的視点』, 風響社, pp. 11~52.

田中軍治, 1977, 『隱岐ー当初経濟の構造と変貌』, ぎょうせい.

田中軍治, 1978, 「隱岐牧畑の成立·衰退·消滅」, 『地理』23(8), pp. 116~121.

塚本善弘, 2007, 「コモンズ」としてのヨシ原生態系活用·保全の論理·展開·課題ー北上川河口域をフィールドとして『アルデスリベラレス(岩手大學人文社會科學部紀要)』81, pp. 170~202.

張美娥, 2012, 「韓國の「村の森」の概念と現況」, 『自然的文化財のマネジメントー平成23年度　遺跡等マネジメント研究集會 (第 1 回) 報告書』, 奈良文化財研究所, pp. 38~45.

長澤嘉子·小松原紀子·野村和香子, 1988, 「島根の雜煮の分布と変遷 (1)」, 『島根女子短期大學紀要』26, pp. 19~27.

野本寛一, 1996, 「隱岐島牧畑民俗素描」, 『民俗文化』8, pp. 111~150.

田和正孝編, 2008, 『石干見』, 法政大學出版局.

芳賀裕樹·大塚泰助·松田征也·芦谷美奈子, 2006, 「2002年夏の琵琶湖南湖における沈水植物の現存量と種構成の場所による違い」, 『陸水學雜誌』67(2), pp. 69~79.

浜本幸生, 1996, 『海の「守り人」論ー徹底檢証·漁業權と地先權』, まな出版企畵.

三橋時雄, 1969, 『隱岐牧畑の歴史的研究』, ミネルヴァ書房.

家中茂, 2014, 「里海と地域の力ー生成するコモンズ」, 秋道智彌編, 『日本のコモンズ思想』, 岩波書店, pp. 67~88.

AKIMICHI, T, 2003, "Species-oriented resource management and dialogue on reef fish conservation: a case study from small-scale fisheries in Yaeyama Islands, Southwestern Japan", *Understanding the Cultures of Fishing Communities: A Key to Fisheries Management and Food Security*, FAO Fisheries Technical Paper 401.

AKIMICHI, T. 2011. "Changing Coastal Commons in a Sub-Tropical Island Ecosystem, Yaeyama Islands, Japan", *Island Futures: Conservation and Development Across the Asia-Pacific Region*, Global Environmental Studies, Springer.

DAVIS, Stephen, 1984, "Aboriginal Claims to Coastal Waters in North-Eastern Arnhem Land, Northern Australia", K. Ruddle and T. Akimichi eds., *Maritime Institutions in the Western Pacific*, Senri Ethnological Studies No.17, National Museum of Ethnology.

HARDIN, G, 1968, "The Tragedy of the Commons", Science 162.

ZERNER, C, 1990, "Marine tenure in Indonesia's Makassar Strait: The Mandar raft fishery", Paper presented at the first annual meeting of the International Association for the Study of Common Property, Duke University. Durham, North Carolina, September 1990.

ZERNER, C. 1991, "Sharing the catch in Mandar: Changes in an Indonesian raft fishery (1970-1989)", J.J. Porgie and R.B. Pollnac eds., *Small Scale Fishery Development: Sociocultural Perspectives*, ICMRD: University of Rhode Island.

ZERNER, C, 2003, "Sounding the Makassar Strait: the poetics and politics of an Indonesian marine environment", C. Zerner ed., *Culture and the Question of Rights to Southeast Asian Environments: Forests, Sounds, and Law*, Durham: Duke University Press.

제6장

칭하이– 티벳 고원의 공동방목지 관리에서 개인 재산권의 명확화 문제

리원쥔(북경대학교 환경관리학과 교수)*

1. 들어가며

중국의 방목지는 약 4억 헥타르에 달하며 이는 전체 중국 땅의 41.7%에 해당한다(MOA, 2015). 칭하이–티벳 고원QTP의 고산에는 1.39억 헥타르의 방목지가 있으며 이는 티베트 자치구, 칭하이, 그리고 쓰촨성, 간쑤, 윈난성 지역 일부에 걸쳐있다. 이 중 대부분은 고도 3,000미터 이상에 위치하고 있으며, 날씨가 춥고 서리가 끼는 날이 많다. 주된 식생 유형은 고산 관목, 고산 풀밭, 고산 목초지, 그리고 고산 사막이다. 또한 칭하이–티벳 고원의 목축 지역은 양쯔강, 황허강, 브라마푸트라강을 포함해 중국 주요 강들의 수

* 이 논문은 중국 자연과학재단(41171428)의 후원으로 작성되었다. 이 논문의 질을 향상시키는 데 도움을 주고 유용한 논평을 해준 이안 스쿤스Ian Schoones 박사(서섹스 대학교 개발학 연구소)에게도 감사를 표한다. 아울러 주간 그룹회의 때 토론에 참여해준 모든 학생들, 그리고 필드워크(현장연구)에 시간과 노력을 내준 지역가이드와 목축업자들에게 깊은 감사를 전하는 바이다.

원지이며, 토양과 물을 보호하기 위한 가장 큰 보호구역의 중심 지역에 해당하기 때문에 '중국의 급수탑water tower'이라고 불린다.

전통적으로 칭하이-티벳 고원의 목축 공동체는 가축과 방목지를 집단적으로 관리하기 위해 문화 규범, 토착 지식, 그리고 사회적 호혜에 기반한 공동체의 관습적 제도들에 의존해왔다. 공동체 시기가 끝나는 1980년대, 시장에 기반한 개혁은 정부 정책 구상의 주요 접근 방식이 되었다. 그러한 개혁 중 하나는 1990년대에 도입된 "가구별 방목지 계약 정책(Rangeland Household Contract Policy, RHCP)"이다. RHCP는 공동체의 가축을 가구들에게 분배한 후 각 가구들이 특정 토지를 장기적이고 배타적으로 사용할 수 있도록 계약해줌으로써 공동체의 관습적인 목축 체계를 깨트렸다. 20년 동안 RHCP를 이행해 방목장을 분할한 결과, 다양한 생태적, 사회적 문제가 야기되었다(Gongbuzeren et al., 2015).

그러나 많은 목축 공동체들, 특히 칭하이-티벳 고원의 목축 지역에서 공동체가 집단적으로 방목지를 유지하고 있는 곳들도 역시 어려움을 겪고 있다. 실제로 방목지를 공동으로 사용하고 가축들을 계절에 따라 이동시키는 방식은 2014년 기준으로 중국 방목지 전체의 약 44%를 차지하고 있으며(MOA, 2015), 이들 중 대부분은 칭하이-티벳 고원에 분포하고 있다. 그러나 시장화와 인구 증가로 방목지의 가치가 높아지고 공동 방목지에 더 공평하게 접근할 수 있게 해달라는 목축업자들의 요구도 증가했다. 그 동안에, 몇몇 지역에서는 인구 증가에 따른 가축의 증가가 방목지의 질을 저하시키는 결과를 야기했다. 따라서 목축업자들에게는 다양한 자원들을 효과적으로 활용하는데 있어서 집단적 점유collective tenure의 장점을 유지하면서 방목지를 공평하게 사용하는 것이 시급한 문제가 되었다.

개인의 재산권이 명확해지는 동시에 방목지가 공동체 안에서 공동으로 사용될 수 있을까? 칭하이-티벳 고원의 목축 마을을 사례로

2011~2014년 진행한 필드워크(현장연구)를 통해 우리는 그 딜레마를 제기하고자 한다.

2. 연구방법

우리가 CNH이라는 가명으로 부르는 사례 연구의 대상이 되는 마을은 칭하이 성 구이난 현에 위치하고 있다. 이 마을에는 2014년 기준, 431가구, 2,000여명의 티벳 목축민들이 거주하고 있다. 축산업은 이 가구들의 주된 수입원이다. 이들은 60,000마리가 넘는 양과 6,000마리의 야크를 소유하고 있다(Gongbuzeren & Li, 2016). 이 마을은 연평균 섭씨 2.3도를 유지하며 고도 3,200미터에 위치하고 있다. 연 평균 강수량은 398mm이지만 증발량은 1,378mm에 달하기 때문에 자주 찾아오는 가뭄은 그 지역에서 가장 심각한 자연 재해이다.

역사적으로 방목장 관리의 공동 재산권은 가축을 계절에 따라 이동시키는 것을 주된 방목 전략으로 삼은 방목지의 집단적 사용을 지지했다. 칭하이-티벳 고원의 다른 목축 공동체와 비슷하게 우리가 사례로 삼은 마을도 1950년대부터 1980년대 초기까지 공동체 체계를 유지했다. 1982년, 가구별 방목지 계약 정책(Rangeland Household Contract Policy, RHCP) 아래, 가축들은 개인화되었고 개별 가구에 배분되었다. 방목지는 정부가 가구별 방목지 계약 정책을 홍보하고 땅을 개별 가구에 배분한 1990년대 초까지 마을에서 공동으로 사용되었다. CNH에서 개별 가구는 지방 정부로부터 각각이 개인 사용권을 갖게 되는 방목지 장소와 지역을 보여주는 서면 계약을 받았다. 그러나 마을 주민들은 겨울 목초지만 나누어 썼을 뿐 봄/가을 그리고 여름 방목 때는 여전히 목초지에 대한 공동체의 집단 사용을 유지했다. 그들은 여름과 봄/가을 목초지를 공동으로 사용하고 매년 사계절에 따른 가축의 이동을 유지할 수 있도록 그들 스스로의 방목할당체계grazing quota system를 개발했다.

개인의 재산권을 명확히 하는 동시에 공동으로 방목지를 사용할 수 있는가에 대한 의문에 답하기 위해 우리는 2012~2014년 마을에서 필드워크(현장연구)를 진행했다. 이를 통해 왜 CNH가 방목 할당체계를 개발했으며 이러한 할당체계가 가축 생산량, 목축업자들의 생계, 그리고 방목지의 생태계에 어떠한 영향을 미쳤는지를 연구했다. 소유하고 있는 목축 사이즈가 다양한 30 가구의 총화 사례가 선정되었으며 가축 생산량의 변화를 관찰하기 위해 심층인터뷰가 진행되었다. 해당 사례 집단은 3년의 연구 기간 동안 지속적으로 관찰되었다. 이 논문의 제2저자는 유목민 지역에서 자라난 티벳 사람으로 필드워크(현장연구) 기간 동안 통역이 필요하지 않았다.

우리는 인터뷰 대상자들에게 마을의 역사와 그들의 혁신적인 방목 전략의 기원에 대해 질문했다. 또한 가축 생산에 미치는 영향을 평가하기 위해 방목할당체계가 이행된 이후 우유 생산량과 가축 사망률을 측정했다. 우리는 할당체계 전후로 가축의 수 변화와, 할당체계 이후 가구당 평균 자산 계층의 변화를 연구함으로써 목축업자들의 생계에 미치는 영향을 평가했다. 가구당 평균 자산 계층은 가축과 축산식품 판매에 따른 순 현금 수입, 가족들이 소비한 소고기, 양고기, 버터, 치즈 등과 같은 축산 식품의 당해 년도 가격, 연말에 남아있는 (팔거나 각자 소비한 양을 제외한) 가축의 수에 대한 당해 년도 가격으로 구성된다. 방목지 생태계에 미치는 영향을 측정하기 위해 우리는 식물의 성장, 흔한 설치류인 새앙토끼, 풀이 없는 맨 땅의 면적, 그리고 독성이 있는 식물 등에 의한 폐해와 같이 식생 조건 변화에 대한 목축업자들의 인식을 평가했다.

3. 결과

1) CNH는 왜 공동체에 기반한 방목 할당체계를 개발했는가?

마을 주민들은 2009년에 CNH가 처음 할당체계를 도입했다고 밝혔다. 각 가구에 대한 할당량을 정하기 위해 마을 위원회는 마을에 있는 전체 가축들의 수를 계산하고 각 헥타르 당 얼마나 많은 가축을 수용할 수 있는지를 평가해 이를 바탕으로 모든 목초지를 나눴다. 이것이 바로 공동체 할당이 되었다. 각 가구는 그들의 서면 계약서에 있는 헥타르 수에 따라 할당량을 배정받았다. 그러나 그들은 여름과 봄/가을을 따로 구분하지 않았으며 대신 공동으로 방목하고 다양한 식생, 수원, 그리고 노동력을 나누는 방식을 택했다. 마을 지도자들의 위원회와 존경받는 원로들은 계절에 따라 가축들이 이동할 때 각 가구가 소유한 가축 수를 셌다. 그들은 소유하고 있는 가축의 수가 방목 할당량을 넘어서는 경우 벌금을 물리고 할당량보다 적게 가축을 소유한 가구에는 보상금을 지급했다. 공동체는 집단적으로 이 비용을 결정했다.

인터뷰 대상자들은 왜 이러한 방목 할당체계가 개발되었는지에 대해 다양한 설명을 늘어놓았다. 방목 할당체계가 도입되기 전에, 이 마을은 공동 목축지를 불공평하게 사용하고 있었고 이는 몇몇 가구들이 더 많은 지역을 소유하는 반면 다른 사람들은 가축의 수를 증가시키지 못하는 현상을 포함했다. CNH의 목축업자 중 89%가 남아있는 공유지에 대한 그들의 목축권이 명확해지고 개인화되기를 기대했다. 결과적으로 방목지는 사고 팔 수 있는 상품이 되었으며 목축권에 대한 시장 가치는 높아졌고 이는 그들이 기대하는 바이기도 했다. 그러나 동시에 마을 주민들은 방목지 생산량에 있어서 기후와 생태 가변성에 대처하기 위해 더 넓은 지역에 접근할 필요를 느끼고 계절별 경작지에 대한 집단 사용을 유지하기를 원했다. 게다가 비록 각 가구들이 경계를 표시하기 위해 철조망을 치는 등 경작지를 나누는 것을 기대했지만 인터뷰 대상자의 70% 이상은 그러한 관리 체계가 초원의 생태계를 파괴해 가축과 야생동물들의 이동을 방해할 것이라고 대답했다. 결과적으로 마을 주민들은 시장화에 따라 개인화된 형태의 재산권을 가졌으나 동시에 봄/가을과 여름 목축지에 대해서는 공동 사용을 유지했다.

2) 가축 생산량에 미치는 영향

그래프 1 (A)가 보여주듯이 우유 생산량이 증가했다고 보고한 목축업자들의 수는 2012년 31%에서 41%로 증가했고 줄어들었다고 보고한 수는 2012년 30%에서 2014년에는 19%로 감소했다. 게다가 CNH 마을에서 양과 야크의 사망률은 시간이 지남에 따라 줄어들었는데 특히 양 사망률이 줄었다고 보고한 목축업자들은 2009년 14%에서 2014년 10%로 감소했다. 은퇴한 마을 지도자인 자시Zhaxi씨는 인터뷰 중 "우리의 새로운 체계(방목 할당체계)를 통해 마을이 보유하고 있는 전체 가축 수를 관리하고 감소시킴에 따라 우리의 목축지는 가축을 지원하기에 충분하다. 비록 우리가 지난 몇 년 간 수 차례 그리 심각하지는 않은 가뭄을 겪었지만, 우리는 계절에 따른 가축 이동을 유지할 수 있었다"고 말했다.

이에 기반해 공동체에 기반한 방목 할당체계를 이행한 후 가축 생산량이 눈에 띌 만큼 줄어들지 않았다고 말할 수 있다.

그림 1의 (A)는 연구 기간 동안 목축업자들이 우유 생산량을 어떻게 인지하고 있었는지를 보여준다. 2012년 막대는 2009년 방목 할당체계가 도입된 이후, 첫 설문조사가 실행된 2012년까지의 변화를 보여준다. 2013년과 2014년의 막대는 2012년부터 2013년, 2013년에서 2014년 사이의 변화를 각각 보여준다. **그림 1**의 (B)는 2009년부터 2014년 사이의 평균 가축 사망률의 변화를 보여준다.

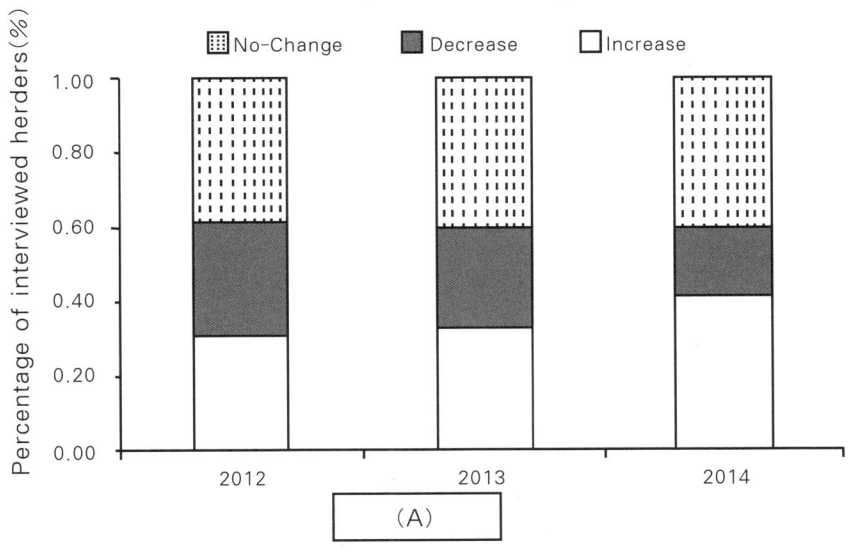

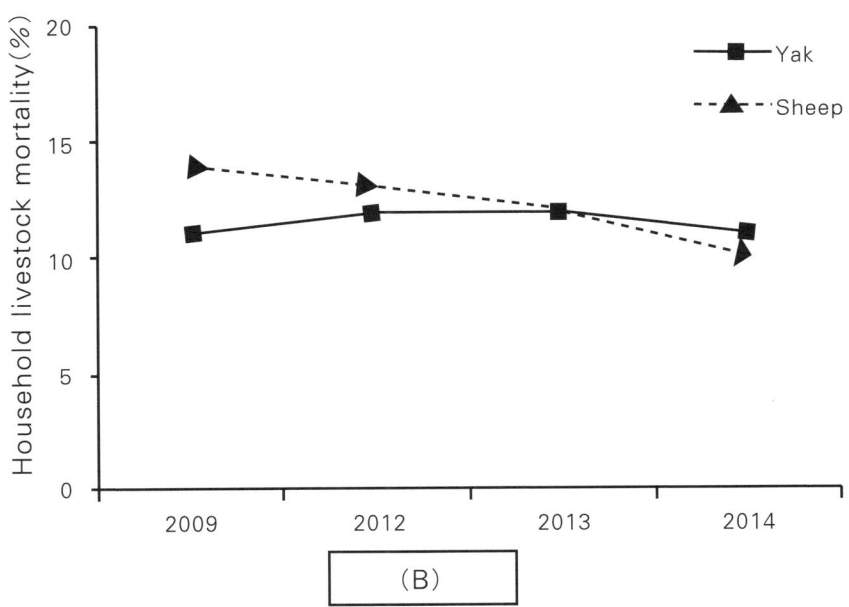

그림 1 우유생산량의 변화와 평균 가축 사망률

3) 목축업자들의 생계에 미치는 영향

축산은 여전히 CNH 각 가구의 주요 수입원이다. 그렇기 때문에 우리는 가구의 자산과 가축 수의 변화를 분석해 목축업자들의 생계에 미친 영향을 평가했다. 표 1에서 보듯이 2009년부터 2014년까지 각 가구가 보유하고 있는 평균 가축의 수는 근소하게 줄어들었으나 평균 자산 계층은 2012년 161,800 RBM에서 2014년 190,800 RBM으로 증가했다. 인터뷰에서 밝혀진 바와 같이 방목 할당체계를 실시한 후 가축의 수를 조정한 것은 가축 생산량은 증가시켰지만 전체 가축의 수를 감소시킬 수 있었기 때문에 전체 평균 가구 자산 계층은 줄어들지 않았다.

표 1 할당체계 도입 후 가구당 평균 가축 수와 자산 계층

연도	가구당 평균 가축 수			가구당 평균 자산 계층 (1,000 RMB)
	야크	양	양 단위 총합	
2009	14	122	192	—
2012	10	109	159	161.8
2013	11	106	161	181.2
2014	10	110	160	190.8

(4) 방목지 생태계에 미치는 영향

공동체에 기반한 방목 할당체계를 이행한 후, 방목 이동의 유형에는 변화가 없었다. CNH 마을은 여전히 세 계절에 따른 가축 이동을 유지하고 있다. 그렇기에 목축업자들이 관찰한 바에 따르면 방목지 상태에는 큰 변화가 없었다. 그림 2가 보여주듯이 35%의 목축업자는 식물 성장이 감소했다고 보고했으나 그 외의 목축업자들은 식물 성장이 증가했거나 변화가 없다고 보고했다. 이와 비슷하게 인터뷰를 한 목축업자 중 40%는 토양을 훼손하는

설치류(새앙토끼)의 수가 증가했다고 보고했고 30%는 풀이 없는 맨 땅이 늘어났다고 보고했으며 30%는 독성을 가진 개체가 증가했다고 지적했다. 그러나 나머지 사람들은 오히려 이러한 폐해들이 감소했거나 변화가 없다고 답했다.

4. 결론 및 고찰

할당체계가 방목지 상태를 저하시키지 않은 채 가축 생산량과 목축업자들의 삶을 개선시켰다는 결론을 내릴 수 있다. 할당체계는 부유한 가구가 가축의 수를 늘리는 것을 제한해 전체 가축의 수가 증가하지 않도록 하지만, 우유 생산량으로 측정할 수 있는 각각의 가축 생산량을 증가시키고 사망률은 낮췄다. 이 글에서 정의한 바에 따른 각 가구의 자산 계층은 감소하지 않았

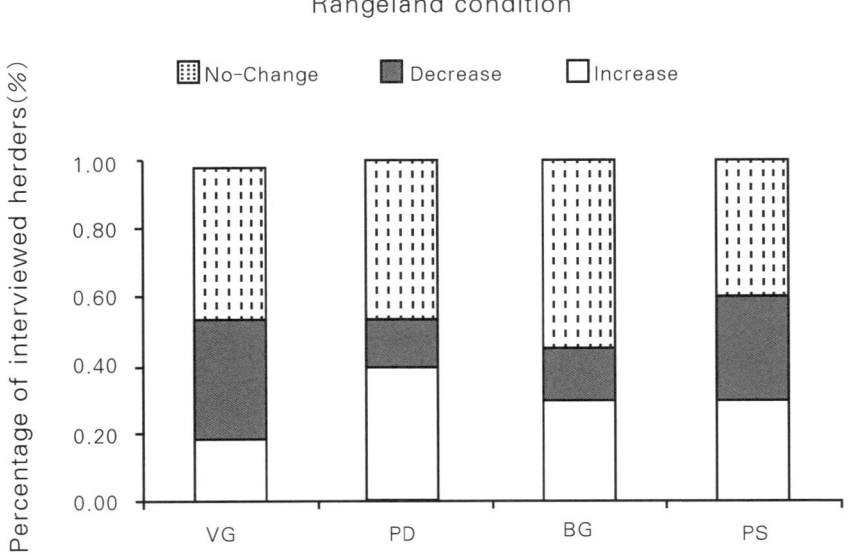

그림 2 2009년~2014년 CNH 지역의 식물 성장(VG), 새앙토끼로 인한 훼손(PD), 맨 땅(BG), 독성 개체 (PS) 변화에 대한 목축업자들의 인식

다. 게다가 공동체가 집단적으로 방목지를 사용하는 것은 목축업자들이 넓은 방목지를 사용하면서 다양하고 일시적으로 가변적인 자원들을 가축 배분에 맞출 수 있도록 하는 동시에 가축의 수를 제한한다. 대다수의 목축업자들이 관찰한 바에 따르면 이는 방목지의 상태를 저하시키지 않았다.

유연한 관리를 포함하여 넓은 방목지를 공동으로 사용하는 것은 매우 역동적인 비평형 체계에서 필수적이다(Westoby et al., 1989; Behnke et al., 1993; Banks, 2003; Vetter, 2005; Li and Zhang, 2009; Li and Huntsinger, 2011). 그러나 중국을 포함하여 전세계에서는 세계화에 발맞춰 방목지를 개인화하는 정책이 장려되고 있으며 이는 방목지의 지속 가능한 사용과 가축 생산량을 저하시킨다는 것이 증명되었다(Scoones, 1994; Fernandez-Gimenez, 2002; Fernandez-Gimenez et al., 2015; Camille et al., 2006; Mwangi, 2007; Kreutzmann et al., 2011). 공동체에 기반한 방목 할당체계와 같은 제도적 혁신은 개인의 재산권을 보장하는 동시에 공동 자원을 지속시킨다. 할당체계는 자원 그 자체에 대한 재산권 합의에서 벗어나 목축업자들이 방목지 자원으로부터 서비스와 효용성을 얻을 수 있게 하는 제도로 그 초점을 변경했다. 이러한 혁신은 대부분 '눈에 띄지 않지만', 이것들은 어떻게 공동체가 전반적인 사용을 제한함으로써 천연 자원과 생물다양성을 보호하는 동시에 시장화와 다른 변화에 가장 잘 적응할 수 있는지에 대한 새로운 통찰력을 제공한다.

오스트롬(1990)은 공유재에 대한 공동체의 지속가능한 관리 조건과 원칙을 개발했다. 오스트롬은 공유재를 관리하는 데 있어서 공동체 기구의 중요성을 강조한 반면 시장화의 영향과 공동체 내에서 자원 이용 배분에서의 시장메커니즘의 역할은 크게 고려하지 않았다. 우리의 사례조사에 따르면 시장화 아래 방목지가 사고팔 수 있는 상품이 됨에 따라 방목 할당체계는 개인의 요구를 다루는 동시에 생태계 조건에 주요한 적응을 위해 공동체가 방목지를 집단적으로 사용하는 것을 유지하게 한다. 우리의 사례 조사는 방목지 관리와 재산권에 대한 문헌들에 기여함과 동시에 어떻게 공동체가 지역제도 혁신을 통해 시장화와 다른 변화에 따라 시장메커니즘과 공동체의 관습적 제도들을 통합시킬 수 있는지를 보여준다.

우리의 사례 조사는 시장화를 겪고 있는 목축 공동체가 땅을 완전히 나누는 것과 모든 땅을 공동으로 사용하는 것 사이의 제3의 길로서 조정 능력이 상당한 관습적 제도들을 대체하는 것보다 이를 기반으로 하는 것이 갖고 있는 잠재적 이득을 강조한다. 새로운 연구는 땅을 분배하는 것에 대응하는 "제3의 길"을 이해하고 기록하는 것에 초점을 맞춰야 한다. 비록 이 길이 당국의 정책이나 '전통적'인 관습을 따르고 있지 않다고 해도 말이다. 칭하이-티벳 고원을 비롯해 빠르게 변화하고 있는 목축 환경에서 새로운 사회-생태적 맥락에 대응하기 위해 혼합적 기구가 떠오르고 있다. 이는 종종 정책에 의해 규정되지 않지만 장기간의 지속가능성을 담보한다.

참고문헌

Banks, T., 2003, "Property rights reforms in rangeland China: Dilemmas on the road to household ranch", World Dev. 31(12).

Behnke, R. H., Scoones, I. &Kerven C., 1993, "Range Ecology at Disequilibrium: New Models of Natural Variability and Pastoral Adaptation", *African Savannas*, Overseas Development Institute.

Camille, R., Yan, Z.L. & Du, G.Z., 2006, "The paradox of the individual household responsibility system in the grasslands of the Tibetan Plateau, China", USDA Forest Serv, Proc, 39.

Fernandez-Gimenez, M.E., 2002, "Spatial and social boundaries and the paradox of pastoral land tenure: a case study from post-socialist Mongolia", Human Ecol. 30(1).

Fernandez-Gimenez, M.E., B. Bathhishig, B. Batbuyan, and T. Ulambyar, 2015, "Lessons from the Dzud: community-based rangeland management increases the adaptive capacity of Mongolian herders to winter disaster", World Dev. 68.

Gongbuzeren & Li, W.J., 2016, "The role of market mechanisms and customary institutions in rangeland management: a case study in Qinghai-Tibet Plateau", Resour. Sci. 31(10).

Gongbuzeren, Li, Y.B. & Li, W.J., 2015, "China's rangeland management policy debates: what we have learned?", Rangel. Eco. & Manag, 68.

Kreutzmann, H., 2011, "Pastoral practices on the move-recent transformations in mountain pastoralism on the Tibetan Plateau", H. Kreutzmann, Y. Yang, & J. Richter, eds., *Pastoralism and rangeland management on the Tibetan Plateau in the context o climate and global change. Federal Ministry for Economic Cooperation and*

Development, Berlin, Germany.

Leach, M., Mearns, R. & Scoones, I., 1999, "Environmental entitlements: dynamics and institutions in community-based natural resource management", World Dev. 27(2).

Li, W.J. & Huntsinger, L., 2011, "China's grassland contract policy and its impacts on herder ability to benefit in Inner Mongolia: tragic feedbacks", Ecol. And Soc. 16(2).

Li, W.J. &Zhang, Q., 2009, "Understanding rangeland challenges: discovery of rangeland use and management issues at arid and semi-arid regions", Economic Science Press.

MOA, 2015, *China Grassland Annual Grassland Monitoring Report http://www.moa.gov.cn/zwllm/jcyj/zh/201504/t20150414_4526567. htm*

Mwangi, E., 2007, "Subdividing the commons: the distributional conflict in the transition from collective to individual property rights in Kenya's Maasailand", World Dev. 35(5).

Ostrom, E., 1990, "Governing the commons: the evolution of institutions for collective action", Cambridge University Press.

Scoones, I., 1994, *Living with uncertainty: new directions in pastoral development in Africa*, Intermediate Technology Publications.

Vetter, S., 2005, "Rangelands at equilibrium and non-equilibrium: recent developments in the debate", Arid Environ. 62.

Westoby, M., Walker, B.H. & Noy-Meir, I., 1989, "Opportunistic management for rangelands not at equilibrium", Range Manag. 42.

제7장

누강 중류 농업관개시스템에서의 '민관합작투자' 방식 도입*

리옌보(윈난대학 국제하류생태안전연구원)

1. 배경

공공재와 공공서비스는 규모 경제의 특성을 보인다. 즉 초기투자비용은 다소 높지만, 일단 완성하면 비교적 낮은 비용으로 다수의 사용자에게 서비스를 제공할 수 있다. 전통적으로 공공재와 공공서비스는 대부분 정부에서 제공했으나, 재정적 한계와 효율저하 등으로 인해 양질의 공공재 및 서비스 제공에 많은 어려움을 겪어 왔다.

민관합작PPP은 이러한 문제를 해결하기 위한 제도적 혁신으로 간단히 말하자면 기업이 공공재 또는 서비스 제공 분야에 투자를 하는 것이다 (Hemming, 2006). 중국은 1980년대 처음으로 PPP방식을 도입했고, 1990년대부터 PPP방식이 빠르게 확산되어 에너지, 교통, 체육시설, 도시 수도공

* 이 연구는 중국국가자연과학기금(기금번호: 41461009; 41461018)과 HICAP(Himalayan Climate Change Adaptation Programme)프로젝트의 후원을 받아 진행되었다.

급, 오수처리 등의 분야에서 널리 응용되었다(Zhang et al., 2016). 현재 중국은 개도국 중 PPP사업이 가장 활발히 전개되고 있다. PPP모델의 장점으로는 정부의 재정 부담 완화, 사업의 효율 및 효과 제고, 기업의 선진 기술 이용, 공공서비스 제공 방식 혁신, 시간과 비용 절약, 기업과의 위험 분담 등을 꼽을 수 있다(Li et al., 2005; Public-Private Infrastructure Advisory Facility, 2007). 최근에는 정부에서도 PPP제도를 통한 농경지 수리水利인프라 건설을 적극 추진하고자, 관련 규정을 잇따라 마련하여 농촌 인프라 건설에 대한 민간 자본 투자를 장려하고 있다(국무원신문판공실, 2016). 그러나 농촌지역 및 농업인프라 구축에 PPP모델을 응용하는 경우는 여전히 드물다. 이것은 농업 부문의 리스크가 큰데다 농민들과의 관계 구축에 들어가는 많은 비용으로 인해 기업들이 사업 투자를 꺼리기 때문이다.

현재 PPP사업에 대한 연구는 주로 사업의 성공 요소, 사업 과정에서의 리스크 관리 및 분담, 경쟁 입찰 과정에 대한 계획 등을 다루고 있다(Li, 2003; Chan et al., 2010; Song et al., 2016). 그러나 이러한 연구의 대다수는 도시에서 이루어지는 중대형 PPP사업에 집중된 반면, 농업인프라 건설 PPP사업들은 관심을 받지 못하고 있는 실정이다.

농촌은 투자 부족으로 공공재와 공공인프라가 매우 빈약하기 때문에 PPP사업에 대한 수요가 높은 편이다. 그러나 높은 리스크와 농민의 낮은 의식수준, 정보 부족, 제도 미흡 등의 원인들은 농가와 기업 모두에게 커다란 부담으로 작용한다. 이 밖에도 관개사업과 같은 일부 공공서비스는 CPR관리라는 서비스 제공의 문제를 겪고 있으며 이는 PPP사업에서 자체적으로 해결할 수 있는 범위를 넘어섰다. 이 때문에 농촌과 농업인프라 PPP사업은 특수한 상황에 직면하게 되어, 전문적인 연구가 필요한 실정이다.

본 연구에서는 농업인프라 구축과 관련된 PPP사업을 중점적으로 살펴보기로 하고, 중국 윈난성 바오산시 루장바의 관개펌프장提灌站(irrigation station)사업을 사례로 농업인프라 구축에서의 PPP모델 도입과 사업의 성공과 실패에 영향을 미친 요소들을 연구했다. 본 연구는 낙후된 농촌 지역의 농업 발전에 긍정적인 역할을 할 것이다.

2. 연구지역 개황과 연구 방법

루장바는 중국 서남부 누강怒江(살윈강 상류)중류에 위치하며, 고온 건조한 계곡 지역이다. 풍부한 광열조건 덕분에 이 지역은 윈난성 서부의 가장 중요한 농업기지로 손꼽히며, 주로 벼, 채소, 과일, 사탕수수를 생산하는 곳이다. 현지 농민들은 주로 다이족傣族, 이족彝族, 한족漢族으로 구성되며, 강우, 누강의 지류, 저수지 등에 의존하여 관개농업을 하고 있다. 기후변화로 인해 강수량 변동이 심해진데다 채소와 과일의 재배면적이 늘어남에 따라 지역의 물 수요량이 증가하게 되었는데, 특히 건기(겨울과 봄)에 수요가 크다.

현재 루장바의 관개용수는 주로 천연강수와 강물에서 얻고 있으며, 일부 마을은 저수지에서 물을 끌어다 쓰고 있다. 루장바 지역 농민들은 가뭄으로 발생하는 문제들을 해결하기 위해 누강 본류에서 물을 끌어오거나 지하수 채굴, 저수지 및 수조 건설 등을 통해 수원을 확보하는 한편 스프링클러를 적극 활용하여 용수 효율을 높이고 있다. 농민들은 그 중에서도 누강의 본류에서 물을 끌어오는 방식이 수자원 부족을 해결할 수 있는 최종 방안이라고 여기고 있다. 현재 농민들은 주로 개인 소유의 소형 디젤양수기를 이용하여 밭에 물을 대고 있는데 이 방법은 많은 인력과 물자의 소모를 요한다. 관개 비용도 많이 들고 동시에 두 사람이 작업을 해야 한다. 때문에 농가들은 보다 효율적인 관개 방식이 절실히 필요했다. 주민들은 관개펌프장을 통해 누강 본류에서 물을 끌어올리는 것이 관개수량을 늘리는 가장 효과적인 방법이라고 여기기 때문에 이 지역에는 많은 관개펌프장이 지어졌는데, 그 중 일부에는 PPP 방식이 적용되었다.

본 연구에서는 사례 비교연구 방식을 채택하여, 루장바의 대표적인 PPP 사업들에 대해 조사하고, 각 사업의 시행 과정 및 실시 효과를 비교함으로써 PPP사업 효과에 영향을 주는 요소들을 변별해냈다. 연구 대상으로 망단촌蛮旦村, 우라이촌吾來村, 싼다디三達地 세 마을을 선정하고, 이들 마을의 관개펌프장 사업 사례를 수집했다. 남서계절풍과 지형의 영향으로 누강의 서쪽 강변은 강수량이 많지만 동쪽은 상대적으로 건조하다. 연구 대상 지역 중 싼다디는 누강 동쪽 기슭에 위치하고 있으며, 망단촌과 우라이촌은 노강 서쪽에 위치해 있다. 싼다디는 전통적으로 건기에 저수지의 물을 이용해 농사를 짓지만, 다른 두 마을은 주로 누강의 지류를 이용한다. 지형을 살펴보면 망단촌의 지형은 상대적으로 평탄하고, 토지가 넓게 이어져 있다. 그에 비해 다른 두 마을의 지형은 경사가 가파르고, 토지도 분산되어 있다. 우리는 매 사례마다 사업에 관계된 정부 부문과 마을 간부, 기업 대표들을 인터뷰하여 사업이 실시된 배경과 과정, 효과를 전체적으로 파악했다.

3. 루장바의 PPP사업

1) 망단촌 관개펌프장 사업

망단촌 관개펌프장의 시작은 2013년으로 거슬러 올라간다. 2013년 현지 지방정부는 1000여 만 위안을 들여 망단촌에서 국토자원 정비사업을 추진했는데, 그 결과 560묘(畝, 1묘=1/15ha)의 황량한 산지가 농사가 가능한 비탈 경작지로 탈바꿈했다. 그러나 관개 조건이 여의치 않아 경작지를 유용하게 사용할 수 없었다. 망단촌은 정부 지원사업을 통해 관개펌프장을 설치하려고 몇 차례 시도했으나 번번이 실패했다. 2015년 루장바진 정부가 나서서 바오산시의 한 기업을 망단촌과 연결해주고, 기업과 주민들 사이에 협력

사업을 위한 논의가 진행되었다. 해당 기업은 모집과 경쟁입찰 과정에서 경쟁사를 밀어내고 사업을 수주했고, 이후 기업과 마을 주민 조직은 계약을 체결했다.

계약에 따라 해당 기업이 망단촌에 관개펌프장을 두 곳을 설치하여, 그 중 하나는 주민들이 사용하고, 다른 하나는 기업이 자체적으로 사용하기로 했다. 펌프장 두 군데의 유지보수를 모두 기업이 담당하는 대신 주민들은 경작지 560묘를 10년 동안 회사에게 임대했다. 그 중 처음 4년은 무료로 임대하고 5년째부터 매년 1묘당 500위안으로 계산하여 임대료를 지불한다. 임대기간 동안 경작지 경영권은 기업에게 있고 제3자에게 재임대가 가능하지만 경작지 용도는 변경할 수 없다. 이 기간 동안 정부 지원 및 혜택으로 제공되는 보조금은 회사의 몫이다. 주민들은 협동조합을 세워 자발적으로 관개작업을 실시하는 한편, 수도세를 납부하여 펌프장 운영비용을 충당하고 있다. 계약기간 만료되면 펌프장 소유권은 지역사회로 이전된다.

현재, 해당 관개펌프장은 이미 사용에 들어갔다. 먼저 강변의 양수시설을 이용해 누강의 물을 높은 산(임대 토지)까지 끌어올려 커다란 저수지에 저장한 후, 관개 작업을 할 때에는 관개면적과 저수량을 고려하여, 파이프를 통해 물을 경작지로 내보낸다. 마을주민들은 관개면적을 기준으로 요금을 지불하는데, 대략 1묘에 10위안이다. 지방정부의 지원덕분에 해당 사업은 농촌사업으로 분류되어 농업용 전기 요금(0.425위안/kW·h) 혜택이 적용된다. 한편 기업은 토지 임대 후 이를 사용하지 않고 해당 지역의 大農에게 재임대하여, 현재 이곳은 고부가가치 작물인 모링가를 재배하고 있다. 임대료는 1묘당 1000~1200위안으로, 기업은 여기서 이익을 얻고 있다. 현재, 이 사업은 양호하게 진행 중이며, 편리해진 관개 작업 덕분에 지역 채소 농사가 좋은 결과를 얻었다.

사진 1 펌프장을 사용하여 관개를 한 채소(좌)와 그렇지 않은 채소(우)

2) 우라이촌 관개펌프장 사업

우라이촌 관개펌프장 사업은 2015년에 시작되었다. 나머지 두 곳이 정부 주도형 건설방을 사용한 것과는 달리 우라이촌 관개펌프장 사업은 하의상 달 방식으로 이루어졌다. 2013년과 2014년, 우라이촌에 심각한 가뭄이 발생하여 농업에 커다란 피해를 안겨 주었다. 그런데 당시 기업가를 형으로 둔 우라이촌 주민이 있었다. 기업가인 형이 동생을 만나러 왔다가 심각한 가뭄을 목격했다. 주민들은 해당 기업이 투자를 해서 관개펌프장 을 지어줄 것을 요청했는데, 기업 입장에서도 가뭄이 심각한 상황에서 펌프장을 건설하면 이익이 되겠다고 판단하여 투자를 결정했다. 그러자 우라이촌 주민 위원회가 나서서 정부의 사업 지원을 얻어냈는데, 정부는 완공 후 1:1의 비율로 보조금을 지급하겠다고 약속했다.

현재는 기업이 지역 기술부서의 지도를 받으며 140만 위안을 전액 투자하여 관개펌프장을 설치했다. 사업 계획에 따라 펌프장은 기업이 소유하고,

관리 및 운영 역시 기업에서 담당하는데, 사실 상 우라이촌에 사는, 기업가의 동생이 담당하고 있다. 관개 방법은 먼저 펌프장을 이용해 물을 산 중턱에 있는 300m³ 저수지까지 끌어올려두었다가 필요할 대 방출하는 방식이다. 마을주민들은 물 사용량에 따라 요금을 지불하는데 비용은 대략 1m³당 1.5위안이다(채소밭은 1묘당 30위안).

현재, 해당 사업은 중단된 상태다. 주된 원인은 2016년에 강수량이 많았고, 마을에서 관개수로 시설을 개선하자 하수河水 누출이 감소하여 물 부족 현상이 크게 개선되었기 때문이다. 또한 현재 해당 사업이 전기요금 혜택을 받지 못해 kW·h당 1.1위안으로 요금을 내다보면 관개펌프장의 운영비용이 수익보다 높은 상황이 발생하게 된다. 이 밖에도 정부가 약속한 보조금 지원을 아직 이행하지 않는 등의 원인으로 현재 해당 사업은 서비스 제공이 중단되었다.

그럼에도 이 사업은 아직까지 전망이 좋은 편이다. 구체적인 이유로는 첫째, 현재 촌민 위원회가 협동조합을 구성하여 해당 사업을 이에 포함시켰다. 관개 협동조합의 우대조건에 따라 펌프장 전기요금에 할인이 적용되면, 전기요금이 kW·h당 0.425위안까지 내려가 운영비용을 크게 낮출 수 있다. 현재 관련 신청서를 상급 기관에 제출한 상태다. 둘째, 장기적으로 볼 때, 현재 우라이촌의 경제작물 재배가 크게 늘고 있어, 농업용수량이 증가할 것이다. 자연히 관개펌프장 급수에 대한 농민들의 수요가 커지고 관개펌프시설의 사용자가 증가하면 여기서 이익이 발생한다.

3) 싼다디촌의 관개펌프장사업

싼다디의 관개펌프장은 2014년 정부의 주도로 바오산시의 한 회사가 전액 출자하여 건설했다. 정부와 기업의 협의를 거쳐 사업 설계와 건설이 완성되는 과정에서 지역사회의 참여는 없었고, 기업과 주민 사이에 계약 체결도 없었다. 사업 설계에 따라, 펌프장이 완성된 후 기업은 마을의 물 관리자에게 관리를 위탁하고, 물 관리자는 관개 조절과 관리를 담당했다. 농가는 관개면적에 따라 물 사용료를 납부한다.

그런데 이 관개펌프장은 겨우 네다섯 차례 사용된 이후 운영이 중단된 상태다. 그 구체적인 원인을 살펴보면 첫째, 사업의 설계가 비합리적이었다. 설계된 파이프와 양수기의 출력이 맞지 않은 것이다. 즉 양수기의 출력은 낮은데 배관 굵기가 굵어서 물을 끌어올리는 데 많은 에너지가 소모되었다. 둘째, 지형적 문제로 인해 관개펌프장의 저수지는 마을의 한 小組밖에는 이용할 수 없었고, 다른 소조들은 배관을 이용해 직접 물을 끌어다 써야 했다. 때문에 관개수량 및 시간 조절에 실패하여, 관개 효과가 그다지 좋지 않았다. 셋째, 해당 사업에 전기요금 혜택이 적용되지 않아 전기요금이 1kW·h당 약 1.1위안 수준이다 보니 운영비가 많이 들었다. 게다가 누출이 심각한 관개수로 누출 역시 운영비를 크게 끌어올리는 역할을 했다. 이 때문에 여러 차례 관개비용의 조정이 이루어졌는데, 처음에 묘당 50위안이었던 비용이 현재 90위안까지 상승하자 마을 주민들이 불만을 갖게 되었다. 넷째, 마을의 재배 작물 품종이 다양해지고, 토지가 분산되자 관개 과정을 조절하기가 어려워졌고, 마을 주민들 사이에서도 물 사용을 놓고 마찰이 빚어졌다. 또한 관개수량과 관개시간이 주민들의 필요에 맞게 원활히 조정되지 않아서, 결과적으로 관개효과에 불만을 품는 주민들이 많아졌다. 이 같은 문제들과 물 사용료의 지속적인 상승이 한데 얽혀 농민들은 요금 납부를 거부하기에 이르렀고, 요금을 거두기가 어려워지자 이는 기업의 이윤에 영향을 미쳤다. 현재 해당 사업은 중단되었다. 농민들은 해당 관개시설을 이용하지 않고, 기업 역시 펌프장을 관리를 재개하지 않고 있다.

표1 세 곳의 관개펌프장 PPP사업 상황 개요

사업지역	사업 기본상황	사업평가
망단촌	기업이 양수펌프장 투자·건설. 마을에서 펌프장 운영, 관리. 농가는 물 사용량에 따라 요금 납부. 마을에서 토지 560무를 10년 간 기업에 임대, 첫 4년 임대료 면제. 기업은 토지 재임대 방식으로 수익 발생.	비교적 성공
우라이촌	기업이 펌프장 투자·건설·운영. 완공 후 정부에서 보조금 지급. 농가는 물 사용량에 따라 요금 납부. 기업은 물 사용료를 통해 이익 거둠.	현재 중단 상태이나 전망 밝음
싼다디	기업이 펌프장 건설과 운영에 투자. 마을은 관개 관리 담당하고 농가는 관개 면적에 따라 물 사용료 납부. 기업은 물 사용료를 거둬들여 이익 남김.	현재 중단 상태이고, 전망 어두움

4. PPP사업의 성공 요소

본 연구는 PPP사업의 성공 여부를 현재 프로젝트가 운영되고 있는지, 운영 전망이 있는지 이 두 가지 기준을 근거로 평가했다. 성공 사례와 실패 사례에 대한 비교연구를 통해 연구 지역 내의 관개펌프장 PPP사업 성공에 영향을 미치는 다음 몇 가지 요소를 도출해 낼 수 있었다.

1) 사업기술설계의 합리성과 타당성

관개펌프장 사업에서 가장 기본은 물을 끌어올리는 펌핑아웃 시스템 pumping-out system으로, 양수기와 파이프는 관개펌프장 사업에서 초기 투자비용이 가장 많이 드는 부분이다. 만약 기술상에 문제가 생기면 시스템 전체가 정상적으로 운영될 수 없을 뿐만 아니라 이를 수정하려면 막대한 자본이 소요된다. 본 연구 중, 싼다디 사업의 주요 실패 원인은 바로 기술 문제에 있다. 양수기 출력은 적은 반면 파이프가 너무 굵어서 물을 저수지로 끌어올리기가 매우 어려웠고 사업운영비용이 많이 발생했다. 이를 통해 알 수 있듯이, 사업 설계의 타당성은 매우 중요하다. 이러한 문제가 발생한 원인은 사업을 설계한 측에서 지역상황을 잘 파악하지 못한 것과 관계가 깊다.

2) 다핵관리체계(분산관리체계)

다핵관리체계는 농업관개 PPP사업에서 찾아볼 수 있는 특수한 성공요소이다. 여기서 말하는 다핵관리체계란, 각 관리 단계마다 특징을 고려하여 그에 맞는 관리 주체와 제도를 채택하는 것을 말한다. 펌프장의 건설과 운영 과정에는 매우 큰 차이가 있다. 건설 과정에서는 자금과 기술공조가 중요하므로 기업이 더 우세하다. 반면 운영 방면에서는 사용자 간의 상호조율과 조직이 중요하므로 해당 지역사회 내의 조직이 더 우세하다. 본 연구에서 조사한 사례들은 모두 다핵관리방식을 자신들의 상황에 맞게 적절히 응용했다. 즉 기업이 설계와 건설을 담당하고, 지역사회는 사업 운영을 담당하는 식으로 이루어졌다. 연구 지역에서 각 마을은 전통적으로 관개용수를 관리할 때 나름의 조직관리체계를 갖추고 있었다. 펌프장의 운영이 해당 지역의 기존 관리체계와 결합하면 기업의 관리 원가를 낮출 수 있다. 망단촌에서는 기업이 펌프장을 건설한 후 운영권은 지역사회로 넘겼다. 기업은 유지 보수만 담당하고 수익도 펌프장 운영과 분리시켜, 관리 원가와 리스크를 효과적으로 낮추었다. 우라이촌에서는 기업이 운영에 참여하기는 하지만 기업의 대표가 그 지역사회의 구성원이므로 지역사회의 기존 관리체계를 이용해 관리할 수 있었다.

지역사회가 효과적으로 자주적 조직을 결성하여 관개 과정을 관리할 수 있는지 여부도 관개펌프장 사업 성공의 중요 요소 중 하나이다. 이는 인프라

설비가 미흡한 지역일수록 더욱 그렇다. 주민 대다수는 다이족傣族으로 구성된 망단촌과 우라이촌은 지역사회의 결집력이 강하다. 또한 농지가 밀집해 있고 관개수로가 잘 갖추어져 있어서 관개용수를 효과적으로 관리할 수 있고 관개용수를 둘러싼 주민 간의 갈등도 적었다. 하지만 싼다디촌은 마을의 역사가 짧은 한족 거주지로서 지역 결집력이 떨어진다. 게다가 농지가 분산되어 있고 수로 누수가 심해 수자원 분배가 효과적으로 이루어지지 못하고 관개용수를 둘러싼 주민 간 마찰도 잦았다. 이는 전체 관개 시스템의 효율 저하로 이어졌다.

3) 사업 설계 및 건설 과정에서의 지역사회 참여

지역사회는 관개시설 운영 관리뿐만 아니라 프로젝트 초기 설계와 건설 단계에서도 중요한 역할을 발휘한다. 우선 농업 생산환경은 복잡하고 다양하므로 초기 설계 과정에 지역 특성을 반영하는 것이 무엇보다 중요하다. 기업들은 처음에 이 문제에 대한 인식이 부족했으나, 지역사회가 프로젝트 설계과정에 참여하여 지역 특유의 경험과 지식을 제공함으로써, 기업은 이를 토대로 더욱 합리적인 설계를 할 수 있었다. 망단촌 프로젝트는 초기 설계에서 태양광 발전 펌프장을 만들어 원가를 줄이고자 했다. 하지만 주민들은 논의 과정에서, 식물성장기는 관개 용수량을 가장 많이 필요로 하는 시기로 밤낮으로 농지에 물을 대야 하는데, 햇빛이 있을 때만 사용할 수 있는 태양광 발전 펌프장으로는 그 수요를 만족시킬 수 없다고 지적했다. 주민들의 요구에 따라 펌프장의 동력을 전기 동력으로 변경함으로써 주민들의 수요를 만족시킬 수 있었다.

다음으로, 주민들이 프로젝트 설계·건설 과정에 참여하면 기업에 대한 주민의 이해와 신뢰도를 높일 수 있으며, 프로젝트에 대한 주민 소속감도 높일 수 있다. 싼다디의 경우, 기업은 정부의 소개로 사업을 맡게 되었고, 사업 설계와 건설 과정에도 주민들의 참여가 전혀 이루어지지 않았다. 소속감을 갖지 못한 주민들에게 사업은 자신들의 일이 아닌, 정부의 일일 뿐이었다. 또한 주민들은 기업이 이익을 노리고 정부 사업인 펌프장 건설에 뛰어들었다고 생각하는 등 기업을 신뢰하지 않았다. 이런 의심과 부정적인 태도는 결국 사업이 위기에 처했을 때 마을이 적극적으로 나서서 해결하려는 의지를 앗아가 버렸다.

4) 참여자 간의 위험 분담

많은 선행 연구들은 위험 분담을 PPP프로젝트 성공의 중요 요소 중 하나로 꼽고 있다(Li, 2003 ; Chan et al., 2010). 이는 본 연구를 통해서 다시 한 번 증명되었다. 본 연구에서 분석한 3개의 사업 중, 망단촌 사업은 관개 펌프장과 토지 이전을 결합해 기업이 관개펌프 장의 운영과 관계 없이 토지 경영을 통해 지속적인 이익을 얻을 수 있는 구조였다. 이로써 기업의 위험 부담은 줄어들고 사업은 지속적으로 실행할 수 있었다. 나머지 두 개 촌은 모두 기업이 물 사용료를 통해 이익을 얻는 것 외에는 수익을 보장받을 다른 경로가 없다. 그런데 관개는 기후조건의 영향을 많이 받는데다, 기후는 불확실성이 크기 때문에 기업의 위험 부담이 커질 수밖에 없다. 우라이촌 관개펌프 사업의 경우, 강수량이 늘자 펌프장을 이용하는 농민이 줄었고, 이는 프로젝트 적자의 주요 원인이 되었다. 싼다디의 경우, 마을 자체에서 (펌프장) 관리가 부실하여 주민들이 물 사용료 납부를 거부했고, 이는 기업의 수익 악화를 초래했다.

5) 정부 지원

정부의 지원은 거시정책 실시와 사업감독 및 추진 두 방면으로 나뉜다. 농촌발전을 중요 국가 업무로 지정한 중국 정부에서는 농촌 수리 인프라와 관련된 여러 우대정책을 마련하고, 다양한 제도 혁신을 장려하고 있다. 일례로 '농전수리조례農田水利條例'를 제정하여 사회자본의 수리시설 투자를 허용하고 있다. 농촌 토지 이전을 장려하고 이를 제도적으로 보장한 결과, 망단촌이 토지 이전을 통해 자본을 조달하여 관개펌프장을 건설하는 일이 가능했다. 정부가 제공한 농업용 전기료 혜택은 관개사업의 원가를 낮추는 역할을 했다. 그 밖에도 농민전문합작사에 대한 우대정책 역시 관개펌프장 사업의 향후 관리와 운영에 더 많은 가능성을 안겨주었다.

하지만 이런 우대정책이 모든 사업에 다 적용된 것은 아니다. 예를 들어, 망단촌 펌프장은 농업용 전기료 혜택을 받았지만, 혜택을 못 받은 다른 두 곳에게는 높은 운영 비용이 수익 창출에 커다란 걸림돌이 되었다. 우라이촌 펌프장 사업의 경우, 정부가 약속한 보조금 집행이 계속 미루어지고 있어 기업이 운영에 어려움을 겪고 있다. 이런 차이는 지방정부의 단체장의 사업 추진 의지와도 어느 정도 관련이 있지만, 지방정부의 정책 실시 과정 중 존재하는 혼란이 더 큰 이유라고 볼 수 있다.

구체적인 사업에 대한 정부의 추진력과 관리감독도 이번 연구 지역 PPP사업의 성공 여부를 결정짓는 중요 요소다. 농민들은 의식수준이 낮고, 시장과의 연결고리도 비교적 약한데, 이는 PPP사업을 어렵게 만드는 특수한 요인이라고 할 수 있다. 여기서 정부는 지역사회와 시장을 연결시켜 주는 중요한 역할을 했다. 이번 연구에서, 우라이촌 이외의 다른 두 지역 모두 정부가 적극적으로 나서서 기업을 PPP사업에 참여시켜 지역과 연결해준 케이스다. 기업과 프로젝트에 대해 논의하는 과정에서 정부는 지역사회의 대리인 역할을 하고, 지역사회의 참여도는 상대적으로 낮았다. 이 경우 정부의 역할 수행이 지역사회의 이익에 결정적인 작용을 한다. 그 밖에 기업에 대한 이해 부족을 들 수 있다. 우라이촌을 제외하고는, 두 마을 모두 기업의 배경을 제대로 이해하지 못한데다, 기업을 좀처럼 신뢰하지 않았다. 싼다디촌의 경우,

주민들은 사업의 실패를 기업 탓으로 돌릴 뿐만 아니라, 기업의 목적이 사업 추진에 있는 것이 아니라 이익을 노리고 정부의 사업에 뛰어들었을 뿐이라고 생각했다. 망단촌의 경우, 사업이 아직은 순조롭게 진행되고 있지만 앞으로 토지 임대료 지급 문제가 생길 수 있다. 이런 문제들을 해결하기 위해서는 계약서 초안 작성과 계약 체결, 각 과정의 집행 등 사업 실시 과정에서 정부의 효과적인 관리감독이 필수적이다.

5. 나가며

PPP모델은 공공인프라 투자부족 문제 해결을 위한 중요하고 혁신적인 제도로, 중국에서는 여러 분야에서 널리 응용되고 있다. 그런데 농촌 인프라 건설에서는 이 모델의 도입이 아직 초기 단계이기 때문에, 그 효과와 성공 사례에 대한 연구가 필요하던 상황이었다. 이번 연구는 윈난성 바오산시 룽양구隆陽區 루장바 관개펌프장 건설을 사례로, 세 개 마을의 PPP사업 연구를 통해 PPP모델이 농촌 인프라건설에서 나타내는 효과와 성공 요소를 살펴보았다.

이번 연구를 통해 다음 두 가지 주요 PPP모델을 발견했다. 첫째, 기업이 관개 펌프장에 대한 투자와 건설을 담당하고, 지역사회가 자주적 조직을 통해 펌프장을 운영, 관리한다. 운영비용은 사용 농가가 관개 면적 혹은 물 사용량에 따라 분담한다. 지역사회는 일정기간 일부 경작지의 경영권을 기업에 유상 혹은 무상으로 양도하고, 기업은 양도받은 토지를 경영해 이익을 얻는다. 둘째, 기업이 펌프장의 투자, 건설, 운영을 담당하고 지역사회는 자주적 조직을 통해 관개 작업을 조정한다. 사용 농가가 관개 면적 혹은 물 사용량을 기준으로 사용료를 지불하면 기업은 이를 통해 이익을 창출한다.

연구 지역의 관개펌프장 성공에 영향을 미치는 요소로는 첫째, 사업 기술

설계의 합리성과 타당성 및 현지의 수요와 조건을 수용해야 한다. 둘째는 사업 단계 별 특성에 맞는 분산관리 실시로, 기업은 건설을 담당하고, 지역사회는 운영을 담당했다. 셋째는 사업 설계와 건설 단계에서 지역사회가 참여하는 것이다. 넷째로는 참여자 간 균등한 위험 분담이 요구된다. 다섯째는 지원정책과 정책의 효율적인 시행, 기업과 지역사회를 이어주는 정부의 중계자 역할 및 관리감독 역할이 있다.

참고문헌

Li, B., Akintoye, A., Edwards, P.J., Hardcastle, C., 2005, "Critical success factors for PPP/PFI projects in the UK construction industry", Construction Management & Economy. 23(5).

Public-Private Infrastructure Advisory Facility, 2007, *Public Private Partnership Units: Lessons for Their Design and Use in Infrastructure*, World Bank.

Chan, A. P. C. & P. T. I. Lam, et al., 2010, "Critical success factors for PPPs in infrastructure developments: Chinese perspective", Journal of Construction Engineering and Management 136(5).

Zhang, S. & A. P. C. Chan, et al., 2016, "Critical review on PPP Research: A search from the Chinese and International Journals", International Journal of Project Management 34(4).

Li, B., 2003, "Risk management of construction public private partnership projects", Ph.D. thesis, Glasgow Caledonian Univ., U.K.

Song, J. & H. Zhang, et al., 2016, "A review of emerging trends in global PPP research: Analysis and visualization", Scientometrics 107(3).

■

제8장

원주민족자원 공동관리제도 수립:
부락공법인이 법적 근거가 될 가능성에 관한 논의

장후이둥(타이베이대학 법률학원 교수)

1. 들어가며

일본 식민지 시대에 일본 정부는 '관유임야 및 장뇌제조 취체규칙(官有林野及樟腦製造業取締規則)'(1894년 10월 22일)을 공포하면서 원주민족 토지의 상당 부분을 국유화했다. 2차 대전 이후 국민정부가 대만에 들어선 이후에도 이러한 상황은 계속되었다(王泰升, 2015, p. 1676). 따라서 대만에는 정부나 공공부문(국립대학 등)에서 소유한 원주민족 토지가 원주민족이 소유한 토지에 비해 훨씬 많다.

대만 원주민족 지역은 지리적으로 볼 때 산지 혹은 동부 지역에 집중되어 있는데, 이들 지역은 소위 말하는 변방으로 경제적으로 상당히 낙후된 지역이다(章英華·林季平·劉千嘉, 2010, p. 51 이하). 따라서 개발을 희망하는 현지 지방정부가 재원이 부족한 경우, 사기업의 역량을 빌어 개발을 진행하는 경우(민관협력)를 흔히 볼 수 있다. 실제로 원주민족 지역의 토지를 기업이 임대하여 호텔을 짓고 운영함으로써 현지의 상업과 경제를 활성화하고 원주민들의 일자리를 늘린 사례가 있다. 이런 방식은 현지 원주민들로부터 많은 지지를 받기도 했지만, 현지 정부와 기업의 공동 개발 행위가 생태환경을 파괴하고 주민들의 해안사용권을 박탈할 가능성이 제기되고, 또한 문화자산을 상업화하고 원주민족의 전통문화에 영향을 끼칠 우려가 있다. 또한 원래는 원주민족이 이용해 오던 토지와 자연자원을 정부와 외부 기업이 이용, 개발하는 것은 곧 현지 주민들이 개발의 이익을 향유할 수 없게 됨을 뜻한다(參見林峰寧·張惠東, 2016).

이 문제를 해결하는 법률적 방법 중 한 가지로는 원주민족의 공동참여와 공동관리가 있는데, 대만의 '원주민기본법原住民族基本法'과 '원주민족지구자원 공동관리방법原住民族地區資源 共同管理辦法'이 제도(공동참여 및 공동관리)의 법률적 뒷받침이 되고 있다. 그러나 실제로 대만 '정부-기업-원주민'의 삼각 구도 중 원주민과 정부가 민관협력 제도를 통해 공동관리 체제를 구축한 사례는 많지 않다.

원주민족 자원 공동관리 제도를 수립하는 데에는 '민관협력'이라는 방식 말고도 또 다른 가능성을 찾을 수 있는데, 바로 '부락공법인部落公法人' 제도를 통해 마련한 '공공협력公共協力' 제도가 그것이다.

2. 원주민족 자원 공동관리 제도의 법적 근거

원주민족자원 공동관리제도의 법적 근거는 대만 헌법 수정 조문 제10조 제11항 중 "국가는 다원 문화를 인정하고 원주민족의 언어와 문화를 적극 보호 발전시킨다"라는 내용이다. 따라서 헌법 상 명시된 다원문화주의에 대한 요구를 바탕으로(山元一, 2014, p. 144 이하), 원주민족의 기본 권리를 보장하고 이를 발전시키기 위한 원주민족 기본법이 제정되었다. 원주민족 기본법 제22조의 "정부가 원주민족 지역을 국가공원, 국가풍경특구, 임업구, 생태보호구, 위락구로 지정하거나 기타 자원관리기구를 설치하려면 반드시 현지 주민들의 동의를 얻어야 하고, 원주민족과 함께 공동관리제도를 마련해야 한다"는 규정에 따라 정부에서 대만 원주민족 지역 내에 설치하는 자원관리기구들은 모두 이제껏 없던 공동관리제도를 수립해야 한다. 법률상의 '절차'에는 '실체법'의 의의를 부여해야 하기 때문에, 대만의 대법관은 이른바 '절차기본권'의 개념을 발전시켜 나갔다(사법원대법관석자司法院大法官釋字 제709호 해석). 대만 원주민 업무를 담당하는 행정기관인 원주민위원회 역시 전술한 규정에 의거하여 2007년 행정명령위계의 '원주민족지구자원 공동관리방법原住民族地區資源 共同管理辦法'을 공포했다.

3. 원주민족 자원공동관리제도 수립

현재 대만 법률에 따르면 권리를 향유하고 의무를 부담할 수 있는 (이른바 권리능력이 있는) 주체는 반드시 한 '개인(人)'이어야 유효한 법률행위에 독립적으로 종사할 자격이 생긴다. 그래서 토지도 이 주체의 명의로 등기를 하는 것이다. 그런데 법적 주체가 세워졌다고 해도 "어떻게 하는가(방법)"의 문제를 해결하지 않으면 안 된다. 즉 행정작용법 상 어떠한 행정작용으로 원주민족자원 공동관리제도를 마련할 수 있는지에 대한 논의가 필요하다.

1) 부락공법인

원주민족기본법 제1조 1(2015.12.16)에서는 "부락은 원주민족 부락의 건전하고 자주적인 발전을 촉진하기 위하여 '부락회의'를 설치해야 한다.〈제1항〉부락은 중앙 원주민족담당기관의 사정을 거쳐 공법인公法人이 된다. 부락에 대한 사정, 조직, 부락회의의 조성, 결의과정, 기타 관련 사항에 관한 방법은 중앙 원주민족담당기관이 정한다'라고 제시하여, 이른바 '부락공법인' 제도를 마련했다.

'부락공법인'이란 법인격을 갖추고 법적으로 등록된, 권리를 누리고 의무를 부담하는 주체다. 원주민기본법에서 명시한 부락의 법률적 정의는 다음과 같다(원주민족기본법 제2조 제4항 규정). "원주민이 원주민족지역의 일정 구역 내에서 전통 규범에 따라 공동으로 생활하며 결성한 단체로, 중앙원주민족담당기관에서 심사 결정한다." 따라서 지방자치 행정구역 상의 촌村, 리里와 구분된다. 부락의 운영과 관련하여, 현재의 법제도 하에서는 원주민족기본법 제2조 1에 의거하여 '부락회의'가 가장 중요한 조직이 된다. 원주민위원회는 '원주민족 부락회의 실시 추진 요점推動原住民族部落會議實施要點' 규정을 마련했고(현재는 폐지됨), '인체연구계획자문의 원주민족 동의 획득과 상업이익 및 그 응용방법 약정에 관한 방법人體硏究計畫諮詢取得原住民族同意與約定商業利益及其應用辦法', '논의와 원주민족부락의 동의 및 참여에 관한 방법諮商取得原住民族部落同意參與辦法' 등의 자법子法이 있다.

주지하다시피 법적으로 권리를 향유하고 의무를 부담하는 것을 권리능력이라고 한다. 권리능력을 취득하고 이러한 '권리의무주체'의 자격이 되는 것은 한 '개인(人)'만이 가능하다. 먼저 '개인' 자격을 갖추어야 유효한 법률행위에 독립적으로 종사할 자격이 생기며 우리는 이를 '행위능력'이라고 한다.

대만의 법률제도에 따르면, 이른바 '공법인'은 공법사단公法社團, 공법재단公法財團, 행정법인行政法人, 공영조물公營造物 등으로 구분된다. 이러한 공법인의 존재와 임무는 모두 국가에서 비롯되며, 아울러 국가 법률의 구속과 감독 아래 놓여 '간접국가행정'의 일환에 속하므로 (공법인은) 여전히 국가에 예속된다. 국가가 원시적인 행정 주체라고 한다면, 공법인은 '파생된 행정주체'에 속하며 공법의 권한 범위 내에서 공법상의 권리와 의무가 있다(陳敏, 2011, p. 892~894).

공법사단은 두 종류로 나뉘는데, 하나는 구성원이 속한 지역에 따라 조직된 '지역단체'로, 직할시, 현시縣市, 향진시鄉鎭市 등의 지방자치단체가 있고, 또 다른 한 종류는 구성원의 신분 혹은 자격에 따라 설립된 '신분단체'로 농전수리회農田水利會 등이 있다(陳新民, 2015, pp. 139~140).

우리는 가장 먼저 공법인의 특징 및 사법인私法人과의 차이를 이해할 필요가 있다. 나아가 부락공법인의 성격을 이해한 후 법제상의 문제들에 대해 생각해 보기로 하자. 여기에는 일반적인 공법상의 문제를 포함하여 부락공법인의 운영에 관한 문제 등이 있다.

원주민 부락이 지역단체인지 아니면 신분단체인지에 대한 문제를 예로 들어보자. 본 논문에서는 부락의 현황 및 법규에 의거하면 부락이 양자의 성격을 둘 다 가지고 있는 것으로 본다. 즉 부락공법인의 법치를 발전시키려면 지역단체와 신분단체 두 가지 각도에서 접근해야 하므로, 지방자치단체와 농전수리회의 관련 규범을 각각 참고하여 그 내용을 완성할 수 있다.

대법관 제628호 해석에 따르면 "농전수리회는 법이 설립한 공법인으로, 지방수리자치단체이며, 법률이 부여한 권한 범위 내에서 자치의 권한을 행사한다." 또한 제518호 해석에 따르면 "농전수리회는 공법인으로 농전수리회 사업구역 내에서 국유 및 사유 농경지의 임차인, 영구소작권인永佃權人이자 사유경지의 소유권인, 저당권인, 혹은 국유경지의 관리기관이나 사용기관의 대표인 혹은 기타 수익인受益人이다." 농전수리회조직통칙 제14조에 따르면 "회원은 모두 당연회원이어야 하고, 조직의 법률 상 성격은 지방자치단체와 같으며, 법률이 부여한 권한 범위 내에서 자치권을 행사한다." 따라서 우리는 원주민부락의 미래에 대해 다음과 같은 상상이 가능하다. 원주민위원회의 사정을 거친 부락은 부락공법인으로, 부락회의의 운영을 통해 대외에 의사를 표시하며, 법률 상 독립적으로 권리(예: 동의권 행사)를 누리고 의무(예: 국유지 발용[1]을 청구하고 관리를 부담하는 책임)를 진다. 아울러

---

1   발용撥用 국가기관에서 부락으로의 이전을 말한다.

공권력을 행사하며, 더 이상 향진시구鄕鎭市區 관청의 중개나 감독을 통해 자치권을 행사할 필요가 없어진다. 부락공법인은 원주민 및 각 원주민족의 생존, 발전과 관련하여 법적으로 상당한 중요성을 지니며, 현재 계획대로라면, 원주민족 자치법 체계에서 가장 작은 자치단위가 될 것으로 보인다.

2) 행정계약법제와의 배합

원주민족기본법 제2조 1에서 수립한 이른바 '부락공법인' 제도에 따라 부락은 법인격을 갖추고 법적 권리와 의무를 지닌 주체가 되었다. 부락공법인의 이러한 특성을 고려할 때, 원주민 토지에 관한 법률체제의 가장 큰 의의와 역할은 바로 부락이 법인격을 갖춤으로써 토지를 부락 자체의 자격과 권한으로 등기할 수 있게 된 점이다.

대만의 지방제도법 24-1조는 이런 '공공협력公公協力' 체제를 규정했다. "직할시, 현(시), 향(진, 시) 등에서 다구역多區域 자치업무를 처리하거나 구역자원 이용을 촉진하고 구역주민의 복지를 증진시키려면 다른 직할시, 현(시), 향(진, 시)와 구역협력조직 설립, 협의 구성, 행정계약, 혹은 기타 방식을 통해 협력하고, 공동 상급업무담당기관에 보고해야 한다." 또한 해당 법조항에서는 지방자치단들 간 통합 자치 업무를 처리하려면 행정계약 방식으로 상호 협력해야 한다고 명시했다. 중앙정부와 지자체의 관계에서, 상하지휘감독 관계 이외에도, 행정작용의 일환으로 행정계약 역시 하나의 선택이 될 수 있다. 현대의 행정에서는 행정계약법제 역시 중요한 법적 도구의 하나로서 그 역할을 톡톡히 하고 있다(大橋洋一, 1996, p. 11 이하).

만약 '부락공법인'과 '행정계약체제'가 미래 원주민족자원 공동관리에 하나의 법제적 방향이 된다면, 한 가지 반드시 고려해야 할 문제가 있다. 바로 원주민족부락의 토지를 공유재로 보아야 하는가, 아니면 사유재로 보아야 하는가이다. 만약 공유재라고 한다면 '부락공법인' 제도를 통해 앞으로는 원주민족부락이 토지와 같은 국유재산의 발용을 청구할 수 있고, 향후 증편되는 원주민족 보류지 역시 부락 명의로 등기가 가능해진다.

이는 바꿔 말하면 장기간의 노력을 통해 원래 부락 소유의 토지를 점차 회수한다면 부락은 토지를 관리할 권리를 되찾을 수 있다는 의미다. 단계적인 방식을 통해 부락공법인이 부락 토지의 소유권과 사용 및 수익 권리를 되찾는 과정을 간단히 소개하고자 한다.

우선 국가공권력이 단계적인 징수 방식을 통해 부락의 사유지를 국유화한 후 이를 다시 부락공법인에게 발용한다. 물론 사전에 부락공법인과 행정계약을 체결하여 국가행정기관이 향후 토지소유권을 부락공법인 앞으로 등기하도록 의무로 정한다. 부락에 귀속되는 토지는 크게 두 가지다. 하나는 원주민보류지 개발관리방법 시행 이전에 한인들이 선점한 원주민 전통 영역의 토지다. 또 한 가지는 원주민보류지 개발관리 시행 후 부락의 토지를 부락공법인 명의로 등록하고 부락공법인을 주체로 하여 부락법部落法에 따라 사용, 관리하는 것이다.

이미 원주민보류지로 등록된 토지는 국유화할 필요가 없으며, 원주민보류지는 부락의 내부법內部法에 의해 사용, 관리한다. 부락공법인이 관리하는 토지는 임대 형식으로 사용이 가능하지만 원주민 신분이 아닌 경우 임대료가 높게 책정된다.

그런데 알아두어야 할 점은 만약 부락이 토지소유권을 되찾거나 토지관리권을 취득하려면 반드시 공권력이 있어야 하거나 혹은 반드시 부락공법인이어야 하는 것은 아니다. 중요한 것은 부락공법인이냐 아니냐가 아니라, 부락이 법인격을 가질 수 있느냐 하는 것이다. 법인격을 갖는 조직이 설립되어야 부락은 비로소 법적으로 권리를 향유하고 의무를 부담하며, 법률 행위를 할 수 있기 때문이다. 즉 부락에 가장 중요한 것은 법인격을 갖춘 조직이지, 반드시 공법인일 필요는 없다는 뜻이다. 현재 입법원의 '원주민부락 경제발전조례 초안' 제4조에서는 다음과 같이 규정한다.

"담당기관은 원주민부락의 법인단체 설립을 적극 지원하고, 기업 조직을 설립하여 부락의 경제와 산업 발전을 추진해야 한다. 정부는 예산을 배정하여 부락을 대상으로 인력을 양성하고 부락에서 경영 관리를 할 수 있도록 지도해야 한다."

원주민부락 경제발전조례 초안이 통과된다면 공법인이 아닌 부락에게는 하나의 새로운 계기가 아닐 수 없다.

이번에는 행정공권력이 필요한 상황에 대해 살펴보자. 부락공법인과 일반 부락의 가장 큰 차이는 바로 부락 공법인은 공권력 행사가 가능하지만 일반 부락은 스스로 공권력을 행사할 권한이 없고, 반드시 관청을 통해야만 한다는 점이다. 그런데 부락이 공권력을 행사하고자 할 때 부락공법인이 되는 것만이 유일한 방법은 아니다. 공법에는 '공권력 행사 위탁受委託行使公權力'이라는 형태도 있기 때문이다. 행정절차법 제16조 제1항에는 '행정기관은 법규에 의거하여 그 권한의 일부를 민간단체 혹은 개인이 처리하도록 위탁할 수 있다.'라고 명시되어 있다. 부락공법인은 행정공권력 행사를 위한 유일한 방법이 아닐 뿐더러, 공법 원칙 및 공법 법규의 제한을 받는다. 그러나 일반 부락은 이에 해당되지 않기 때문에 자율권을 놓고 볼 때 공법인보다 사법인이 훨씬 자유롭다고 할 수 있다.

공법인이 된 부락은 이미 독립된 법인격이므로 지방정부로부터 받는 보조금 금액도 달라질 것이다. 부락이 사법인인 경우 역시 법인격을 갖기 때문에 마찬가지로 토지를 등기할 자격도 지닌다. 따라서 법적으로 특별법으로부터 권한이 부여되기 때문에 국유지 발용을 신청하거나 부락이 설립한 사법인 명의로 토지를 등기하는 것이 가능하다. 반면, 부락공법인은 반드시 공법원칙 및 공법 법규의 제한을 받는다. 그러나 사법인으로서의 일반 부락은 이러한 제한이 없기 때문에 훨씬 자유롭다. 따라서 부락공법인은 부락이 선택할 수 있는 한 가지 방법이지, 유일한 방법이 아니다.

4. 결론

　법학에서 원주민족자원 공동관리시스템 수립의 필요성은 그 권리의 '공공성' 때문이다. 따라서 전통법학 말하는 '소유권' 혹은 공물법제公物法制의 개념은 공동관리제도를 통해 다시 한 번 검토할 필요가 있다. 부락공법인제도를 법제적 근거로 제시함으로써 원주민족 부락은 공유재 관리의 실질적 핵심주체가 될 수 있다(松本充郎·飯國芳明, 2012, p. 281 ; 新川達郎, 2008, p. 24 이하). 뿐만 아니라 행정계약을 통해 부락공법인과 중앙 혹은 지방정부가 서로 간에 법적 권리와 의무를 확정하고 원주민족자원 공동관리제도를 마련하는 것은 미래에 바람직한 방향이 될 것으로 기대된다.

참고문헌

王泰升, 2015, 「台灣法律史上的原住民族：作爲特殊的人群'地域與法文化」, 『國立臺灣大學法學論叢』44(4).

章英華·林季平·劉千嘉, 2010, 「臺灣原住民的遷移及社會經濟地位之變遷與現況」, 黃樹民·章英華 主編, 『臺灣原住民政策變遷與社會發展』, 中央研究院民族學研究所.

參見林峰寧·張惠東, 2016, 「原住民族土地開發利用之衝突成因與應對模式比較與分析-以台灣東海岸阿美族部落爲例」, 翻轉邊陲, 開創新局—社會企業與東台灣人文實踐研討會(2016. 10. 14~15).

山元一, 2014, 『現代フランス憲法理論』, 信山社.

陳敏, 『行政法學總論』第七版, 2011.

陳新民, 『行政法學總論』新九版, 2015.

大橋洋一, 1996, 『行政法學の構造的変革』, 有斐閣.

松本充郎·飯國芳明, 2012, 「終章展望：フィールドから理論の見直し·政策提言'そして法制度へ」, 新保輝幸·松本充郎編, 『変容するコモンズ』), ナカニシア出版.

新川達郎, 2008, 「公共性概念の再構築とローカルガバナンス」, 白石克孝·新川達郎編, 『參加と協働の地域公共政策開發システム』, 日本評論社.

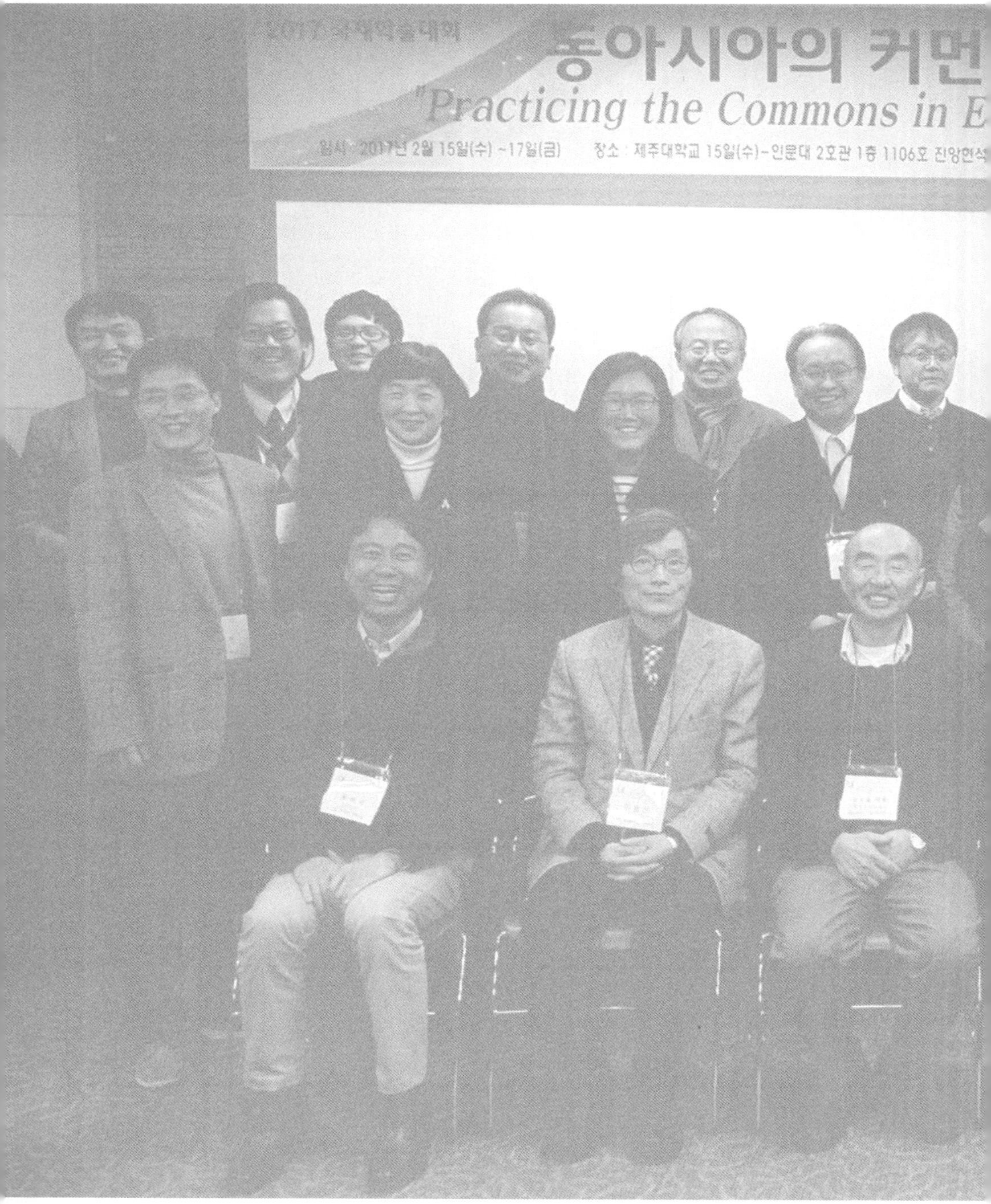
동아시아의 커먼
"Practicing the Commons in E
일시 : 2017년 2월 15일(수) ~17일(금)
장소 : 제주대학교 15일(수)~인문대 2호관 1층 1106호 진앙현석

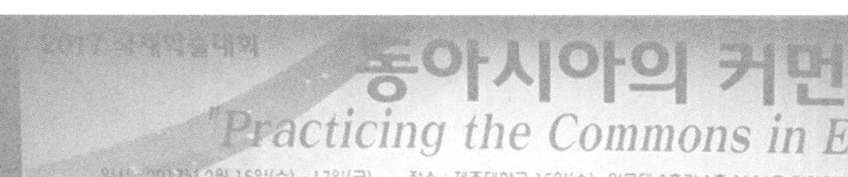

· 가능성에서 현실로
Asia From Possibility
−아라컨벤션홀 3세미나실   주최 :   제주대 한국사회과학(SSK)연구단   후원   HRF   제주대학교 사회학과

::3부

현대총유론의
제안

제9장

현대총유론 _이가라시 다카요시

제10장

아시아 도시에서 현대총유의 의의: 일본의 상황으로부터 _하기와라 아츠시

제11장

도시축소 시대에서 핵심 기제인 '현대총유':

일본근현대 도시계획에서의 '탈개별적 토지 소유' 시도로부터 _노구치 카츠오

제12장

현대총유의 주체를 모색한다: 협동조합의 원칙을 토대로 _모기 아이이치로우

제13장

현대도시와 총유제 현대화의 가능성: 일본발 현대총유론을 읽고 _이병천

제14장

공동자원의 공동체적 관리를 위한 법제계 총유제 _박태현·이병천

제9장

현대총유론

이가라시 다카요시(호세이대학 명예교수)

1. 들어가며

현대총유론은 토지 소유권자들이 개별소유권을 넘어서 토지 전체를 함께 이용하고 아름다운 도시를 만들어 그 수익을 총유 성원들과 나누고 지역 전체로 환원하기 위한 입론이다. 일본의 민법(물권)에 근거하자면 개별 소유, 공유, 총유 가운데 총유에 의거하는데, 거기에는 두 가지 함의가 있다. 첫째 개별소유권에 관한 것이다. 일본에서 토지소유권은 원칙상 절대적 자유(사용, 수익, 처분)로 여겨져 특별히 악영향을 끼치는 경우에만 '공공복지'를 명목으로 제한한다. 일본은 세계 어디에도 없는 토지소유권 자유의 왕국인 것이다. 둘째 물권법에서 상정된 총유는 입회권, 온천권, 어업권 등 지역자원과 여기에 기반하여 영위되는 사람들의 생활과 공동체를 주목하는데, 그 규칙은 지역조건이나 지역자원 등의 특수성에 따른 '관습'에 의거해왔다는 점이다.

그러나 개별소유권의 절대성은 현재의 도시형 사회에서 외면할 수 없는 폐해를 낳고 있으며, 입회권 등도 도시형 사회에서는 점차 소멸하고 있다.

총유의 근본정신 즉 '협동, 함께하는 토지 이용'은 도시형 사회의 진전으로 인해 오히려 시대의 요구를 얻고 있음을 강조하지 않을 수 없다. 거기서 우리는 종래의 고전적 총유와 구별하여 이를 '현대총유'라고 명명하며, 그 범위와 내용을 도시로 확대해 도시에서 공동의 토지이용(연결, 연대, 유대絆, 자치) 등을 모색·실험하는 개념(철학)으로서 창출해냈다.

2. 절대적 소유권이라는 병

전후 일본이 인구증가와 경제성장의 궤도에 올라타던 시절 '마이홈'은 '행복의 상징'이었다. 마이홈은 일단 생활의 안정을 확보하고, 나아가 미래의 토지가격 상승에 따른 부동산 가치 증대를 보장했다. 그리하여 사람들은 너나할 것 없이 저리의 주택융자를 끌어다가 단독주택 구입에 뛰어들었다. 주택과 자동차의 소유, 가전제품의 보급은 일본 전체의 경제성장에 기여했으며 도시는 끝없이 성장할 것처럼 보였다. 어제까지 농촌, 시골이었던 교외지도 어느새 역, 도로, 전기나 수도 등의 인프라를 구축해 도시로 변모했다. 한편 기존의 도시는 인구증가와 경제력 향상에 따라 사무소, 호텔, 백화점 등의 수요가 늘어나 고층·초고층 빌딩이 출현해 전후의 불탄 자리에는 세로의 도시 공간이 형성되었다. 이러한 도시의 확대와 성장은 토지에 대한 수요를 부채질했다. 절대적 토지소유권은 돈보다도 주식보다도 안전한 '재산'이었던 것이다. 그 정점이 1990년대의 '버블'이다. 당시 일본 전체의 토지가격은 미국 본토를 세 개나 살 수 있을 만큼 앙등했고, 일본은 경제적으로 본다면 전세계에서 미국에 버금가는 강국이 되었다. 그러나 버블이 꺼지자 그처럼 강한 소유권이 실은 병의 가장 커다란 요인이었음이 점차 드러났다.

3. 전통적 생활방식의 해체

예로부터 인류는 지역자원(토지, 바다, 숲, 산)을 대상으로 삼아 거기서 나는 산물, 쌀이나 야채, 물고기, 동물, 나무 등을 포획하고 기르고 관리·이용하며 생존을 확보하고, 생활 기반을 공유하는 사람들끼리 사회를 형성했다. 생존을 도모하고 사회를 유지하려면 지역자원의 발굴과 활용, 공동이용과 배분·유지 등이 요구되며, 이러한 활동을 지키기 위한 신사 혹은 기원하기 위한 축제 등이 생겨났다. 여기서는 개별소유권이 존재하지 않으며 모두가 동의하지 않으면 무엇도 결정할 수 없다는 게 가장 본질적인 방침이었다. 이른바 '커먼즈'론은 그 지점을 착목해 규칙이나 특징을 분석하며, 현대사회에서도 유용하게끔 위치설정을 하려는 시도인 것이다. 하지만 개별 토지소유권이 절대적 힘을 지니는 한편으로 그것이 시장의 틀 안에서 상품화되자 온천, 목재, 물고기 등등의 지역자원은 자본의 논리, 즉 기계화·합리화·유통의 발달 등에 의해 지역에서 유리된 상품으로 유동하게 되었다. 또한 그것들이 존재하던 지역은 리조트, 스키골프장 등으로 개발되어 지역공동체도 뿔뿔이 해체되어갔다.

4. 개화 현상의 발생

지역의 공동체가 깨지자 많은 사람들, 특히 젊은이는 도시로 빨려 들어갔다. 그리고 그들은 도시 안에서 바다의 물방울 하나가 된다. 도시에서 사람들은 무엇 하나 연결을 갖지 않는다. 이것은 사람들이 개인으로서 독립하고 있다는 의미인 동시에 타인 혹은 공동체를 형성하던 유대나 환경(자연이나 문화)에서 떨어져 나온다는 의미이기도 하다. 좋게 말하면 기본적 인권을 가진 독립된 개인(시민)의 탄생과 육성의 기반일 테고, 나쁘게 보자면 고립(소외, 히키코모리, 무관심 등. 이것들을 총칭해 개화個化라고 하겠다)이다.

현대총유론의 문제제기는 근원적으로는 여기에 있는데, 현대 도시사회에서 이러한 분해 현상은 깊고 다면적으로 나타난다. 우선 개인의 자립은 근대철학, 즉 데카르트가 말하는 '자아'에서 출발하여 인간적 자립·기본적 인권의 확보 그리고 시민 탄생의 배경이 되었으나, 그 철학은 타인과의 관계 내지 자연을 포함한 환경 전체와의 관련성을 간과한 측면이 있다. 그리하여 근대철학사상은 개화 현상을 불러일으키는 최대의 문제를 낳아 관계나 화和를 중시하는 동양사상, 특히 불교사상이 주목받기 시작했다.

분명 시민은 도시를 만들어내 농촌과는 다른 '자유'를 누릴 수 있었다. 그러나 자유는 무엇에도 속박되지 않는다는 측면과 함께 아무것도 하지 않는다는, 그렇게 대립하는 양 측면을 갖는다. 그리고 토지나 건물이라는 수준에서 바라본다면, 그 자유가 인간관계 내지 지역의 분단을 넘어 소멸을 초래해가고 있음을 알 수 있다.

5. 도시의 변용

원룸 맨션은 위아래 혹은 옆에서 사는 사람들과의 관계와는 전혀 무관하게 세세히 구분되고 소유되는 건물이다. 거기서 인간관계는 일절 무시되어 개인방이나 프라이버시 확보가 최상의 가치로 여겨진다. 원룸 맨션을 비롯해 중고층·초고층 빌딩은 지역의 사람들, 문화와는 무관하게 건축되어 지역은 분단되고 농락당한다.

가령 도로가의 거대 쇼핑센터가 지역의 상가를 전부 파괴한다. 역전 재개발이 지역에 국소적 집중을 초래해 주변의 균등한 발전을 교란한다. 큰 도로 내지 역의 신설은 마을의 모습을 뒤바꿔 놓는다. 이러한 '질서의 파괴'는 얼마든지 더 거론할 수 있다.

또 하나의 개화 현상으로서 상징적인 사례가 공터나 빈집의 발생이다. 토지나 건물은 점차 방치된다. 당초에 그것은 지방도시의 일시적 현상으로 보였지만, 점차 대도시에서도 나타나고 있다. 도쿄에서도 단지나 맨션의 방치가 늘어나고 있다.

'무연사회無緣社會'는 개화 현상을 개별적 수준이 아니라 사회적 수준에서 포착하는 개념인데, 그것은 사람들이 누구와도(가족, 친자, 친척, 직장, 서클 혹은 자치체) '연'을 맺지 않고 살다가 죽어가는 사회다. 그리고 그것은 우연히 '불행'을 짊어진 사람들이 낙담하는 것을 일컫는 게 아니라 최근의 통신수단, 카드, 온라인판매, 개인번호 등록 등등을 통해 보통 사람에게도 깊게 스며들고 있다는 위험성을 경고해두고 싶다. 즉 개화는 일시적 병리현상이 아니라 확실히 사회의 일반적 현상인 것이다.

이러한 최근의 현상들 가운데 '마지막 일격'이라고도 할 것이 저출산·고령화 사회의 도래와 도쿄 일극 집중의 문제다. 일본은 세계에서도 유례없는 속도로 저출산·고령화 사회로 돌입했다. 한 예측에 따르면 2040년에는 1800개의 자치체 가운데 절반이 소멸한다고 한다. 또 한 가지 주목해야 할 것은 이러한 축소 현상이 전국에서 고르게 진행되는 게 아니라 도쿄라는 일극으로 집중이 계속되며 진행된다는 사실이다. 이 추세는 지방도시의 해체를 극단까지 내모는 동시에 거꾸로 도쿄는 수백 만 고령자가 사는 '이상한 도시'로 바꿔놓을 것이다.

6. 현대총유론의 등장

현대총유론은 이러한 개화 현상에 대해 문제를 제기하고 '마을 만들기'의 관점에서 극복방안을 찾아나서 21세기 일본을 아름다운 도시로 창조해가려는 시도다.

이런 문제의식에서 먼저 일본 정부의 대응을 살펴보기로 하자. 이러한 이상 상황은 정부에도 중대사다. 일본에서 장기간에 걸쳐 있는 해결불능의 문제로는 빚더미 재정(빚이 1000조엔을 넘는다)과 원전(특히 방사성물질을 최종적으로 처분할 곳이 없다)을 들 수 있지만, 저출산·고령화도 그 가운데 하나다. 아베 정권은 이에 대해 '지방창생地方創生', 즉 "저출산화 대책으로서 여성이 아이를 쉽게 낳도록 육아수당 증가 등의 환경 정비", "지방도시 대책으로서 주민이 정주할 수 있는 직장 확보", "대도시에서 지방으로의 이주를 유도하기 위한 지방대학의 매력 창출" 등을 들고 나왔다. 그 중 인기상품이 '콤팩트시티Compact City'다. 즉 관공청, 병원, 학교 등의 공공시설, 대규모 점포 등을 도시 중심부로 모으고, 나아가 '걸어 다닐 수 있는' 범위에서 주택 등을 건설해 효율적이고 매력적인 도시를 만든다는 정책이다.

그러나, 현실은 여전히 만만치 않다. 콤팩트시티는 지방도시를 활성화하고 그곳을 거점으로 삼아 저출산·고령화에 맞서겠다는 구상이지만, 결국 미니 도쿄를 만들어내려는 것이라면 도쿄의 매력에 패배해 실패로 끝나고 말 것이다.

일본에서는 사람들의 향토애가 강해 과소화되어도 고령자는 고향을 떠나지 않는다. 한편 젊은이는 콤팩트시티로 옮겨갈 가능성이 있지만 직장의 확보, 주택이나 생활에 드는 비용의 조달이 만만치 않다. 그리고 콤팩트시티는 콤팩트시티 사이에 경쟁을 부추길 테며 지방의 많은 콤팩트시티는 경쟁에서 도태되고 말 것이다. 물론 이러한 하중을 지우는 최대의 원인은 지금껏 살펴본 '절대적 토지소유권', 즉 어떻게 개발하든 방치하든 자유라는 제도·사상이며, 이것이 풍요로운 콤팩트시티의 형성을 가로막고 있다.

2011년 동일본에서 발생한 대지진과 부흥은 어떤 의미에서 저출산화가 시작된 지역에서 콤팩트시티를 형성할 최대의 찬스였다. 여기에 막대한 자금과 인력 그리고 법개정을 포함한 여러 아이디어가 들어갔지만, 관건인 절대적 소유권은 손을 대지 않은 까닭에 마을의 토대는 그럴싸하게 만들어졌으나 사람이 살지 않는 폐허가 되지는 않을까 우려되는 것이다.

7. 현대총유란

1) 현지의 토지소유권자가 주체가 되어 마을만들기를 실시하며, 그것은 가까이에 있는 공터, 빈집을 이용하는 데서 시작된다. 그 특징은 개별소유권은 그대로 두되 정기차지권(개별소유권자의 동의를 얻지 못하는 경우에는 강제를 포함한다)에 의해 지역 전체의 비전 아래 토지를 공동이용하면서 해당 지역에 걸맞은 마을(개성적인 문화, 특산품, 역사의 계승)을 만들어낸다는 점에 있다.

2) 이를 제대로 해나가려면 몇 가지 제도의 개혁이 필요하다. 국토나 도시와 관련된 현재의 법제도는 전후에 만들어진 것들이다. 전후에는 인구와 경제가 급성장(인구는 1945년부터 2004년까지 대략 7000만 명 증가. 경제도 모든 걸 잃은 패전에서 세계 No.2라고도 3위라고도 하는 경제대국으로 성장)했고, 이를 떠받쳤던 것이 팽창형 시스템인 '국토·도시법'으로 당시의 총리대신(1972~1974 재임) 타나카 가쿠에이田中角榮가 만든 것이다. 그 배경이 된 것이 '도시정책대강'과 '일본열도개조론'이다. 그것은 도시에는 초고층 빌딩을 건설해 도시와 도시, 도시와 산업 집적지를 신간선, 고속도로, 비행기와 배 그리고 정보네트워크 등으로 묶는다는 구상이다. 이것은 전후 보수당의 공공사업우선정책으로 자리잡아 일본의 국토와 도시의 모습을 일신했다.

이 팽창형 시스템은 전국종합개발계획에 따른 개발 비전과 인프라 정비계획 그리고 이를 실행으로 옮기기 위한 도로법, 하천법 등의 사업법, 도로특정재원道路特定財源 등을 통한 사업비 조달, 구체적으로 사업을 실현하기 위한 일본도로공단·수자원공단 등의 조직 설립, 여기에 건축사 자격 공인 등으로 짜여져 나름대로 완벽·철벽이었다. 이후 수정도 거쳤지만 그 틀은 지금도 여전히 남아 있다. 덧붙여 말하자면 재해 열도인 일본에서는 '국토강인화國土強靭化'가 필요로서 재생산되고 있다.

현대총유는 지역의 마을만들기에서 시작하지만, 그 연장선상에서 팽창형 시스템을 축소형 시스템으로 바꾼다는 대작업이 기다리고 있음을 우리는 잊어선 안 될 것이다.

8. 아름다운 도시

절대적인 토지소유권 아래서 토지나 건물이 전부 상품화되어버린 도시가 어떠한 결론에 이르는지가 이제 거의 드러나고 있다.

득을 보는 곳과 그렇지 않은 곳은 극단적인 차이가 난다. 예를 들어 일본의 중심지인 마루노우치丸の内나 니혼바시日本橋 같은 곳에서 자본은 활발히 움직이고, 나아가 국내만이 아니라 타국의 도시 사이에서도 '아름다운 도시'를 형성하려는 경쟁이 일어나 다른 도시로 확산될 것이다. 즉 편리하며 기능적이라는 것 이외에 아름답다는 요소가 더해져야 상품가치가 오르는 것이다.

반면 토지나 건물이 더 이상 상품으로 간주되지 않는 도시에서는 개발이 전혀 진행되지 않아 인구가 줄고 공공적 투자 또한 줄어든다. 그때 커다란 선택지는 그곳의 생활을 그대로 방치할지(멸종할 때까지), 아니면 그곳 사람들에게 희망을 줄지(가질지)이며, 현대총유론은 그 사람들이 바란다면 최대의 원조를 하겠다는 것이다. 원조란 무엇인가. 그것은 아마도 이것이겠다. 즉 본인들이 거기서 사는 보람을 느끼고, 또한 사는 보람에 많은 사람이 공감하고, 찬동하는 사람이 늘어난다는 것이다. 다른 대도시에 비하면 확실히 경제적 이익은 적을 것이다. 그러나 그 사는 보람 속에는, 도시에는 존재하지 않는 '우정, 신뢰, 부모 자식 간의 유대'가 있으며, 다른 곳에는 없는 자랑

스러운 것(지역특산물, 문화, 역사)이 있다. 이것들을 '아름답다'라는 표현으로 총괄한다면, 이 아름다운 도시의 건설이야말로 현대총유론의 생명이 되는 것이다.

현대사회는 이처럼 솔직한 사람들의 희망을 너무나 많이 빼앗아 왔다. 그것은 어떤 의미에서 팽창하는 도시의 숙명이기도 했지만 이제 시대는 완전히 바뀌었다. 축소사회에서는 65세 이상의 사람이 40%를 차지한다. 이런 사회에서는 이미 경제는 사회의 가장 중요한 요소일 수 없다. 마음 놓고 웃는 얼굴로 생활하는 것이 사회에서 최상의 가치인 것이다. 이것은 현대총유론의 실천 없이는 결코 다다를 수 없는 도시의 질임을 자각해야 한다.

제 10장

아시아 도시에서 현대총유의 의의 :

일본의 상황으로부터

하기와라 아츠시
(사이타마리소나산업경제 진흥재단 주임연구원)

공업화 과정에서 초래된 도시로의 인구 집중에 더해 최근의 경제 글로벌화로 사회적 유동성이 높아지는 가운데 도시든 지방이든 안정된 가족이나 커뮤니티를 형성하기가 어렵고 사회불안이 만연하는 것은 아시아 각국과 지역에서 공통되는 현상일 것이다. 특히 동아시아 각국과 지역은 경제성장과 함께 고령화와 저출산화가 진행되어 이윽고 인구감소로 접어들 것으로 예상되며, 일본은 이미 인구감소가 시작되었다.

세계은행의 조사에 따르면 2015년의 고령화율(65세 이상의 고령자가 총인구에서 차지하는 비율)은 일본 26.3%, 한국 13.1%, 대만 12.0%, 중국 9.6%이다. 일본의 고령화율은 다른 동아시아 사회보다 두세 배 높은데, 일본도 35년 전인 1980년에는 고령화율이 9.1%였다.

출생률을 보자면 1980년 전후로 합계특수출생률(여성이 생애 동안 몇 명의 아이를 낳는지)은 1.80 전후였고 이후로도 완만하게 감소해 2015년에는 1.43로 나타났다. 이 수치가 2.07~2.08(인구치환 수준)을 밑돌면 인구는 장기적으로 유지할 수 없게 된다.

동아시아 각국과 지역의 합계특수출생률은 2015년 세계은행 조사에서 한국 1.29, 대만 1.12이다. 중국은 자국의 통계이기는 한데 1.05로 저출산 정도는 이미 한국, 대만, 중국이 일본을 앞질렀다.

따라서 이 나라들의 고령화와 인구 감소는 피할 수 없는 추세다. 한국의 통계청은 한국이 2031년부터 총인구가 감소하리라는 전망을 내놓았다. 한국의 인구 구성은 10~15년 전의 일본과 유사해 일본을 따르고 있다고 보이며, 중국도 30년이 지나면 일본 수준으로 혹은 그 이상으로 고령화되어 인구 감소로 심각한 상황에 처하리라고 예상된다.

지금까지 인구가 늘어나고 젊은 층이 많았던 시기에는 어떻게 부를 축적하고 도시나 제도를 정돈할지가 관건이었다. 우선 그 선두에서 공업화와 도시화를 이룬 일본은 거기에 성공했는지를 묻는 데서 시작하고자 한다.

일본의 전후(1945년 이후)는 전쟁으로 중소 도시마저 괴멸했기 때문에, 압도적인 주택 부족에서 출발했다. 그 후의 베이비붐, 경제성장에 수반하는 도시로의 인구 집중에 맞춰 주택건설·도시개발이 진행되었는데, 양의 확보가 최우선 사항이었다. 하지만 1973년에는 주택수가 세대수를 초과해 양적 충족을 달성했으며, 그로부터 40년이나 지났는데도 여전히 질로의 전환이 이루어지고 있지 않다.

바다를 매우고 산을 깎아 뉴타운(대규모 주택 단지)을 만들고 도로나 철도로 두르는, 전례 없는 관민의 투자가 이뤄졌다. 보건·위생이나 환경의 측면에서는 각 단계의 진보를 거쳐 슬럼의 발생을 막아냈다는 점 등을 평가할 수 있겠지만, 경기부양이나 관련 산업의 단기적인 이익을 우선시한 나머지 여러 세대에 걸쳐 사용할 수 있는 양질의 도시나 건물을 만들어내지 못했다.

인구증가기에 인구는 도시로 집중되어 주택에 대한 수요가 높았고, 당시의 정부는 불황에 빠질 때마다 금리를 내리고 주택융자에 세금을 깎아주는 경기대책을 처방했다. 또한 도시계획 제도상의 규제를 줄이고 교외 개발과 맨션(고층 집합주택)의 신축을 추진했다. 주택의 질은 결코 높지 않았으며, 단독주택이 30년, 철근이나 철골 콘크리트 구조의 맨션도 30~40년에 개축할 것으로 전망되었다. 금세기 초두에도 '내 집 마련'을 위해 100만호 가까운 신규 주택이 착공되었다(2010년 이후는 50만호 정도로 줄어들었다).

이리하여 도시의 수평 방향의 확대(교외화)와 수직 방향의 확대(고층화)가 진행되고 소유권자가 늘어나, 소유권은 한 건물을 여러 사람이 소유하거나 자금 차입을 위해 담보를 설정하는 등 복잡해졌다.

현재, 도시의 확대기에 만들어진 건물이나 주택은 노후화했고, 거기에 소유자의 세대교체와 인구 감소를 동시에 맞이하며 질의 문제와 소유권의 문제가 한꺼번에 분출하고 있다.

소유가 세분화·복잡화되어 관리할 수 없게 된 토지와 건물이 교외에서 도심까지 불규칙하게 생겨나고 있다. 가구街區와 주택은 질이 낮고 이용하기도 어려워서 좀처럼 구매자가 나타나지 않으니 방치되기 십상이다. 도시로 나온 아이 세대가 지방의 돌아가신 부모의 집을 처분도 관리도 못 하는 사례가 이미 빈번히 발생하고 있다.

35년 짜리 대출로 신축 주택을 구매했는데, 대출의 반만 갚은 시점에서 주택이 노후화되고 있다. 분양 맨션의 경우는 대규모 수리나 재건축의 시기를 맞이하고 있는데, 하나의 건물인 맨션 등의 집합주택에서 전유 부분은 개인의 소유로 자유롭게 처분할 수 있지만, 복도나 엘리베이터 등 공용 부분은 몫을 나눠 갖는다는, 복잡한 소유관계를 전제로 한 법률(구분소유법區分所有法)로 인해 소유자로 구성된 관리조합이 의사결정을 하기가 어려워 대규모 수리나 재건축이 곤란한 경우가 허다하다. 결과적으로 빈집, 공터, 빈점포, 관리가 안 되는 분양 맨션, 거리가 통째로 낙후된 뉴타운이 발생해 최근 커다란 사회문제가 되고 있다.

이는 사권의 지나친 보호로 인해 전체적으로 자원 사용의 유용성이 떨어지는 안티커먼즈의 비극과 닮아 있다. 그런데 가치가 없는 이 사권을 포기하거나 처분하는 수고마저 들이지 않고 방치하니 전체적인 자원 관리가 어려워진다. 도시는 노후화된 건물과 처분하지 않은 소유권으로 인해 어중간한 채로 무엇도 제대로 하기 어려운 상태에 처하리라고 예상된다.

그리된 경우 혹은 그리되리라고 예상되는 경우, 주택을 빨리 처분해 지역을 떠나는 편이 이득이다. 현재 일본에서는 도시나 주택 노후화의 심각성을 호소하거나 그 안에서 어느 도시가 살아남을지(즉 어느 도시가 버려질지)를 다루는 것만이 베스트셀러가 되고 잡지로서 팔린다. 후자는 이른바 '이긴 쪽' 지역을 찾아 '이이토코도리'[1]로 거주할 장소를 결정하라고 부추기고 있다. 자신이 살아가는 마을을 다시 일으켜 세운다는 시각은 결여된, 서둘러 도망친 자의 승리, 도시를 '다 써버린다' '소비한다' '살고 버린다'라는 자세다. 그 배경에는 도시나 살아가는 지역을 개인 힘으로는 어찌해볼 도리가 없다는 무력감이 자리잡고 있다.

물론 지역을 보존해 다음 세대에 물려주고자 활동하는 개인과 단체도 많다. 하지만 그런 시도에서는 관리가 안 되고 방치된 건물이나 토지가 장해 요인이 된다. 일본에서 소유권은 무척 강하게 보호된다. 좀처럼 개입할 수가 없다. 등기제도가 불완전해서 소유자가 사망했는데도 상속인을 알 수 없는 건물이나 토지가 많다. 건물이나 토지의 소유권을 이전하려면 수속도 복잡하고 세금도 많이 들어가니 자금이 없으면 그럴듯한 이용 계획이 있어도 어떻게 하기가 어렵다.

여기서 행정이 나서야 한다는 의견도 있지만, 이미 일본의 재정은 국가와 지방의 채무로 보건대 선진국에서 가장 나쁜 상태다. 인구 급증과 도시화의 시기에 만든 인프라는 급속히 노후화해 인구의 고령화와 함께 새로운 행정

1 이이토코도리いいとこどり 자신에게 이익이 되는 부분만 취한다는 뜻이다.

지출의 증대가 전망되고 있다. 공공투자에 의한 경제규모 확대, 신간선이나 고속도로, 산업 단지의 개발은 경제성장기에는 나름으로 파급효과를 기대할 수 있었지만, 산업의 견인역할이 제조업에서 정보산업·금융업으로 옮겨가고 글로벌 경제 아래서 신흥국의 추격이 거세지는 상황에서는 그렇지 않다. 2020년 도쿄 올림픽을 통한 경기 부양은 일시적인 것이며, 도쿄와 나고야를 잇는 자기부상열차 건설도 제대로 된 투자일지 무척 의심스럽다.

한편 공공투자도 경기대책으로 사용된 측면이 있어 학교나 관공서의 청사, 운동 시설, 도서관 건물 등을 만들 때 오랫동안 사용할 수 있도록 고려하기보다는 만드는 것 자체를 목적으로 하는 경우가 많다. 행정 역시 공공시설이나 도로, 다리 등의 인프라를 장기적으로 사용하겠다는 의식이 약해 이를 위한 수고와 투자를 아껴왔다. 최근에는 지방에서 통행금지되는 도로나 다리가 늘어나고 있는데, 장래의 노후화를 전망한 보수나 재정비의 비용을 쌓지 않아서 돌아오는 청구서라고 할 수 있을 것이다. 망가지면 다시 만들면 그만이라는 식의 관리 의식 탓에 설계도도 보수 기록도 남아있지 않은 시설과 인프라가 많다는 점은 국토교통성의 심의회에서도 지적되고 있다. 일본은 초고령화와 인구 감소기를 맞이하고 있는데, 지금껏 풍족하던 시기에 도시를 다음 세대에게 남길 양질의 자산으로 만들어내지 못했음을 인정하지 않을 수 없다.

이 상황의 해결방법으로서 우리는 '현대총유'를 제창한다.

일본에서는 소유권을 소멸하기란 지극히 어렵기 때문에 이용권이나 차지차가권借地借家權 등을 설정하여 소유권을 '재워서' 정리하는 방법이 토지·건물의 총유화다. 여기에는 소유권 이전이나 거기에 따르는 등기 및 세제의 개혁이 필요하다.

다만 공간을 정리하고 관리하는 것만으로는 불충분하고, 지역을 지속가능하게 만들려면 지역의 토지·건물을 이용해 지역과 밀접히 연관된 집단적 사업을 벌이는 편이 바람직하다. 총유 대상인 토지와 건물을 활용해 사업을 실시하는 총유주체의 설립을 소유권 재편과 함께 구상해야 하는 것이다(이것을 '현대총유'라고 부른다).

대도시의 중심부라면 대기업이 자금을 조달해 거대 개발과 도시 경영을 할 수 있고 그 나름의 의의를 인정받을 수 있다('자본적 총유'라고 부른다). 이미 도쿄역 주변이나 긴자 등에서는 조직이 꾸려지고 구역 관리area management를 맡는 제도적 근거도 생겨났다. 도쿄가 세계적인 도시 간 경쟁에서 이기려면 필요한 접근이다.

한편 지방과 교외 지역에서는 주민과 소규모 토지 · 건물 소유자가 지역의 장래를 고민하는 가운데 협동조합적 조직을 통해 지역에 밀착한 사업을 벌이고 조금씩 토지 · 건물의 재편을 꾀하는 것('시민적 총유'라고 부른다)이 바람직하다.

현재의 지방이나 도시 교외부의 피폐 상황은 고령화와 인구감소, 거리풍경과 주택의 노후화에 그치지 않는다. 격렬하게 변화하는 글로벌 경제 속에서 고용이 불안해져서 가족이나 타인과의 유대를 만들어내지 못하는 경향이 특히 젊은 세대에서 두드러진다. 젊은 층 고용의 불안정화는 가족 형성을 방해하여 더한 저출산화와 인구의 유출, 지역의 쇠퇴로 이어진다.

지역과 결합된 사업에는 분명히 부자유가 따른다. 또한 협동조합적 조직은, 경영과 소유가 분리되고 자금을 세계 시장에서 끌어오고 전 세계로 사업을 펼칠 수 있는 주식회사와 비교하건대 부자유하다. 이 부자유는 투자의 회수라는 측면에서는 불리함으로 작용하겠지만, 일하는 사람과 지역, 사람과 사람의 관계를 돈독하게 만들 수 있는 계기가 될 수도 있다. 시민적 총유는 지역과 결합된 사업을 만들어냄으로써 도시화와 글로벌 경제 아래서 사라진 사람과 사람의 유대, 사람과 지역의 연결을 부활하는 데 일조하리라고 생각한다.

기후나 토지 상황이 다르면 도시 형태 또한 다르고 나라마다 역사나 제도도 다르다. 소유권이나 도시에 대한 인식과 태도 역시 다를 것이다. 하지만 급격한 공업화·도시화를 거쳐 고령화와 인구 감소, 커뮤니티나 가족의 붕괴 같은 과제를 끌어안게 된 것은 아시아 각국, 각지역에서 공통된다고 생각한다. 지금까지의 일본의 실패나 앞으로 처할 일본의 곤란과 그 해결방법으로서의 총유가 다른 나라와 지역의 선행사례로서 표본이 될지 '타산지석'이 될지는 장담할 수 없지만, 활용된다면 더할 나위 없는 일이다.

제11장

도시축소 시대에서 핵심 기제인 '현대총유':
일본근현대 도시계획에서의 '탈개별적 토지 소유' 시도로부터

노구치 카츠오(도시 플래너)

1. 들어가며

개념으로서 '현대총유'는 일본에 존재해온 '입회' 등 공동의 토지이용을 미래에 보다 고차원적으로 회복하려는 사상이다. 그리하여 '현대총유사회'라는 도시형 사회의 장래 비전을 그리는 데서 과거를 참조하며 일본에서 도시 개혁의 방향을 전망하고자 한다.

'현대총유사회'란 자립적 시민＝'현대총유적 시민'이 조직한 다양한 어소시에이션association에 의한 '현대총유 형태'가 도시 공간을 관리하는 복지사회라고 정의할 수 있다. 나는 현재 시점에서 도시형 사회의 과제가 무엇인지를 밝히고 나서 '현대총유적 시민'이 조직한 다양한 어소시에이션에 의한 '현대총유 형태'의 맹아를 살펴보고 극복해야 할 과제를 짚어볼 것이다. 비록 일본의 현상과 전망을 다루겠지만, 동아시아에 공통되는 문제와 전망일 것이라고 생각한다.

2. 전제 1 (도시형 사회의 과제)

현재 일본 도시형사회의 특징은 이렇다. 첫째 울트라개인주의에 의한 공동성partnership, 협동성collaborationship 상실. 둘째 세분화·복잡화(권리관계)된 개별적·절대적 토지 소유에 따른 도시 재생 가능성의 부재. 셋째 인구 감소에 따른 토지·건축물 관리운영주체의 쇠퇴. 넷째 지방정부의 관리부담 삭감대책에 따른 공유지나 공공건축물, 인프라시설 관리의 악화. 이런 문제들이 복합적으로 작용하며 도시공간 관리가 열악해지고 있다.

이제껏 일본에서는 지역 공동체나 지방 정부가 주로 지역 공간의 관리를 맡아 왔다. 그런데 가족제도를 바탕으로 한 지금까지의 지역 공동체는 세대의 소규모화, 단신자의 증가, 울트라개인주의의 대두로 크게 위축되었다. 그렇다고 종래의 지역 공동체를 대신할 자립적 시민에 의한 커뮤니티가 자라난 것도 아니다. 그리하여 도시형 사회의 공동성·협동성을 잃어가고 있다.

여기에 강고한 개별적·절대적 토지소유제도가 뿌리 내린 탓도 있어 토지에 대한 공동적 이용의 가능성이 거의 전무한 실정이다. 그로써 토지와 건축물 관리, 소유가 방치되고 있다. 가족 해체, 인구 감소, 단신자 증가로 토지의 관리자나 소유자를 특정할 수 없는 상황이 나타나고 있다. 새로운 시민 주체에 의한 토지와 건축물의 '현대총유'가 요구되는 이유는 바로 여기에 있다.

3. 전제 2 (현대총유의 맹아와 장해물)

이상의 과제를 해결하기 위해 지금껏 몇몇 시도가 등장했다. '현대총유'의 맹아가 자라나고 있다고 해도 좋을 것이다.

1) 공공 공간의 시민 단체에 의한 관리

시민이 설립한 공익적 단체가 도로, 공원, 녹지 등 공공 공간의 관리 운영에 나서고 있다. 예를 들어 이러한 것이다. 시민이 설립한 단체가 지방정부나 공익기업으로부터 도로나 공원, 녹지의 관리운영을 넘겨받아 오픈카페, 비어가든, 지역농산물을 판매하는 옥외 마켓, 옥외 음악회 등 여러 이벤트를 개최한다. 그로써 지역에 활기가 돌고 사업에 따라서는 일정한 수익도 올린다. 중앙정부는 도로, 공원 등의 공공 재산을 시민이 관리운영할 수 있는 제도를 입법하여 이러한 움직임을 지원하고 있다. 이는 분명 도시 커먼즈의 진전commoning이라고 읽을 수 있을 것이다.

이러한 사례에서 공통되는 특징은 공공 공간의 관리운영을 위해 지금까지의 지역공동체를 대신해 자립적 시민에 의한 어소시에이션이 생겨나고 있다는 것이다. 그러나 해결해야 할 과제도 만만치 않다. 지금껏 지역 공동체를 이끌어온 토지소유자 층의 단체와 거기에 의거해 기득권을 지키려는 낡은 체질의 지방정부가 가하는 알력, 그리고 권리만 주장하는 울트라개인주의의 대중이 새로운 시도의 장해물이 되고 있다. 다양한 이해관계자stakeholder가 참가하는 플랫폼, 합의형성의 장소나 기능을 갖추고 있지 못한 지역이 많은 실정이다.

2) 공동적 도시계획사업

세분화·복잡화(권리관계)된 개별적 토지 소유는 오래된 시가지의 개조, 교외의 신시가지 정비 등의 도시 개조에서 장해물이 되고 있다. 그 해결책으로 도시계획에서는 지권자의 공동적 주택 개발, 공동적 재개발이 각지에서 행해졌다. 이러한 공동 사업은 토지의 소유에는 손을 대지 않고(토지의 형태, 소유권은 그대로 두고) 토지 소유자가 설립한 법인(주식회사, 조합 등)

이 각 토지를 일부 빌려 주택이나 상업시설을 세운다는 데 특징이 있다. 그로써 사업주체는 토지대 등의 비용 경감과 규모의 이익을 추구할 수 있다. 토지 매매가 발생하지 않으니 비싼 지가가 사업의 채산성에 영향을 미치지 않는다. 또한 개별적으로 개발하면 대규모 주택 단지나 대규모 상업 시설을 당해낼 재간이 없지만, 토지 이용을 공동으로 하니 대규모 개발이 될 수 있는 것이다. 이는 도시계획에서 '현대총유'의 맹아라고 볼 수 있다.

그러나 이러한 공동사업은 전원 합의가 원칙이라서 조직 운영이 어렵고, 도시개발시장 안에서 살아남으려고 군웅할거하는 주택 개발업자나 상업 개발업자와 같은 씨름판에서 싸워야 하니 반드시 성공하리라고는 말할 수 없다.

3) 개인 소유의 빈집, 공터의 관리 운영

인구의 감소, 세대의 감소, 단신자의 증가, 교외에서 도심으로 또 지방에서 대도시로의 인구 이동에 따른 빈집과 공터의 증가가 사회문제화하고 있다. 이는 지역의 위생과 안전, 경관에 악영향을 주며 지역 환경을 악화시킨다. 지방정부나 종래의 지역공동체가 이를 사회문제로 여겨 대책을 강구하고 있지만, 빈집과 공터는 개인의 재산이라서 한계가 있다.

그런데 복지 활동이나 소비자 활동을 하는 시민 등이 어소시에이션을 만들어 빈집을 사회적으로 활용하는 활동이 서서히 늘고 있다. 사례로는 고령자 시설, 빈곤층 아이들의 식당이나 시설, 차로 데려다주는 서비스, 일시 보육, 정원 손질 등에서 서로 돕는 센터가 있다. 이러한 지역의 사회 활동을 통한 커뮤니티 형성으로 빈집 소유자와 사회 활동을 하는 시민 사이에서 고리가 생겨나고 있다. 건물 소유자도 사회적 활동을 하는 시민도 '현대총유적 시민'인 것이다.

그러나 이런 움직임이 확산되었다고는 말하기 어렵다. 빈집이나 공터는 개인의 재산이라서 소유자를 설득하기란 무척 어렵고 '현대총유적 시민'은 소수이기 때문이다. 하지만 앞으로는 시가지에서 토지나 주택의 이용이 방치되고 소유권도 방치하는 일이 발생할 것이다. 또한 가족주의의 붕괴, 단신자의 증가, 아이를 낳지 않는 사람들의 증가로 토지나 건축물의 소유자를 특정할 수 없는 문제가 생겨날 것이다.

지역의 안전, 안심, 위생, 경관에 악영향을 미치는 빈집, 이용 의무에 따르지 않는 토지 건물, 소유자 불특정의 토지 건물에 대해서는 법적 처리(대집행에 의한 제거, 시가지 정비사업을 통한 제거와 집약화)에 맡기지 않을 수 없을 텐데, 방대하게 발생하는 소유자 불특정의 빈집·공터를 정비하고 관리할 만한 체력이 지방 자치체에는 없다. 빈집의 관리에서는 지역 커뮤니티가 맡아야 할 역할이 큰데, 빈집 등도 개인의 재산이라서 무연사회無緣社會인 도시형 사회에서는 이마저 기대하기가 어렵다.

농산촌農山村의 지역공동체는 같은 일족이 거주해 빈집, 공터를 친척이나 공동체의 구성원이 자주적으로 관리하는 경우가 많다. 그처럼 토지나 건축물을 사회적으로 이용하고 관리하는 시도가 필요하다. 과거의 '총유'를 현재 도시형 사회에서 보다 고차원으로 회복해야 하는 것이다.

4. '현대총유 사회'를 향한 전망

'현대총유'의 맹아를 살려 현재 일어나고 앞으로 일어날 문제를 극복하여 '현대총유 사회'를 향한 전망을 열어내기 위해 다음과 같이 제안한다.

1) 도시의 공적 공간(가구街區도로, 공원, 녹지 등)에 대한 '시민총유센터'의 관리

도시적 사회에서 지역의 공적 공간(도로, 공원 등의 공유재산과 공개공지[1]

---

1 공개공지公開空地 일반주거지역, 준주거지역, 상업지역 등의 지역에 해당 지역

등의 사유재산)을 시민적 공동관리 운영에 맡기는 것은 도시 커뮤니티의 재생으로 이어진다. 이것들을 시민에 의한 도시공간 매니지먼트 섹터(시민총유섹터)의 관리 운영에 맡기면 시민사업, 시민문화, 도시공간의 담당자 형성, 새로운 지역커뮤니티 형성으로 이어질 수 있다.

2) 빈집과 공터의 활용 신탁

시가지에서 제대로 관리되지 않는 빈집과 공터, 소유자가 불특정한 빈집과 공터(구분區分 소유 맨션의 집합주택도 포함)에 대해 그 소유권은 보전하되 이용은 자치체가 지정하는 제3자에게 맡기는 구조를 마련한다(위험한 빈집은 강제적으로 해체 가능. 내진화 등의 개수도 가능). 이용은 시민총유섹터의 관리 운영에 맡긴다.

3) 도시의 담당자인 '시민총유섹터'

지역의 정치구조는 지금까지의 담당자였던 지연조직을 대신하여 지역복지, 도시공간의 관리 운영을 담당하는 '시민총유섹터'가 등장해 크게 변화한다. 종래의 지역 구조를 완고하게 유리하려는('시민총유섹터'를 배제하려는) 지역은 쇠퇴하고 '시민총유섹터'를 포함한 이해관련자를 품는 지역은 지속가능성을 띠게 된다.

의 환경을 쾌적하게 조성하기 위해 일정 기준에 따라 설치하는 소규모 휴식시설 등의 공간을 말한다.

■

제12장

현대총유의 주체를 모색한다:

협동조합의 원칙을 토대로

모기 아이이치로우
(리츠메이칸 아시아태평양대학 강사)

1. 현대총유에서 주체의 문제

앞으로 인구가 크게 줄어들 일본 사회에서 토지와 공간을 관리하려면 인구성장 시대를 짊어져온 제도와는 질적으로 다른 틀이 필요하다. 바로 현대총유가 그 틀일 수 있을 텐데, 이를 담당하는 주체, 조직은 어떠한 것이어야 하는가는 무척 도전적인 과제다.

현대총유론이 견지하는 사회관은 인구 감소의 시대에 접어들어 지역에 뿌리내리고 있는 시민이 주체가 되는 활동영역이 펼쳐지는 가운데 공적 섹터와, 시장의 활동 혹은 개인·가족 사이에 있어 '중간조직'이라고도 부를 수 있는 것으로 중점이 옮겨가리라는 것이다. 앞으로 시민의 활동이나 공간의 관리에서는 보다 가까이에서 벌어지고 생활에서 비롯되는 사안이 많아질 것이다. 이러한 현장의 사정에 밝고, 자립적 전문가 집단의 판단을 토대로 관계자들의 이해를 조정하면서 진정한 공익을 추구하는 데서는 시민을 근간으로 만들어진 조직이 우위를 가질 것이다.

현대총유는 그 사회·경제적 기능으로서 "토지를 공동 이용하고 사업을 영위하며, 그 이익을 구성원에게 나누는 것", 나아가 구체적으로 "총유주체인 구성원의 출자…에 의해 토지·건물을 공동 이용하면서 '마을만들기'(공익사업)를 실시하고, 거기서 얻는 이익을 급여 배당, 지가 등의 방법으로 배분함과 동시에 지역의 지속가능성을 추구하는 것"을 상정하고 있다. 따라서 사업이나 자원 이용이 성원의 공익적 기능뿐만 아니라 지역사회의 유지와 안전이라는 공익적 기능으로 퍼지는 제도 형태여야 한다.

거기서 현대총유를 짊어질 만한 중간조직을 모색해야 하는데, 19세기 영국에서 시작되어 각국에서 조직적 전개를 거친 협동조합이라는 조직 형태는 참조할 가치가 있다. 협동조합 원칙에 기반을 두고 있는 까닭에 소유와 경영·운영이 완전히 분리되지는 않는다는 특징 때문이다. 이 글은 총유주체에 요구되는 특성을 먼저 살펴보고, 이어서 협동조합과 주식회사 등 기존 조직을 비교하고, 협동조합의 본질을 되짚어보고, 그리고 현재 주목을 끄는 '사회적 기업'을 평가하면서 현대총유를 실현할 주체에 대해 논할 것이다.

2. 총유주체가 될 후보와 그 비교

1) 총유주체에 요구되는 특성

우선 총유주체가 갖춰야 할 특징 내지 유의점으로 다음과 같은 아홉 가지 내용을 확인해 두자.

① 총유사업과 조직의 목적

총유사업을 조직의 목적으로 삼을 수 있을지가 판정 기준이다.

② 조직으로서의 자립성

중간조직으로서 공익共益·공익公益을 추구한다는 목적을 갖는 이상 자립적 조직임은 필수 요건이다.

③ 경영과 종업·노동의 비분리, 가입·탈퇴의 난이도(구성원의 안정성)

총유의 경우 경영과 종업·노동은 원칙상 비분리다. 가입·탈퇴에 대해서는 총유의 목적에 따라 일정한 문턱이 놓인다. 전통적 총유 원칙에 입각해 말하자면 '리촌실권離村失權'에 상응한다.

④ 의사결정방식·거버넌스

총유의 목적에 비춰 의결권은 일인일표의 민주제를 원칙으로 한다.

⑤ 사업의 계획에서 실시까지 일관성과 수행책임·책무성

사업을 수행하는 총유주체는 그 사업의 계획에서 실시에 이르는 일관성과 리스크 관리라는, 사업 수행의 책임과 관련된 이해관계자에 대한 책무성accountability을 져야 한다.

⑥ 분배 원칙·범위·합의 사항

사업성과의 분배에 관해서는 총유재산의 보전·충실을 중심으로 사외유출社外流出은 원칙상 최소한으로 억제한다. 한편 사업에 대한 공헌을 반영하는 환원의 방식도 있을 수 있다.

⑦ 지역과의 연결(참가자, 사업 자체)

주거 같은 소규모 사안에서 서서히 확대되더라도 영위하는 사업이 지역과 가까운 것이어야 하며, 지역의 발신과 과제에 응하는 것이 출발점이다.

⑧ 시장과의 관계

예를 들어 도시공간에 대한 관리상의 필요로 총유가 요구되는 경우가 많을 것이다. 공간을 활용해 만들어진 물품과 서비스는 사회적 요구에 부응하는 것이어야 하며, 이를 발굴해내고 수지타산을 맞춰내려면 기업가 정신이 요구된다.

⑨ 공공 환원(사업·분배), 공적 섹터와의 관계

사업 자체에 공익성이 있는 경우에는 자치체 등 공적 섹터와의 역할 분담, 이익의 환원 방식이 문제가 된다. 이는 총유주체가 사회 안에서 사업을 벌이는 이상 피할 수 없는 논점이다. 공적 섹터와의 관계에서는 기준이 필요하다.

2) 조직 간 비교와 협동조합의 우위성

총유주체라면 필수적 속성으로서 법인격을 갖춰야 한다. 복수의 개인이 관계하는 총유주체는 여러 행위를 할 때 유효성과 안정성을 확보해야 한다. 구체적으로는 '등기'로 그 법인격이 명시되어 매매, 임대, 건축 계약, 영업, 납세를 실행할 수 있어야 한다.

그렇다면 총유주체로서 기대되는 협동조합에 대해 오늘날 일반적인 조직 형태인 주식회사와 비교하며 현행법체제 아래서 그 특징을 짚어보기로 하자. 아울러 비영리 조직인 NPO 법인 등에 대해서도 다루겠다.

(1) 주식회사와의 비교

① 주식회사는 자본 중심의 조직이지만 협동조합은 조합원이라는 한정된 사람을 조직의 기반으로 한다. 총회에서의 의결권·선거권에 관해서는, 주식회사는 각 주주가 가진 주식수에 비례하여 주식을 많이 보유한 주주의 의향이 회사 운영에 반영되는 경향이지만, 협동조합은 각 조합원의 출자액 크기에 상관없이 일인일표로 참가자 한 사람 한 사람의 의사를 존중하는 민주제이다.

② 가입과 탈퇴에 관해서는, 주식회사는 원칙상 양도가 가능하고, 나아가 상장회사라면 소유 주식에서 유동성이 높다는 게 특장特長이다. 회사 목적에 함께하는 것보다는 이익 배당과 회사 가치(주가)가 가입과 탈퇴

를 판단하는 데서 크게 작용한다. 협동조합의 경우도 가입과 탈퇴는 원칙상 자유다.

③ 배당에 관해서는, 주식회사는 원칙상 배당액에 상한이 없다. 협동조합은 상호부조를 목적으로 하는 조직으로 각 조합원이 조합 사업을 이용한 분량에 따라 배당하는 사업이용분량배당이 일반적이다.

④ 협동조합은 출자 조합원이 스스로 조합 사업을 이용함으로써 그 사업이 성립되는 것을 목표로 하지만, 주식회사는 경영이나 거래에 관여하지 않는, 순수 투자목적의 주주를 인정해 소유와 경영이 분리된 조직 형태가 일반적이다.

⑤ 주식회사는 영리를 위한 경제합리성의 추구가 원칙이지만, 협동조합은 경제합리성과 함께 어려운 여건에 처해 있는 조합원의 지위 향상을 꾀하는 조직이며, 그렇기에 세제 우대, 독점금지법 적용 제외 등 제도상의 특전이 주어진다. 덧붙여 주식회사는 행동원리를 기간이익期間利益 추구에 둔다고는 하나 법제도로서 보았을 경우 출자자에게 이익을 배분할 수 있고 청산시에 잔여이익을 출자자에게 분배할 수 있다는 것을 의미할 따름이라는 점에 유의해야 한다.

⑥ 조직의 설립에 관해서는, 주식회사는 준칙주의準則主義(법인의 설립에 대해 준수해야 할 법규의 요건을 충족하면 당연히 법인격이 부여되는 제도)라서 용이하고 존립은 등기 제도로 담보된다. 반면 협동조합은 업무분야마다 개별 인가이며, 현행법 아래서는 자유롭게 설립할 수 없다.

⑦ 외부 채권자에 대한 금전적 책임이라는 점에서는 양쪽 모두 주주와 조합원에 대해 유한책임을 인정하고 있다.

(2) NPO의 위치설정

다음으로 NPO를 살펴보자. 1998년의 「비영리활동촉진법」(NPO법)이 시행된 이래, 2016년 5월 시점으로 5만 건 이상이 단체로 인증을 받아 시민의 의사로 사업 활동을 벌일 수 있게 되었다. NPO는 무엇보다 목적을 내걸고 이를 위해 사업을 수행하려는 조직이며, 사업을 통한 공익 증진이라는 효과가 불특정 또는 다수에 미치는 것을 설립 요건으로 한다. 조합원, 성원의 공익을 주안점으로 삼는 협동조합과는 차이가 크다. 설립은 방침으로는 허가주의이지만 '인증' 방식이라서 준칙주의에 가깝다. 활동을 위한 자금조달은 개인이나 단체로부터 회비나 기부를 받으며 출자 인수라는 개념은 없다. NPO 역시 영리를 목적으로 사업을 영위할 수 있지만, 수익을 배분하지 못하며 주된 사업목적인 비영리사업을 위한 수익 보강에 활용되어야 한다. 개인 및 단체의 기부에 대해 과세상 공제를 받는 인정 NPO가 되기 위해서는 퍼블릭서포트테스트[1]에 의한 공익 인정을 거쳐야 한다. 인정 NPO는 여전히 900단체 정도에 불과하다. 기부 문화가 부족한 일본에서 NPO는 만성적 재정난에 시달리는 경우가 많아 행정의 업무 위탁과 그 수입에 의존하는 구조가 되기 십상이다. 애초의 설립 목적인 조직으로서의 자율성 유지가 큰 과제인 것이다.

3) 적합성 비교를 통해 보는 협동조합의 우위성

총유주체에 요구되는 특성에 비추어 주식회사와 협동조합을 비교해보도록 하자.

우선 주식회사의 경우 조직목적(주주의 이해 획득 곤란), 자립성(주주와

---

1 퍼블릭서포트테스트PST, Public Support Test 인정 NPO 법인으로 인정받기 위한 요건의 한 가지로서, 시민으로부터 넓게 지원을 받고 있는지를 가늠하기 위한 기준이다.

의 이익 상반 발생), 구성원의 안정성(권리 양도의 자유), 의사결정의 민주성(보유주식 비례), 분배 원칙(배당 우선)의 관점에서 총유사업 수행을 으뜸에 놓기는 어려워 부적합하다. 또한 지역과의 연결, 공공 환원에서도 일반적으로는 소극적이라 봐도 좋을 것이다. 다만 주식회사라도 주주의 이해를 얻어 정관을 정비해 총유주체임을 의제[2]하는 것은 이론적으로는 가능하다(뒤에서 말할 사회적 기업은 적극적으로 이해하는 주주로 구성되거나 설립시에 그런 주주를 모은다).

다음으로 NPO인데, 시민의 자주적 착수를 가능케 하는 유의미한 조직으로 각종 사항에서 모두 부적합은 아니다. 다만 자금조달력이 부족해 사업수행능력의 측면에서 우위성이 떨어진다는 점을 지적할 수 있다. 일본에서는 그밖에 비영리 단체로서 일반 사단, 재단이 있지만, 적극적으로 총유 단체가 될 목적을 갖고 있지는 않으며, 법개정으로 설립은 쉬워졌지만 우위도는 낮다고 평가된다.

이상의 내용으로 보건대 현대총유의 목적을 떠받치며 친화성을 갖는 조직형태로는 협동조합이 유력한 후보다. 그렇다면 협동조합이란 어떠한 것인지를 다음 절에서 살펴보기로 하자.

3. 협동조합의 위치설정

1) 협동조합과 그 원칙

협동조합의 기원을 거슬러 오르면, 영국의 R. 오웬이 18세기 말에 시작한 뉴래너크New Lanark의 생산협동조합이라고 해야 할 것과 1844년에 로치데일에서 시작된 소비생활협동조합의 원형이라 할 공정선구자조합에 이르

---

2 의제擬制 본질은 같지 않지만 법률에서 다룰 때는 동일한 것으로 처리하여 동일한 효과를 주는 일을 말한다.

게 된다. 모두 노동자가 활동할 장의 확보, 그리고 저렴한 구매를 소비자이
기도 한 노동자가 맡으려는 시도였다. 협동조합운동은 유럽에서 북미로 퍼
졌고 오늘날에는 세계적인 활동이 되었다.

협동조합운동은 오웬에서 로치데일까지의 제1세대로부터 보다 충실
한 국제 제휴를 지향한 제2세대에 이르러 1895년에 국제협동조합동맹
ICA:International Co-operative Alliance이 설립되었다. 이후 전간기에서 제
2차 세계대전 이후로 넘어오면 복지국가나 사회주의국가가 출현해 민간의
운동인 협동조합 활동을 국가가 대체하려는 위기의 시대를 맞이한다. 거기
에 대응했던 것이 협동조합운동의 변혁과 새로운 국제 제휴를 호소한 「레이
드로보고」였다(1980년). 그 보고는 ① 기아 문제 등 세계의 커다란 과제 해
결, ② 워커즈코프workers coop의 의의와 확립을 향한 노력, ③ 지속가능한
사회 형성을 향한 소비협동조합 역할의 강화, ④ 협동조합에 근거하는 지역
사회 건설이라는 네 가지 우선과제를 제안했다. 이 제안을 받아 ICA 백주년
기념대회(1995년)에서는 '21세기를 향한 세계 협동조합의 활동 지침을 가
리키는 새로운 협동조합 원칙'으로서 다음의 일곱 가지 원칙이 채택되었다.

제1원칙 '자발적이고 개방적인 조합원제도'
제2원칙 '조합원에 의한 민주적 관리'
제3원칙 '조합원의 경제적 참가'
제4원칙 '자치와 자립'
(보충) 협동조합은 조합원에 의해 관리되는 자치의 자조조직이다. 협동
조합이 정부를 포함한 다른 조직과 상호약정을 맺거나 외부에서 자금을
조달하는 경우, 조합원에 의한 민주적 관리가 보증되어 협동조합의 자치
를 유지할 수 있어야 한다는 것.
제5원칙 '교육, 연수 및 홍보'
제6원칙 '협동조합 간의 협동'
제7원칙 '지역사회(커뮤니티)에 대한 관여'

이 중 제7원칙은 지역사회에 대한 관여를 규정하고 있어 호조조직으로서의 공익성뿐 아니라 적극적으로 공익성을 추구해야 함을 원칙으로서 제시하는데, 오늘날의 협동조합과 현대총유를 잇는 내용이라고 말할 수 있겠다.

2) 몬드라곤 협동조합의 실천

여기서 「레이드로보고」나 그 후의 협동조합 원칙에 영향을 준 몬드라곤 협동조합의 움직임을 들여다보자.

스페인의 바스크를 거점으로 하는 몬드라곤 협동조합은 창설자 호세 마리아 아리스멘디아리에타José María Arizmendiarrieta의 이름과 더불어 유명한데, 1959년 협동조합으로 발족한 이래 현재 총 250개 기업·조직의 연합체로 발전했다. 그 특징은 로치데일에서 시작한 소비협동조합 중심의 활동에 오웬 이래의 생산협동조합의 활동을 짜넣어 '노동자협동조합'workers corrective도 사업 방침으로 거둬들인 데 있다. 협동조합 원칙에 충실한 조직 이념을 두면서도 운영의 효율성을 경영 목표로 삼아 실적을 쌓고 있다.

이에 더해 몬드라곤에서는 지역만들기와의 관계가 중요하다. 몬드라곤의 영향을 받았다고 보이는 오늘날 바스크주의 협동조합법이나 스페인의 협동조합법에는 '공동체 만들기 협동조합'이나 '토지 공동개발 협동조합'에 관한 규정이 있다. 농지나 부동산을 소유한 개인이 그것을 거출해서 공동소유의 자본으로 삼아 스스로 노동자가 되어 거기서 일하고 생활하는 공동마을을 만든다. 바스크주 협동조합법 제6절 제111조를 보면 "이 조합은 자신들의 자산을 통합해 단일의 기업 내지 농업경영체를 창설해 운영하기 위한 공동소유지 또는 생산수단으로 전환할 목적을 갖고 만들 수 있는 협동조합이다"라고 기재되어 있다. 공간의 공동관리를 지향하는 이러한 제도 설계는 현대총유가 참고해야 할 사례라고 할 수 있을 것이다.

3) 일본의 협동조합에 대해

일본의 협동조합 활동은 전전기에 가가와 도요히코賀川豊彦가 이끈 선구적 사례나 의료이용조합·공제활동인 무진[3] 등이 있었지만 제도로 형성한 것은 전후의 일이다. 그 조직들은 마찬가지로 '협동조합'이라는 명칭이 붙었지만, 산업정책적 색채가 짙은 중소기업 보호의 사업협동조합이나 농업협동조합, 수산업협동조합 등 직역단체가 많으며 저마다 개별법에 따르고 있다. 그 중 소비생활협동조합 정도를 그나마 세계 협동조합운동의 흐름 안으로 분류할 수 있을 것이다. 이처럼 일본의 협동조합은 횡단적인 협동조합기본법이 마련되지 않아서 개별법에 의거하고 있는 것이 현재 상황이다. 노동자협동조합에 대해서는 법제화의 노력도 진행 중이지만 노동자 산재의 범위에 관한 해석이나 노동조합과의 조정 사항이 많아 움직임이 정체된 기색이다. 여러 노동자협동조합은 중소기업 협동조합의 '기업조합'으로서 의제되고 있던가, 완전히 임의단체로 실행되고 있는 것이 현재 상황이다.

4. 시민섹터의 사업 영역과 사회적 기업

현대총유 주체의 존재방식을 궁리할 때, 최근의 움직임으로서 시민 섹터가 실시하는 사업, 그 중에서도 '사회적 기업'이라 불리는 기업의 활동을 검토해둘 필요가 있을 것이다. 그것은 전부터 있었던 공적 섹터와 시장의 논리에 따라 움직이는 순수 민간의 상업 섹터의 틈에 있으며, 시민적 요구에 답하는 재화와 서비스의 공급자인 시민 섹터가 실시하는 사업 영역을 대상으로 한다고 볼 수 있을 것이다.

---

3 무진無盡 개인이나 법인이 일정한 조직에 가입해 일정 금액을 정기적 또는 부정기적으로 조직에 납부하고 그 이자액의 대소에 따른 경쟁이나 추첨 등을 통해 금액을 지급받는 것을 말한다.

사회적 기업은 사회적 과제의 해결을 목적으로 하는 사업체다. 영국에서 시작된 용어를 사용하자면 social enterprise라고 불리며 세 가지 특성을 공유해야 대상이 된다. 1) 사회적 목적social aim, 2) 사회적 소유social ownership, 3) 기업 지향enterprise orientation. 1)은 고용창출이나 직업훈련, 주민서비스 제공처럼 명확한 사회적 목적을 갖고 사업성과에 대해 설명의 책임을 지는 것. 2)는 복수의 이해관계자에 의한 통치구조와 소유구조를 갖는 자율적 조직일 것. 3)은 사업으로서 지속될 수 있도록 이익을 확보하는 것이 그 내용이다. 영국의 사업형태 분류로 보자면 우선 ① 협동조합, 그리고 ② 자선이나 NGO가 소유하는 소셜 비지니스(옥스팜Oxfam 등이 좋은 예), ③ 지역커뮤니티가 소유하는 커뮤니티 비즈니스, ④ 지역 재생에서 활약하는 개발 트러스트, ⑤ 신용조합credit union 등을 들 수 있다.

조직형태에 대해 말하자면, 영국에서는 커뮤니티 이익 회사Community Interest Company에 의한 주식회사 형태를 효과적으로 이용하는 경우가 많다. 포인트는 에셋록asset lock 기능에 있는데, 회사재산의 결실이나 기간수익 등 재산(활동 원자活動 原資)의 이용 목적을 커뮤니티의 이익에 이바지하는 것으로 한정한다는 것이다.

사업 영역으로는, 사회적 기업은 여느 자원봉사 활동(영국에서라면 자선활동)과 유사하지만, 사회적 기업은 유료의 서비스를 제공해 사회적 과제를 해결하려는 목표를 갖고 있다. 따라서 사회적 기업이 제공하는 서비스나 제품은 시장에서 충분한 경쟁력을 갖춰야 하며, 사업으로서 성공하려면 높은 수준의 상품개발이나 차별화한 상품 · 서비스가 필요하다.

일본에서도 동일본 대지진 이후, 소셜 비즈니스라고 불리는 사회적 기업이 생겨나고 있다. 일본의 법제도에서 그것들은 주식회사 형태를 취하지만, 사회적 기업임을 회사의 목적으로 삼아 사업을 실시하고 있다.

5. 결론

　현대총유, 그 시민적 총유에서 최적의 주체일 수 있는 조직을 찾다가 여기까지 왔다. 결론적으로 말해 협동조합은 총유주체에 요구되는 특성과 과제에 비춰보건대, 또한 운영의 기본방침이 협동조합 원칙으로 뒷받침되고 있는 것을 보더라도 시민적 총유를 짊어질 조직으로서 가장 친화성이 크다. 한편 전부터 존재해온 관/민의 이분법에서 누락되는 부분을 시민 섹터가 보완해야 한다는 요청이 오늘날 커지고 있는데, 이를 담당하는 것으로서 등장한 '사회적 기업'은 조직횡단적으로 확산될 여지가 있는 유형이다. 물론 협동조합은 '사회적 기업'의 대표적 조직이기도 하다.

　현대총유주체를 확립하는 데는 이가라시 교수가 제안하듯이 두 가지 접근방식이 있다. 하나는 현대총유 개념 총체로부터의 접근으로 '총유주체법'을 제정해 조직횡단적으로 대응하는 것이고, 다른 하나는 협동조합을 통한 접근으로 현재 일본의 개별 협동조합법에 따르는 종적관계 상태를 벗어나 '협동조합기본법'을 제정해 그 안에 총유사업을 짊어질 수 있는 협동조합을 집어넣는 것이다. 오랜 시간에 걸쳐 마련된 협동조합의 일곱 가지 운영원칙은 총유사업에 나서려는 조직이라면 모두 공유해야 할 것이다. 과제는 입법화의 시도와 함께 그 운영 원칙을 어떻게 조직에 심을 수 있을지, 현대총유에 걸맞은 조직 형태를 어떻게 만들어 갈지이며, 이를 위한 노력이 요구되고 있다.

참고문헌

石見尙, 2012, 『都市に村をつくる』, 日本経済評論社.

OECD編著, 2010, 『社會的企業の主流化「新しい公共」の担い手として』, 明石書店.

津田直則, 2014, 『連帯と共生 新たな文明への挑戦』, ミネルヴァ書房.

レイドロ—報告, 1989, 『西暦2000年における協同組合』, 日本経済評論社.

■

제13장

현대도시와 총유제 현대화의 가능성:

일본발 현대총유론을 읽고

이병천(제주대학교 SSK연구단 공동연구원)

1. 들어가며

오늘날 현대 소유제론의 동향을 관찰하면 특히 두 가지가 주목할 만하다. 하나는 배타적 사적 소유권에 대항해 소유권의 중층성 특히 사용권의 중요성을 내세우는 흐름이다. 배타적인 사적 소유권은 근대의 지배적 소유권 패러다임인데 그 동전의 이면으로 국유제론을 낳기도 했다. 그러나 이는 소유권이 권리다발(사용권, 수익권, 처분권 등)로서 중층화되어 있음을 보지 않는다는 것, 토지소유권에서 전형적으로 보듯이 정당하지 않은 불로소득을 조장한다는 것, 공동체에서 '배제되지 않을 권리'rights not to be excluded(맥퍼슨, 1993) 또는 접속access의 권리를 무시한다는 것, 개방적인 네트워크 협력과 공유의 발전을 가로막는다는 것 등의 이유로 비판받는다. 또 다른 흐름은 이와 밀접히 관련되어 있는데 국공유제, 사유제 그리고 공동소유제common property regime로 짜여진 다원적 소유제에 대한 동의가 널리 확대되고 있다는 것이다. 종래와 같은 공公과 사私의 단순 이분론이 깨어지고 새롭게 아래로부터 공동共同소유제 및 연대경제가 주목받고 있다. 농촌뿐만 아니라 도시에서 커먼즈commons는 협동조합과 함께 공유에 기반한 연대경제의 대표적 형태다. 그리하여 〔公＋共＋私〕의 다원적 소유제 구조와 그것들 사이의 상호의존적 협치協治로 짜여진 참여＋연대의 시민공동체를 어떻게 만들어 갈 것인가, 그 가능세계를 어떻게 실현할 것인가 하는 것이 '리얼 유토피아'real utopia를 추구하는 사람들에게 중요한 물음이 되고 있다.

이와 같은 현대 소유제론의 흐름은 남의 이야기가 아니다. 동아시아와 한국 시민들에게도 절박한 과제다. 권위주의적 압축 불균형 근대화의 유산위에 준비되지 않은 채 급속히 글로벌 시장화 물결에 휩쓸려 들어간 이 지역도 커먼즈의 회복과 새로운 현대화라는 우리 시대 커먼즈화(commoning)의 이중과제를 안고 있다. 그런데 여기서 총유제는 어떤 의미와 가능성을 가지고 있는 것일까? 커먼즈의 회복과 현대화가 공동체 안팎에 걸친 '커먼즈의 비극'이라는 암초와 마주하고 있듯이, 그 소유 및 관리형태의 원형prototype에 해당하는 총유제는 전통적 유물이라는 공격 및 편견과 마주하고 있다. 과연 총유제는 국공유에 의한 수용과 사유화의 협공挾攻 인클로저로 겨우 숨이 붙어있는, 낡은 제도적 유물에 불과한 것일까. 아니면 글로벌 시장의 시대 환경파괴와 재난이 초래한 다중위험의 시대에 커먼즈의 회복과 현대적 재구축은 오히려 총유제의 새로운 회복과 현대적 재구성을 요구하고 있는 것일까. 이 우회할 수 없는 물음에 대해 우리가 일본발 '현대총유론'을 만나는 것은 무척 반가운 일이다.

2. 현대도시와 일본발 현대총유론

이가라시 교수는 일본 학계에서 오래전부터 도시법 분야의 권위자로 잘 알려져 있으며 그 일환으로 토지법 및 건축법에도 조예가 깊다. 그는 연구자로서 수많은 저서를 내놓았을 뿐 더러 일본 도시재생 현장에 뛰어든 실천적 개혁가이기도 하다. 그에 따르면 도시법이란 근대적인 배타적 소유권 또는 자유롭고 절대적인 소유권, 배타적 토지소유권 및 건축의 자유 원리위에 서 있는 근대도시법과 배타적 소유권에 공공복리 또는 사회생태적 공공성의 제약을 부과하는 현대도시법, 특히 토지와 건축에 대해 훨씬 강력한 제약을 부과하고 도시에 대한 시민의 권리를 보장하는 현대도시법으로 구분된다. 이런 유형화와 함께 이가라시는 유럽과 달리 일본(과 아시아)에는 자치 도시의 전통이 결여되어 있다는 점, 국가주의 경향이 강력해 지역자치 및 자치제 입법권한이 미약하다는 점에 주목한다. 그런 조건위에서 일본에는 근대도시법적 요소와 현대도시법적 요소가 착종되어 있어 도시재생의 길에 난관이 많다는 것이 그의 생각이다. 이가라시의 연구는 한국이 오래동안 일본식 발전모델을 뒤쫓아갔고 특히 토지소유권 분야에서는 거의 일본의 근대법과 제도를 모방했기 때문에 시사하는 바가 매우 크다.

이가라시의 총유도시론은 위와 같은 그의 기존연구를 전제로 해야만 제대로 이해될 수 있을 것이다. 총유도시론은 특히 인구가 급격히 감소하고 빈집문제가 심각해진 일본의 축소도시 상황에 대응하여 새로운 도시재생론 및 전략으로 제시되었다. 이가라시 교수와 그 동료들이 제기하는 일본발 현대총유론에서 총유제는 낡은 유물이기는커녕 정반대로 절대적 토지사유권(과잉 사권私權보호) 체제를 극복하는 마을만들기=미래 대안도시를 떠받치는 기초적 제도, 즉 '시민적 총유제'로 자리매김되고 있다. 나아가 현대총유론은 일본 도시재생의 대안에 그치지 않고 아시아 미래 도시재생의 대안으로까지 제기되고 있다. 그 내용을 간단히 요약하면 다음과 같다.

· 현대총유론은 일본에서 재난등으로 폐허가 된 도시의 재생구상, 나아가 자원의 과소이용과 인구감소(저출산 고령화)시대 일종의 '안티커먼즈의 비극'에 대응하는 새로운 도시재생의 구상이다.
· 도시의 총유제적 재생에서 고삐 풀린 토지의 사적소유권은 이용권이나 차지차가권의 설정 등에 의해 잠재워진다. 소유와 이용은 분리된다. 개별소유권들은 유지되지만 함께 묶여 공동이익 또는 공공복리를 위한 사용목적에 종속된다. 구성원들은 이렇게 총유화된 토지를 다양한 용도로 임대해 이용한다. 개발이익은 회수된다.
· 총유도시에는 이를 구성하는 총유주체가 존재한다. 총유주체들은 그것에 요구되는 특성들을 갖추어야 한다. 이는 경영과 노동의 미분리, '리촌실권離村失權', 일인일표 민주제 등 아홉 가지 특성을 포함한다.
· 총유주체 조직은 법인격을 갖추어야 한다. 그 대표적 후보는 협동조합이다. 그러나 그것에만 국한되는 것은 아니다. 현대적인 '시민적 총유'의 주체는 주식회사, 조합, 공익법인, NPO 등으로 다양하다.
· 총유도시에는 총유사업을 전반적으로 관장하는 조직으로 '시민총유센터'를 둔다.

3. 토론

총유제와 현대의 만남은 쉽지 않은 숙제다. 나는 일본발 현대총유론이 자원의 과소이용이라는 독특한 안티커먼스 비극에 대응하는 대안도시 구상 및 전략으로서 이론적으로나 실천적으로 큰 의미를 갖는 성과라고 평가하고 싶다. 다음과 같은 의미에서 그러하다.

· 우리는 재난과 과소이용 상황에 대응하는 신자유주의 전략이 존재함을 알고 있다. 주지하듯이 미국에서 '재난자본주의' 전략은 재난과 폐허 상황에 대한 대표적인 공사합작公私合作 또는 유착에 의한 신자유주의 전략이었다. 뿐만 아니라 우리는 민간업자가 주도하는 도시재개발방식과 그 폐해를 잘 알고 있다. 일본발 현대총유론은 이런 반민주적 현대인클로저의 길과는 대척점에 서는 진보적 도시재생 구상 및 전략이다.

· 현대총유론은 자연자원의 총유와 지속가능한 관리 논의를 넘어 도시 및 국토재생을 위한 거시적 구상이다.

· 어떤 형태든 고삐 풀린 토지사유권의 질주를 막지 않고는 새로운 도시재생은 불가능하다. 현대총유론은 독특한 형태로 '토지의 탈상품화'(폴라니)를 도모하고 있다.

· 일본의 입회권론과 현대총유론의 관계 문제가 있다(이 문제는 제주국제회의에서 참가자들간에 중점적으로 의견 교환이 있었던 부분이기도 하다). 입회권론이 사권으로 자리잡음으로써 촌락공동체 생활 전체를 관통하는 구성원리라는 공법적인 속성, 총유의 본래적 속성이 약화되었음에 반해 현대총유론은 고전적 총유의 폭넓은 의미에 충실해 그 공법적, 조직법적 요소를 복원하고자 했다(다카무라 가쿠도 2016). 이것은 현대총유론이 통상적 커먼즈론과 차이나는 매우 중요한 부분이다.

· 현대총유의 조직론이다. 총유 조직 또는 주체를 전통적인 '비법인사단'을 넘어 협동조합 등 다양한 현대적 조직으로 확장하고 있다.

그럼에도 나는 일본발 현대총유론에 대해 여전히 여러 가지 의문도 갖게 된다. 두서가 없지만 아래와 같은 토론지점(질문과 의문)들을 제기하고자 한다.

· 현대총유론에서 총유라는 말을 정확히 어떤 의미로, 어떤 지점에서 사용하고 있는지 여전히 설명이 명확하지 않은 부분이 있다. 총유도시, 토지총유, 총유주체, 총유특성 등의 말이 사용되고 있는데 만약 하나의 도시가 전반적으로 총유적 성격을 갖게 된다면 '현대도시'로서 그 개방적 자유의 측면이 너무 약한 것이 아닌가 하는 생각이다. 따라서 총유도시에서 어떤 부분이 총유적이고 어떤 부분이 비총유적인지가 보다 분명히 되어야 하지 않을까 싶다.

· 총유도시에서 토지소유자는 어떤 권리를, 어느 정도 갖는지 궁금하다. 만약에 문제의 지역이 거의 폐허상태가 되어 토지소유권이 별반 가치 없는 경우라면 의문은 풀린다. 그러나 그 토지(및 건물)가 다소라도 자산가치를 갖는다면 문제는 많이 달라진다. 소유자들은 당연히 그 권리를 주장할 것이다. 이런 상황이라면 토지사유권은 쉽게 잠재울 수가 없다.

· 과소이용지역의 경계를 넘어서면 사유토지의 가치는 매우 높다. 그것을 민주적으로 통제해 탈상품화시키는 일은 지난한 과제가 아닐 수 없다. 과잉개발은, 특히 한국의 경우 여전히 중요한 시대문제이다. 들려오는 소식에 의하면 일본에서도 인구는 줄어들지만 땅값은 오른다고 한다.[1] '과잉개발＋과밀인구' 지역에 대해 총유도시론을 적용하기란 결코 쉽지 않을 것이다.

· 어떻게 폐허가 된 도시에 사람들이 찾아와 새로운 도시재생에 참여하게 할 수 있을까? 사람들이 살만한 새로운 도시재생의 작업에 나설 수 있는 물질적 이해관계, 신뢰기반(사회자본)은 어떤 것일까? 기존의 게마인샤프트적 유대를 넘어 새로운 결사체association 형성의 논리가 요구된다.

· 총유도시의 거버넌스governance 문제가 제기된다. 우리는 현대총유론에서 도시재생사업에서 성공적인 제도적 조정능력 문제에 대한 논의를 거의 듣기 어렵다.

---

1 「인구 줄어드는 일본, 그런데 땅값이 오른다」, 『조선일보』(2017. 3. 24).

· 총유도시론을 사회적 공통자본론社会的共通資本論이라든가 젠트리피케이션 대응전략과 비교해 봄직하다. 현대총유론과 사회적 공통자본론(우자와, 2008)은 사후적 소득분배와 국가중심적인 전통 복지국가를 넘어 시민의 기본권을 보장하는 시민도시를 추구한다는 점에서는 공통점을 갖는다. 그런데 총유도시는 [公+共+私]로 구성되는가? 그 상호관계(협력과 갈등)는 어떻게 되는가? 우자와의 사회적 공통자본으로서 도시는 분명히 [公+共+私]의 다원적 구성과 상호협치의 틀이다. 즉 [사회적 공통자본 +민간자본+커먼즈]의 삼각구조다. 이에 비해 총유도시론은 토지총유를 핵심으로 하면서 협동조합으로 대표되는 총유주체를 중심으로 하는 구상으로 보인다. 민간 주식회사의 위상이 어느 정도인지는 불분명하다.

한편 젠트리피케이션에 대응하는 지역자산화 전략에서는 공유자산신탁 community land trust, CLTs, 공유자산 기금(금융기관) 그리고 공유자산 개발조직이라는 세 가지 기본요소가 등장한다(최명식·전은호 외, 2016). 총유도시전략과 지역자산화 전략을 비교하면, 둘다 토지사유권의 제한 및 탈상품화를 추구하지만 현대총유론쪽이 훨씬 강도높다. 도시 전체를 놓고 그 총체적 재생 방도를 찾고자 한다. 다른 한편 현대총유론에 비해 지역자산화 전략이 훨씬 더 구체적인 것같다. 두 전략을 본격적으로 비교 검토하는 일은 다른 기회로 미룬다. 일본을 비롯해 경험적 사례들을 통해 오늘날 도시가 직면한 구체적 문제상황과 재생전략을 연구하는 것이 매우 중요하다.

참고문헌

맥퍼슨, 1993, 『재산권 사상의 흐름』, 김남두 옮김, 천지.

이가라시 다카요시 외 지음, 2016, 『현대총유론』, 최현 외 옮김, 진인진.

최명식·전은호 외, 2016, 『젠트리피케이션 대응을 위한 지역토지자산 공유방안 연구』, 국토연구원.

우자와 히로후미, 2008, 『사회적 공통자본』, 이병천 옮김, 필맥.

다카무라 가쿠토 2016, 현대총유론의 역사적 위상과 현재적 의의, 『현대총유론』 최현 외 옮김, 진인진.

제14장

공동자원의 공동체적 관리를 위한 법체계와 총유제*

박태현(제주대학교 SSK연구단 공동연구원)
이병천(제주대학교 SSK연구단 공동연구원)

1. 들어가며

자연자원이 소재한 지역에서 그 자원을 집합적으로 이용하는 사람들에 의해 그 자연자원이 안정적으로 보전·유지되는 다수의 경험 사례가 관찰, 보고되고 또 연구되면서(엘리너 오스트롬, 2010 참고), 자연자원의 지속가능한 관리를 위한 유효한 조건으로서 자연자원을 이용하는 사람들의 집합적 자원이용관계를 법적 관점에서 고찰해볼 필요가 있다는 문제의식이 제기되고 있다. 이러한 문제의식의 밑바탕에는 자원을 둘러싼 집합적 이용관계의 안정적 보장이 그 자원의 지속가능한 관리로 이어질 수 있음을 전제하고, 현대 사회에서 이용관계의 안정적 보장은 결국 법으로써 그 이용관계를 보호·

---

* 이 글의 원문은 2017. 2. 15~16. 제주대학교에서 열린 「동아시아의 커먼즈: 가능성에서 현실로」라는 국제학술대회에서 발표한 글("한국에서 총유제의 입법 기원과 그 현대적 의미")이다. 필자들은 학술대회 발표글을 학술적 논문형태로 더 발전시켜 2017년 5월 환경사회학지 『ECO』에 투고하였는데, 이 때 발전시킨 논의 내용을 이 글에 반영하였다.

보장해주는 것이라는 사고가 깔려있다.

공동자원(이른바 커먼즈)의 집합적 이용관계를 규율하는 법적틀로 필자들은 토지(또는 권리)의 공동 소유·이용관계에 관한 법적 규율체계로서 총유(또는 준총유)에 관심을 갖고 있다. 이러한 관심은 공동자원에 관한 일본 학계의 연구 중 『현대총유론』(이가라시 다카요시 외, 2016)의 연구성과와 한국 민법전에 총유규정이 마련되어 있다는 사실에서 촉발되었다. 그렇다면 총유제의 어떤 특성이 자연자원의 공공적 관리와 지속가능한 사회를 위한 법체계의 구축에 궁극관심을 가진 필자들의 학문적 관심을 촉발한 것일까? 한국민법전은 총유를 "수인이 집합체로서 토지 등 물건을 소유하는 것"으로 정의한다. 그리고 학자들은 대체로 총유를, 토지의 처분·관리(권능)은 집합체에, 이용··수익(권능)은 개별 성원에게 있는 공동소유의 한 형태라고 설명한다. 말하자면 총유는 성원에 의한 자원의 개별이용을 인정하면서, 그 개별이용을 집단적(또는 공동체적)으로 관리함을 고유한 특성으로 한다. 이를 법적주체의 측면에서 말하면 총유는 개별이용을 조정하는 등 관리하는 상위주체를 상정하고 있음을 그 특성으로 한다.

널리 알려진 것처럼 하딘은 공유지의 비극이 자원의 개별이용이 (자원의 보전이라는 장기적 관점에서) 조정, 관리되지 않는데서 비롯되는 것으로 보았다. 그리하여 자원의 보전이라는 공통이익을 유지하기 위해 상위주체로서 국가(의 강제력)의 불가피성을 역설했다. 하지만 총유는 그러한 상위조정주체로 개별 성원들과 유기적으로 결합된 단체로서 집합체를 상정한다. 필자들은 여기서 일단 자원의 지속가능한 관리를 위한 관리주체의 측면에서 국가보다는 해당 지역에서 자원을 이용하는 사람들의 집합체가 더 나을 수 있다는 관점을 전제하며 총유제에 주목하고자 한다.

이 글은 궁극적으로 자연자원 등 생태적으로 또는 사회적으로 가치 있는 공동자원의 공공적 관리를 위한 법체계를 구축함에 있어 총유제(또는 총유론적 사고)의 이론적·실천적 기여가능성을 고찰하는 데 목적이 있다. 이를 위해서는 두 가지 사항을 다뤄야 할 것이다. 먼저, 그 고찰의 전제로 한국법체계에 특유한 총유제를 살펴보고 이를 통하여 총유제의 기능과 의의를 확인하고자 한다. 이러한 연구결과를 바탕으로 개별이익과 공통이익이 조화 또는 대립하는 사례에 바탕해, 총유제에 기반한 공통이익의 유지·보전을 위한 법체계의 구축 가능성을 모색하고자 한다. 다만 이 글은 첫 번째 사항에 한정해 다루고 두 번째 사항은 다음번의 글에서 다루기로 한다.

2. 한국민법전 총유조항의 입법 기원

한국민법전은 공동소유의 세 가지 형태로 공유와 합유와 함께 그리고 총유를 규정하고 있다. 공유는 2인 이상이 물건을 '지분'에 의하여 소유하는 관계를 말한다(민법 제262조 제1항). 공유란 이를테면 지분을 한도로 한 단독소유자들이 잠정적으로 결합된 소유관계라 할 수 있다. 따라서 (성질상 단독소유자인) 공유자는 자신의 지분을 다른 공유자의 동의없이 처분할 수 있고 또 공유물 전부를 지분의 비율에 따라 사용, 수익할 수 있으며(민법 제263조), 특별한 약정이 없는한 언제든지 공유물의 분할을 청구할 수 있다(민법 제268조). 합유란 2인 이상이 '조합체'로서 물건을 소유하는 관계를 뜻한다(민법 제271조). 여기서 조합은 2인 이상이 상호출자하여 공동사업을 경영할 것을 약정함으로써 성립되는 법률관계를 말한다(민법 제703조). 예를 들어 설명하면 가령 동네 제빵업자들이 막대한 자본을 가진 프랜차이즈 회사의 동네 상권 장악에 맞서고자 개별적으로 구입하기 어려운 고가의 제빵기계를 공동으로 구입해 공동으로 이용하고 있다고 하자. 이때 제빵업자들은 조합체를 형성하고 그 기계는 사업자들의 합유가 되는 것이다. 제빵업자들은 조합체라는 특별한 관계로 묶여 있기에 전원의 동의 없이는 그 기계에 대한 지분을 처분할 수 없다(민법 제273조). 이 합유라고 하는 공동소유관계는 조합체가 해산하거나 합유물을 양도할 때 비로소 종료한다(민법 제274조).

총유는 다수가 집합체로서 물건을 소유하는 관계를 말한(민법 제275조 제1항). 여러 사람이 공통된 목적을 위하여 하나의 '단일체'로서 활동하도록 세운 단체를 사단社團이라고 한다. 이 단일체가 일종의 사람으로 간주(법인격)되어 권리능력을 가질 때 이를 법인法人이라고 부른다. 법인은 법률의 규정에 의해서만 성립할 수 있다. 그런데 여러 사람이 어떤 공통의 목적으로 결합되어 있지만 그 결합체에 법인격이 부여되지 않은 경우가 있을 수 있는데 이 경우를 비非법인 사단이라고 한다. 다수의 결합관계가 법인으로 성립한 경우 공동의 물건은 법인의 (단독)소유가 된다. 그러나 법인격이 없는 사단의 경우 소유권이 귀속될 권리주체로서 법인이 없으므로 결국 다수가 공동소유할 수 밖에 없는데 이때 물건을 집합적 관계로서 소유한다고 하여 총유總有라 일컫는 것이다. 총유는 물건에 각자의 지분이 인정되지 않는다는 점에서 합유와 구분된다. 단체의 회원 지위를 취득 또는 상실함에 따라 총유물의 이용에 관한 자격도 취득또는 상실된다(민법 제276조 제1항). 물건의 총유관계는 정관과 그 밖의 내부 계약에 따라 우선 처리하고, 정관 등에 정함이 없는 경우 민법 규정에 의한다. 민법은 총유물의 관리 및 처분은 사원총회의 결의에 의하고, 각 사원은 정관 기타의 규약에 좇아 총유물을 사용, 수익할 수 있다고 정하고 있다(민법 제276조).

이러한 현행 한국민법전의 총유규정은 1954년 정부안에 민법초안연구회(민법학 교수들을 중심으로 구성된 연구모임으로 이후 민사법연구회로 개칭)의 의견(『민법안의견서』 중 고 김증한 교수가 작성한 공동소유규정안에 관한 의견)이 대폭 반영되어 입법된 것이다. 한편 위 정부안은 일제가 주도하여 만든 만주국민법 제252조 내지 제254조를 참고한 것으로 알려져 있다

(김대정, 2012). 따라서 한국민법전상 총유조항의 입법기원을 검토하려면 만주국민법전과 고 김증한 교수의 공동소유론을 살펴볼 필요가 있다.[1]

1) 만주국민법전

만주국민법전의 제정에서 일본의 법조가 중심 역할을 담당했다. 그 결과 만주국민법전은 마치 일본민법전을 당시 일본민법학의 해석론 또는 입법론의 통설(또는 유력설)에 좇아 개정한 것과 같은 내용을 갖게 되었다(정종휴, 1990, 86쪽). 만주국민법전에 규정된 총유규정은 다음과 같다(정종휴, 2014, 263쪽).

정부안(1954)	만주국민법(1937)
제262조 ① 어느 지방의 住民, 親族單體 기타 慣習上 集合體를 이루는 수인이 물건을 소유할 때는 이를 合有로 한다. ② 合有物에 대한 권리의 得喪變更 및 合有者의 권리, 의무에 관하여는 관습에 의하는 외에 이하 2조의 규정에 의한다.	제252조 ① 어느 지방의 住民, 親族單體 기타 慣習上 總合體를 이루는 수인이 그 관계에 기하여 1개의 물건을 소유할 때는 이를 總有者로 한다. ② 總有者의 권리 및 의무에 대하여는 관습에 따르는 외에 이하 2조의 규정을 적용한다.
제263조 ① 合有者의 권리는 合有物 전부에 미친다. ② 合有者는 合有物의 분할을 청구할 수 없다.	제253조 ① 總有者의 권리는 總有物의 전부에 미친다. ② 總有者는 總有物의 분할을 청구할 수 없다.

---

1 다만 그 전에 만주국민법전과 김증한 교수의 공동소유론의 이론적 토대가 된 독일학계와 일본학계의 공동소유론을 살펴보는 것이 좋겠으나 지면관계상 생략한다(이 부분은 정종휴, 「독일과 일본의 총유이론사」, 『법사학연구』 14호, 1993, 참고).

정부안(1954)	만주국민법(1937)
제264조 合有者는 전원의 동의가 없으면 合有物을 처분거나 변경지 못한다. 그러나, 保存行爲는 각자가 할 수 있다.	제254조 總有者는 전원의 동의가 없으면 總有物을 처분하거나 변경을 가할 수 없다. 다만, 保存行爲는 各總有者가 이를 할 수 있다.

만주국민법 해설서인『만주민법독본』에 따르면 만주국민법이 총유를 공동소유의 한 형태로 규정한 것은 "종래의 관습에 따른 것"이라고 하며, 만주에서 총유권의 객체로 현재 판명되는 것은 일응 다음과 같다고 한다.

1. 목양지(牧養地: 일정한 지역 내 거주하는 종족 또는 부락민이 공동하여 가축을 방목하는 산야), 2. 니장(泥場: 건축용 니토 또는 추비를 혼용하는 배토 등을 채취하기 위하여 존재하는 주민 총유지), 3. 시산/앙료지(柴山/秧料地: 부락민의 자가용 연료를 채취하기 위하여 총유하는 산야/농경용 우마의 사료인 건초를 채취하기 위하여 설치된 부락총유지), 4. 사묘지(寺廟知: 유·도·불 3교의 신불을 제사 지내기 위하여 관공사인에 의하여 건설된 堂宇인 사묘에 부속된 토지), 5. 의지(義地: 고독궁민 또는 행려사망자의 시체를 매장하는 용도에 제공된 관지 또는 민간 출연 사유지) 등.

2) 고 김증한 교수의 「공동소유형태 유형론」

공유는 「로마」 법에서, 총유와 합유는 주로 「게르만」 법에서 유래, 발달한 형태다(김증한, 1978, 216쪽). 법제사가들은 「게르만」의 공동소유관계는 「게르만」 법상의 각종 단체의 인적결합이 물권법상에 반영된 것으로 설명한다. 게르만법상 인적결합은 크게 단체Genossenschaft와 합수적 조합Gemeinschaft zur gesamten Hand으로 나뉜다. 한편, 「게르만」 법상의 인적결합에서는 단체의 일체로서 단일성Einheit과 성원 각원의 다수성Vielheit이

늘 불가분리의 관계로 유착하고 있었고 이것이 게르만의 단체법을 관통하는 기본 특색이다(김증한, 1978, 221~222쪽).

단체의 원형은 다수 성원의 단순 집합인 Sippe(씨족)이다. Genossenschaft는 차차 단체적 체제를 갖추게 되면서 그 단일성을 성장시켰다. 예컨대 마르크단체에서 점차 개인소유권이 발달하고 성원의 수도 늘게 되자, 全성원의 목적과 이해가 반드시 언제나 일치되지는 않았다. 이에 각 성원의 목적과 이해와 구별되는 단체 자신의 목적과 이해가 의식되면서 마르크역원 등 기관을 갖고, 다수결원리도 채택되게 되었다. 다만, 「마르크」단체가 성원의 다수 인격으로부터 독립한 단일인격을 가진 법인으로까지는 아니고 단지 마르크 성원의 총합체라고 생각되었을 뿐이다. 그러나 중세 후기에 이르러 도시가 각개 시민의 경제적 목적과 따로이 고유한 목적과 이익을 가진 단일적인 의사활동체로 발달하게 되자 도시는 하나의 법인으로 다루어지게 되었는데 이러한 Genossenschaft를 Korperschaft(게르만법상의 법인)라고 불렀다(반면 합수적 조합은 다수의 성원으로 구성되는 단체와 달리 비교적 소수 인간 사이의 인적결합이다).

총유는 바로 이러한 단체에서의 재산관계이다. 이는 하나의 소유권의 권능이 「관리·처분」의 권능과 「이용·수익」의 권능으로 갈라져 전자는 일체로서의 단체 또는 성원의 총합체에, 후자는 각 성원의 개별권으로서 각 성원에게 속하며, 이 양자가 단체의 규칙에 따라 결합해 하나의 소유권을 이루는 공동소유 형태다. 「게르만」 법의 단체는 그 인적결합의 모습이 다양하고, 특히 단일성의 정도에서 편차가 있었으므로 재산관계인 총유의 형태도 다양하였으나 이러한 본질에서는 차이가 없다(이는 하나의 법인으로서 완전한 단일인격을 가진 Korperschaft에서도 마찬가지였다)(김증한, 1978, 225~6쪽).

고 김증한 교수는 이러한 고찰을 바탕으로 공동소유형태를 개인주의성/단체주의성과 단일성/다수성이라는 두 매개변수로써 다음과 같이 파악했다.

고 김증한 교수의 공동소유 유형의 이해

	다수성	단일성
개인주의	공유	법인의 단독소유
단체주의	합유	총유

앞에서 언급한 바와 같이 한국민법전의 공동소유에 관한 규정은 이러한 김 교수의 유형이해에 기반하고 있다. 곧 공동소유의 관계유형을 2인 이상(다수성)의 단독소유(개인주의)로 결합된 "①공유"와 조합체(단체주의)로 결합된 "②합유"및 단일체(단일성)로 별도의 권리능력을 가진 "③법인(개인주의)의 단독소유"와 개별 성원과 구분되는 단체로서의 외형(단일성)을 갖고 있지만 별도의 권리능력을 갖지 못한 집합체로 결합된 "④총유"로 각각 구분, 이해하고 있는 것이다.

3. 총유조항에 대한 한국민법학계의 평가

1) 총론적 검토

   (1) 부정론

민법전의 총유조항에 대해 한국민법학계는 부정론과 긍정론으로 갈려 있다. 부정론에 따르면, 현대의 일부 농촌사회에서나 찾아볼 수 있는 게르만의 촌락공동체에서와 같은 토지의 총유적 이용관계는 근대소유권의 개념으로는 처리할 수 없는 전근대적인 유물로 장차 절멸할 운명에 있다고 한다. 또 권리능력없는 사단의 부동산 소유관계는 현행법상 사단 명의로 등기할 수 있고, 부동산의 관리처분은 1차적으로 사단의 정관 기타 규약이, 2차적으로 민법 제276조, 제277조가 적용되는 등 사단법인과 거의 차이가 없으므로 총유로 파악할 이유도 없다고 한다(곽윤직, 1999; 이호정, 1983).

이에 반해 긍정론은 공동소유를 위한 인적 결합관계가 무수히 발생하고 있는 경제사회에서 공동소유관계를 공유만으로 규율하는 것은 부당하고 불가능하다고 한다. 한편으로 인적 결합형태와 공동소유형태를 연결시키고, 다른 한편으로 소유권의 관리·사용 및 수익·처분권능의 분할을 예리하게 분석해 인적 결합관계에 연결시켜 총유·합유·공유의 소유형태를 유형화한 것은 이론적으로 우수하다고 한다. 다만 권리능력 없는 사단의 내용이 극히 다채로워 민법상의 몇 개의 규정만으로 이를 규율하기는 매우 불충분하다는 점을 인정하며, 1차적으로 '규약(사단: 정관, 조합: 계약)', 2차적으로 사단법인 또는 조합규정을 유추적용해야 할 경우가 있다고 한다(김용한, 1993; 이영준, 1996).

한편, 공동체적 관점에서 총유규정을 비판하는 견해가 있다. 이 견해는 크게 두 가지 측면에서 총유규정을 문제 삼고 있는데 첫째는 총유의 주체 문제다. 현행민법은 독일 게르마니스텐 법학자들이 개념화한 총유개념을 빌려 총유관계를 정하면서도 총유단체의 기본모델을 소유주체 상호간의 상호부조적 공동체(Genossenshcaft)가 아니라 '법인 아닌 사단'으로 상정하고 있다고 하면서, 총유 개념을 인정하고 싶다면 "총유단체의 모델을 공동체로 설정하든지 아니면 과실상규過失相規·덕업상권德業相勸·예속상교禮俗相交·환난상휼患難相恤을 규약으로 하는 상호부조적인 공동체관계인 '계'로 했어야 했다"고 한다. 둘째는 총유재산의 소유·이용관계의 문제다. 우리나라 계유지 이용형태는 「개별적 공동」이용형태(마을주민이 각자 개별적으로 마을재산 전부에 걸쳐 자유로이 사용·수익할 수 있는 이용형태)·「직할」이용형태(마을공동체가 마을공동재산으로부터 취득한 산물을 마을의 공동소유로 하는 형태)·「분할」이용형태(마을공동재산을 분할하여 마을주민 각자에게 배당하고, 이를 개별적으로 이용하는 형태)·「계약」이용형태(마을공동체와 마을주민의 개인 또는 마을주민이 아닌 사람과 계약에 의하여 그들에게 마을공동재산의 이용을 허용하는 이용형태) 및 그 혼합형태로 유형화할 수 있다. 그런데 단체(=사원총회)에 처분·관리권능이, 개별구성원(=사원)에 사용·수익권능이 있다고 규정하는 한국 민법 제276조에 가장 부합하는 것은 개별적 공동이용형태와 분할이용형태이다. 따라서 직할이용형태나 계약이용형태는 총유재산의 이용형태가 아닌 것처럼 오해될 수 있다고 한다(심희기, 1992).

(2) 공동체적 관점에서의 비판

이 견해는 크게 두 가지 측면에서 한국민법전의 총유규정을 비판적으로 바라본다. 첫째는 총유의 주체 문제다. 현행민법은 독일 게르마니스텐 법학자들이 개념화한 총유개념을 빌려 총유관계를 정하면서도 총유단체의 기본모델을 소유주체 상호간의 상호부조적 공동체Genossenshcaft가 아니라 '법인 아닌 사단'으로 상정하고 있다. 총유 개념을 인정하고 싶다면 "총유단체의 모델을 공동체로 설정하든지 아니면 過失相規·德業相勸·禮俗相交·患難相恤을 규약으로 하는 상호부조적인 공동체관계인 '계'로 했어야 했다"고 한다. 둘째는 총유재산의 소유·이용관계의 문제다. 우리나라 계유지 이용형태는 「개별적 공동」이용형태(마을주민이 각자 개별적으로 마을재산 전부에 걸쳐 자유로이 사용·수익할 수 있는 이용형태)·「직할」이용형태(마을공동체가 마을공동재산으로부터 취득한 산물을 마을의 공동소유로 하는 형태)·「분할」이용형태(마을공동재산을 분할하여 마을주민 각자에게 배당하고, 이를 개별적으로 이용하는 형태)·「계약」이용형태(마을공동체와 마을주민의 개인 또는 마을주민이 아닌 사람과 계약에 의하여 그들에게 마을공동재산의 이용을 허용하는 이용형태) 및 그 혼합형태로 유형화할 수 있다. 그런데 단체(=사원총회)에 처분·관리권능이, 개별구성원(=사원)에 사용·수익권능이 있다고 규정하는 한국 민법 제276조에 가장 부합하는 것은 개별적 공동이용형태와 분할이용형태이다. 이 경우 직할이용형태나 계약이용형태는 총유재산의 이용형태가 아닌 것처럼 오해될 수 있다(심희기, 1992, 323쪽 이하).

2) 총유조항을 둘러싼 몇 가지 개별쟁점 검토

(1) 총유개념의 전근대성 혹은 근대성 여부

중세 게르만 촌락공동체의 토지소유관계를 설명하는 학술용어로 독일 법제사학이 창안한 봉건적 소유권 개념 혹은 관습법시대 일본 촌락공동체에서의 토지소유관계인 입회권을 가리키는 용어에 불과하던 개념을 자유주의적·개인주의적 소유권 개념을 기초로 하는 근대적 의미의 공동소유인 공유 및 합유와 동일시하여 이를 명문화한 것은 잘못된 발상으로 중대한 입법상 오류라는 주장이 있다(김대정, 2012, 95~6쪽). 이에 대해서는 마르크 공동체가 전근대적인 것이지 총유제도 자체가 전근대적인 것은 아니라는 반론이 있다. 곧 총유론 자체는 사회에 존재하는 인적 결합체의 소유 관계를 규율하기 위해 나름대로 깊은 고민 끝에 만들어낸 근대적 산물이라는 것이다. 이 견해는 우리 사회에서 법인 아닌 사단들이 총유규정으로 규율될 수 있는 까닭은 이들이 사단성의 기초를 갖고 있어 조합처럼 규율되기 어렵고, 그렇다고 권리능력을 갖는 법인과 똑같이 소유권을 갖는다고 보기 어려워 근래에 이론적으로 매끄럽게 체계화하기 위하여 노력한 결과로 탄생한, 합리적 근거를 지닌 개념이라고 한다(임상혁, 2013, 202~3쪽).

(2) 법인 아닌 사단의 소유형태를 총유로 일률적으로 규정한 것의 타당성 여부

현행민법이 법인 아닌 사단의 소유형태를 일률적으로 총유로 규정한 것은 다양한 유형의 법인 아닌 사단의 개별구체적인 법률관계를 적절하게 규율하기는 불가능하다는 점에서 입법론상 부당하다는 견해가 있다(김대정, 2012, 94쪽; 이호정, 1983, 542~3쪽). 이에 대해서는 이런 주장이라면 다양한 형태를 가진 조합들을 합유규정 한 가지로 규율하지 못한다고 합유규정을 폐지해야 한다는 이야기도 나올 수 있다며, 총유규정은 법인 아닌 사단 전반을 규율하는 규정이 아니라 단지 소유형태에 관한 조문이라는 반대주장이 있다. 나아가 천차만별인 법인 아닌 사단의 소유형태를 총유로 규정하는 것은 '사단성'과 '법인격을 취득하지 못한 상황'이라는 공통기반이 있어 가능하다고 한다.[2]

(3) 총유제도의 효용성 여부

우리의 전통적인 단체들은 마르크 공동체와 다르므로 총유조항은 우리 사회에서 별 효용성이 없다는 주장이 있다(최문기, 2012, 432~3쪽; 명순구, 2011, 351쪽). 그러나 다음과 같은 반론도 있다. 곧 법인 아닌 사단은 권리능력이 없어 어쩔 수 없이 소유권이 단체 자체가 아니라 사원들의 총합에 주어질 수밖에 없고, 이 때문에 공동소유임에도 각 사원에 개별지분이 인정되지 않는 총유방식으로 하게 되었다. 공동소유 형태로 총유를 규정한 이상 부동산의 경우 등기도 할 수 있어야 하는데, 부동산등기법 제26조가 바로 그 규정이다. 이처럼 해석하면 권리능력의 개념에 변화를 주지 않으면서도 법인 아닌 사단의 소유관계와 등기능력을 설명할 수 있게 되는데 여기에 총유규정이 결정적인 역할을 한다고 한다(임상혁, 2013, 200~1쪽).

---

2   임상혁, 2013, 198~9쪽(각주 16). "물론 그 규율이 충분다고 할 수 없으나, 법원은 총유규정을 바탕으로 나름대로 해결해 왔다며, 없는 것보다 있는 것이 더 낫다."

(4) 비교법적比較法的 논쟁

독일민법전은 총유에 관한 규정을 두고 있지 않다. 독일인들이 발전시킨 이 개념을 왜 민법전에 수용하지 아니하였을까? 이에 대해서는 다양한 견해가 제기되었다. 기르케의 공동소유론이 널리 보급되기 전에 민법전이 제정되었기 때문이라는 견해(민법초안연구회, 1957, 98쪽), 독일민법의 입법자들이 총유 개념에 관한 게르만법의 연구성과를 민법전에 규정하는 것을 주저했기 때문이라는 견해(김대정, 2012, 76쪽), 게르마니스텐이 중심으로 되어 만든 총유개념이어서 판덱텐 학파가 주도한 독일 민법 제정에서 반영되지 못한 것이라는 견해(임상혁, 2013, 197쪽) 등이 있다. 여하튼 이러한 사정은 현대에서 총유제도의 불필요성을 방증하는 근거로 들린다(이호정, 1983, 117~8쪽).

독일민법전 제54조("권리능력없는 사단에는 조합에 관한 규정을 준용한다.")는 '법인 아닌 사단'을 조합규정에 따르게 하고 있다. 입법기초자의 견해는 조합형태가 권리능력없는 사단에 결코 적절한 형태는 아님을 인정하면서도 자유설립주의의 채용은 부정되어야 하며, 권리능력없는 사단을 조합법리 하에 놓아 둠으로써 법인격 취득의 유인이 발생한다는 법정책적 이유에서라고 한다(정종휴, 2014, 53쪽). 하지만 법인 아닌 사단에 조합 규정을 적용한 결과 문제가 생기면서 그 적용이 외면되어 위 조항은 사실상 사문화되었고(임건면, 2008, 91~2쪽; 정병호, 2013, 10~1쪽), 판례는 권리능력없는 사단을 사단법인의 법리로 처리해 가고 있다(정병호, 2014, 8쪽).

일본의 경우 법인 아닌 사단과 조합은 단체의 실체에서 명백히 구분되어야 한다는 데 견해가 일치한다. 그러나 법인 아닌 사단의 소유형태에 대해서는 총유설, 합유설, 신탁설(권리능력없는 사단의 재산은 실질적으로는 사단 자체에 귀속하지만, 법인격이 없어 형식적으로 대표자 개인에게 귀속하는 것에 불과하다는 견해), 사단의 단독소유설 및 유형설(권리능력없는 사단을

'사단법인형 사단'과 '조합형 사단'으로 나누어 조합형 사단은 잠재적 지분권이 있으며 탈퇴하는 경우에는 지분반환청구권이 있다고 주장하는 견해) 등 다양한 견해가 난립하고 있다(고창현, 1985, 215쪽).[3] 일본 최고재판소 판례는 총유설을 취한다. 총유설은 전체적으로 우리 민법 규정의 내용과 같다. 권리능력없는 사단의 소송상 당사자능력(민사소송법 제29조)을 인정하고 있지만 한국법과 달리 부동산등기능력은 인정하지 않는다(정병호, 2014, 14쪽).

3) 총유조항의 개정을 둘러싼 민법개정 논의

2014. 2. 17. 제11차 전체회의를 끝으로 임무가 종료된 제4기 법무부 민법개정위원회에는 총유규정(제275∼제277조)을 삭제하는 대신 제39조의2를 두는 내용의 개정안이 상정되었다(윤진수, 2014, 151쪽).

총유규정을 삭제해야 하는 이유로는 총유제도는 전근대적 제도로 거래현실과 괴리되어 있고 사실상 사문화되었으며(법인 아닌 사단의 소유형태는 사단 자체의 단독소유가 된다고 해석하는 것이 당사자능력과 등기능력을 인정하는 민사소송법과 부동산등기법과도 조화를 이룬다), 거래안전에 문제가 있다(법인 아닌 사단의 대표자가 총회결의 없이 부동산을 처분한 경우 그 상대방은 선의 또는 악의를 불문하고 부동산소유권을 취득하지 못해 거래안전을 위협한다)는 점이 들렸다. 하지만 현행법체계는 법인 설립에 관하여 허가주의를 채택하고 있다. 허가주의 아래에서는 법인 아닌 사단에 권리능력을 인정할 수는 없다. 권리능력을 인정하지 않는 이상 소유권 귀속에 관하여 어떤 식으로든지 규정을 두어야 한다. 그리하여 대안이 없는 이상 총유규정을 삭제하는 것은 적절치 않다는 것이 다수의견이었다(윤진수, 2014, 152∼163쪽).

---

3 다만 입회권이 총유에 해당한다고 보는 견해가 지배적이다.

현행	분과위안
제275조(물건의 총유)	삭제
제276조(총유물의 관리, 처분과 사용, 수익)	삭제
제277조(총유물에 관한 권리의무의 득상)	삭제
제39조의2(법인 아닌 사단과 재단) ① 법인 아닌 사단과 재단에 대하여는 주무관청의 인가 또는 등기를 전제로 한 규정을 제외하고는 본장의 규정을 준용한다. ② 부동산에 관한 대표자의 처분권의 제한은 등기하지 아니하면 제3자에게 대항하지 못한다. ③ 법인 아닌 사단의 재산은 상당한 이유가 있는 때에는 정관 또는 사원총회의 결의에 따라 사원에게 분배할 수 있다. ④ 법인 아닌 사단이 해산하는 경우 정관으로 잔여재산의 귀속권리자를 지정하지 아니하거나 이를 지정하는 방법을 정하지 아니한 때에는 사원총회의 결의에 따라 사단의 목적에 유사한 목적을 위하여 그 재산을 처분할 수 있다. 제2항은 해산의 경우에도 준용한다. ⑤ 영리를 목적으로 하는 법인 아닌 사단의 재산으로 사단의 채무를 완제할 수 없는 때에는 각 사원은 연대하여 변제할 책임이 있다. ⑥ 제5항의 재산에 대한 강제집행이 주효하지 못한 때에도 각 사원은 연대하여 변제할 책임이 있다. ⑦ 제6항의 규정은 사원이 법인 아닌 사단에 변제의 자력이 있으며 집행이 용이한 것을 증명한 때에는 적용하지 아니한다.	신설

4. 한국에서 법인 아닌 사단과 총유의 법률관계: 판례를 중심으로

이상에서 총유규정의 타당성을 둘러싼 견해대립을 살펴보았다. 이론적 쟁론보다 더 중요한 것은 총유규정이 실제(혹은 잠재적으로) 한국 사회의 공동소유관계를 적절하게 처리하는 법적기초가 될 수 있는가 하는 점일 것이다. 총유규정이 단체의 재산귀속관계를 다루는 데 '실제적 규범력'이 없다는 견해가 있다(양창수, 1990, 361쪽). 이 문제는 판례가 법인 아닌 사단의 소유관계를 어떻게 처리해왔는지 살펴봄으로써 답할 수 있을 것이다.

1) 마을공동체(＝동리회 또는 자연부락)

　판례는 마을공동체를 줄곧 민법상 비법인사단이라는 입장을 유지해왔다. 대법원 1953. 4. 21. 선고 4285민상162 판결은,「비법인사단으로서」의 동·리를 행정구역으로서의 동·리와 구분해 "지역 내 조직된 '동리회'는 그 지역 내에 거주하는 주민들의 공동 편익과 복지를 위한 주민 전부의 공동체로서 주민 전부가 그 회원이 됨은 물론 타지로부터 입거하는 자는 입거와 동시에 당연히 그 회원이 되고 타지역에 이주하는 자는 이주와 동시에 당연히 회원의 자격을 상실하는 불특정 다수인으로 조직된 영속적 단체이므로 행정권의 변동으로 당해 단체가 자연소멸되지 아니한다고 한다. 또 동리회는 비법인사단으로 독립하여 재산을 소유할 수 없고 그 재산은 결국 주민전체의 총유에 속하는 것이나 각 주민은 하등 지분권을 주장할 수 없음은 물론 입거자도 그와 동시에 당연히 권리를 취득하고 이주자는 그와 동시에 당연히 권리를 상실하여 권리자가 상시 유동 변환되는 것"이라고 판시했다. 또한 대법원 1980. 1. 15. 선고 78다2364 판결은 "자연부락이 그 부락 주민들을 구성원으로 하여 향제를 거행하고 임야를 고유재산으로 소유하면서 조림사업 등을 영위하며, 성문의 규약은 없으나 관행에 따라 부락회의를 개최하여 대표자를 선출하고 의사결정을 하는 등 일정한 목적하에 조직적인 공동체를 구성하고 있으면 민사소송법 제48조 소정의 비법인사단의 실질을 갖추고 있다"며 원고부락의 당사자능력을 인정했다. 대법원 1999. 01. 29. 선고 98다33512 판결은 "1949년 지방자치법이 제정, 시행되기 이전의 동·리(동·리)는 그 동·리 자체가 관습법상 인정되는 법인으로서 독자적으로 재산권의 주체가 되었고, 동·리의 소유재산이 바로 그 주민의 공유 혹은 총유재산이 되었던 것은 아니나, 동·리의 주민들이 특별히 주민의 공동편익과 공동복지를 위하여 주민 전부를 구성원으로 하는 공동체를 구성하고 일정한 재산을 공부상 동·리의 명칭으로 소유하여 온 경우에는 그와 같은 주민공동체가 그 재산의 소유주체라고 할 수 있다."고 판시했다.

마을(=촌락)공동체를 비법인사단이라고 본다면 민법 제275조(물건의 총유)에 따라 재산의 소유형태는 총유로 보아야 하는데 판례도 같다. 비법인 사단이 갖는 소유권 이외의 재산권에도 총유규정이 준용되므로 촌락공동체의 채권·채무를 비롯한 각종의 재산권도 총유적으로 주민 전체에게 귀속된다. 촌락공동체의 재산은 우선 공동체의 규약 또는 관례(관행)에 따르되, 규약 등이 없는 경우 민법의 총유규정이 적용되고, 그 밖의 경우 사단법인에 관한 규정이 준용된다(정정미, 2006, 13쪽). 한편, 판례는 주민 개인의 총유재산에 대한 보존행위를 인정하지 않는다(민법 제276조 제1항: '총유물의 관리 및 처분은 사원총회의 결의에 의한다.'). 총유가 단체성이 강하고 구성원 개인들의 총유재산에 대한 지분권이 인정되지 아니하는 데서 나온 당연한 귀결이라고 한다(대법원 2005. 09. 15. 선고 2004다44971 전원합의체 판결).

2) 교회

판례는 교회도 법인 아닌 사단이라고 한다. 따라서 교회재산은 교인들의 총유에 속하는 것으로 본다. 일부 교인들이 집단적으로 교회를 탈퇴하여 교회가 2개로 분열된 경우 종전 교회는 잔존 교인들을 구성원으로 하여 실체적 동일성을 유지하면서 존속하며 종전 교회의 재산은 그 교회에 소속된 잔존 교인들의 총유로 귀속됨이 원칙이라고 한다. 다만, 탈퇴결정이 적법한 결의요건(=의결권을 가진 교인 2/3 이상의 찬성)을 갖춘 경우 그 교회는 종전 교회에서 집단적으로 이탈한 교인들에 의하여 새로이 법인 아닌 사단의 요건을 갖추어 설립된 신설 교회라 할 것이어서 종전 교회재산은 탈퇴한 교회 소속 교인들에게 총유적으로 귀속된다고 한다(대법원 2006. 4. 20. 선고 2004다37775 전원합의체 판결).

3) 그 밖의 총유관계

(1) 제방소유권의 총유적 귀속

피고등 피난민 150세대는 복귀불능 피난민 정착사업 실시에 관한 보건사회부 훈령 66호에 의거, 이 사건 제방구역 내의 간척지 150정보를 공동으로 개간, 전답을 조성한 후 자활정착할 목적으로 한 단체를 조직했다. 그리고 대표자를 선정하여 매립승인, 구호양곡의 알선 등 대외적인 일을 맡아보게 하는 한편 그 지휘 감독 아래 공동으로 이 사건 제방 수문 등을 축조하고 전답을 조성하는 등 단체로서 활동을 계속하고 있었다. 이러한 사정 아래 법원은 위 난민들은 권리능력 없는 사단으로 그 제방의 소유권은 난민들에게 총유적으로 귀속한다고 판시했다(대법원 1969. 04. 22. 선고 68다757 판결).

(2) 하천부지점용권의 총유적 귀속

법원은 하천부지 점용 허가를 개인명의로 받았으나 그것이 개인자격이 아니라 부락대표자격으로 받은 경우에는 하천부지점용권은 그 부락민의 총유에 속하고 따라서 이의 점용에 관한 타인과의 약정에는 부락민의 동의가 있어야 한다고 판시했다(대법원 1977. 05. 24. 선고 76다512 판결).

(3) 어업권 및 어업권의 소멸에 따른 손실보상금의 총유적 귀속

법원은「수산업법」(1990. 8. 1. 법률 제4252호로 개정되기 전의 것) 제24조제4항은 "법인이 아닌 어촌계가 향유하는 어업권은 이를 그 어촌계의 총유로 한다"고 규정하고 있으므로, 어업권은 물론 어업권의 소멸에 따른 손실보상금도 특별한 사정이 없는 한 어촌계의 총유에 속한다고 할 것이고, 따라서 손실보상금의 처분은 민법 제276조 제1항에 따라 정관 기타의 규약에 다른 규정이 없는 한 계원총회의 결의에 의한다고 했다. 그런데, 수산업협동조합법 시행령 및 피고 어촌계의 정관에는 어촌계의 어업권 또는 부동산 기타

재산의 취득 및 처분은 총회의 의결을 얻어야 하도록 규정하고 있으므로 계원총회의 결의가 없는 한 각 계원이 피고 어촌계에 직접 자기 지분의 분배를 청구할 수 없다고 판시했다(대법원 1992. 10. 27. 선고 92다12346 판결)

(4) 종산宗山소유권의 총유적 귀속

5형제는 종산을 구입하여 부모 묘소를 쓰기로 합의하고 형편이 어려운 형제를 제외한 나머지 4형제가 돈을 모아 분할 전 이 사건 임야를 매수, 맏형 명의로 소유권이전등기를 마쳤다. 그 후 이 사건 임야에 부모의 각 묘소를 설치했다. 원고들과 피고들은 분할 전 이 사건 임야에서 분할된 임야의 매각대금으로 또 다른 곳의 임야를 종산으로 구입, 5형제 집안의 장남들(7인)의 공동명의로 소유권이전등기를 마쳤다. 법원은 위 4형제가 분할 전 이 사건 임야를 공동으로 매수한 것은 그 지분을 처분할 수 있는 공유형태로 소유하려고 매수한 것이라고는 볼 수 없고, 종산으로 보존하기 위하여 매수한 것이라는 취지에서 5형제의 총유라고 보아, 원고들의 지분에 관한 소유권이전등기청구를 기각한 원심판단은 정당하다고 판시했다(대법원 1992. 10. 27. 선고 91다11209 판결)

4) 판결의 의미

이상에서 본 바와 같이 임야, 제방, 하천부지점용권 등 재산가치 있는 물건이나 권리(이하 '물건등')에 법적 이해관계를 가진 사람이 다수이고, 그들 간에 물건등의 이용이나 처분에 다툼이 생긴 경우 법원은 그들 간의 내부 결합관계를 살펴본 다음 그 관계의 특성에 기초해 법적판단을 하고 있다. 다수인이 관여하는 물건등의 이용이나 처분을 둘러싼 법적다툼을 다수인들 간의 결합관계의 특성에 기초해 다툼을 해결하는 것은 원칙적으로 타당하다고 본다.

사람들 간의 내부 결합관계라는 것은 서로간의 어떠한 구속도 상정하지 않는 자유로운 결합에서부터 일정한 구속성을 전제한 결합관계, 나아가 그러한 결합관계가 한층 더 발전해 그 관계를 구성하는 성원으로부터 독립하여 어떠한 실체적 존재로까지 이르렀다고 볼 수 있는 관계까지 극히 다양할 수 있다. 그렇다면 이러한 다양한 인적 결합관계의 특성을 반영하여 공유 이외의 합유와 총유라는 법적관계를 인정하는 태도는 논리적으로도 실천적으로도 타당하다고 본다.

5. 논의 정리 및 향후 과제

1) 논의 정리: 총유의 고전적 기능

이상의 논의를 정리하면 다음과 같다. 의용민법에서는 공동소유의 형태로 '(지분적) 공유'만을 규정하고 있었다. 하지만 판례는 관습으로 '입회권'을 인정하였고 나아가 공유이외의 공동소유 형태로 합유 또는 총유를 받아들였다.

첫째, 1958년 제정된 한국민법전은 공동소유의 유형으로 공유와 합유 그리고 총유규정을 두게 되었다. 이는 민법학자 고 김증한 교수가『민법안의견서』에서 제시한 의견이 반영된 결과이다.

둘째, 공동소유 유형은 인적 결합관계가 물권법에 투영된 것이다. 김증한 교수는 ① 개인주의-단체주의와 ② 단일성-다수성이라는 두 가지 요소로 인적 결합관계를 파악했다. 이에 따라「단체」의 물적지배관계를「총유」로,「합수적 조합」의 지배관계는「합유」로 보았다.

셋째, 법원은 임야, 제방, 하천부지점용권 등 재산가치 있는 물건이나 권리(이하 '물건등')를 둘러싼 법적다툼을 그들 간의 내부 결합관계의 특성에 기초하여 해결하고 있다.

이상의 논의를 통해 총유의 두 가지 기능을 확인할 수 있다. 첫째, 총유가 각 성원의 물건등의 개별이용을 인정하는 한편, 집합적 의사결정을 통해 개별이용을 조정, 관리함으로써 성원 전체의 공통이익을 보존·유지하는 기능이다. 둘째, 물건등의 총유적 귀속은 각 성원이 소속감을 유지하기 위한 물적기반이자 대표등의 불법/부당 처분이라는 일탈행위에 대항하는 법적기초로서 작용하는 기능이다. 이것을 우리는 총유의 전통적 기능이라 명명할 수 있다.

2) 향후 과제: 총유론의 현대적 의의와 기능

오늘날 총유론의 발달사와 그 바탕이론, 또 그것을 둘러싼 학술적 견해를 살펴보는 목적은 결국 그것이 현대사회에서 여전히 필요가치가 있는 유용한 법적 사고 내지 제도인가를 밝히는데 있을 것이다. 위에서 언급한 바와 같은 기능을 갖는 총유의 아이디어를 현대사회의 맥락에 맞게 적용하고 또 이를 확장한다면, 자연적 공동자원으로서 자연자원의 관리, 더 나아가 도시 등 이른바 사회적 공동자원의 공공적 관리를 위한 법체계를 구축함에 있어 일정한 이론적·실천적 기여를 할 수 있지 않을까. 가령 자연자원의 공공적 관리를 위한 법적기반으로 일본의 이른바 이케시스템에 의한 오오무라산(入會地)의 유지·관리 사례를 들 수 있다. 아래 그림에서 보는 바와 같이 이케구는 종래 주민들이 풀밭으로 이용해오던 오오무로산을 관광자원으로서의 새로운 가치를 발굴하고 이케구민이 출자, 설립한 '이케관광개발주식회사'를 중심으로 등산리프트사업 등을 개시했다. 또한 주식회사 제도에 따르는 폐해에 대처하기 위해 '이케총유재산관리회'를 설립했다. 여기서 주목할 지점은 커먼즈를 이용·관리하는 주체가 종래 입회단체에서 '주식회사'와 '권리능력 없는 사단'으로 옮겨갔다는 점이다(五十嵐敬喜 외, 2016). 자연자원의 이용·관리주체로서 법인 아닌 사단의 형성은 곧 총유론적 사고가 자연자원의 공공적 관리에 직간접적으로 기여할 수 있는 대목이라 할 것이다.(五十嵐敬喜 외, 『현대총유론』, 99쪽).

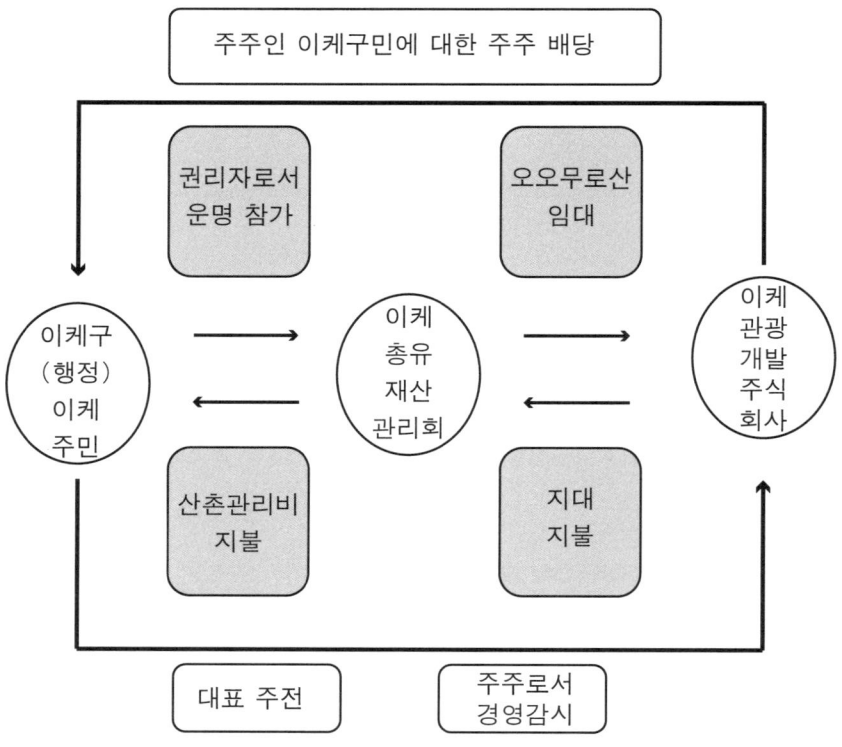

지역적으로 보면 한국에서 총유제가 가장 발전한 대표적 지역은 단연 제주도다. 제주도는 총유제에 기반한 한국 커먼즈의 본고장이라 할만하다. 그러나 대대적인 사유화와 개발의 바람으로 제주의 총유제는 크게 파괴, 해체되었다. 거기다 최근에는 중국자본의 토지투기와 난개발 문제로 상황이 더 심각해졌다. 그러나 다른 한편 커먼즈의 사유화를 저지하고 생태적 공공성의 대안 구축을 위한 시민사회 운동도 활발하다.

제주 공동목장은 제주도 최대의 유보지로, 제주 생태경관자원의 보고이자 제주최대의 지하수함양지이다. 공동목장의 해체와 개발은 특히 제주의 "콩팥"(지하수 관련)이요 "허파"(공기 관련)로 불리는 곳자왈의 파괴를 불러왔다(김성훈, 2016a, 163~9, 244쪽; 최현, 2016, 268쪽). 하지만 이러한 해체 위기에 가운데서도 선도적으로 재생에 성공한 사례도 없지 않은데 대표적 재생사례는 다음과 같다(유병연, 2016, 246~54쪽).

① 상가리 공동목장: 제일동포 자본이 추진하는 관광개발사업으로 목장
부지를 잃을 위험에 처해 있다. 소유구조 측면에서 목장지가 국공유
지로 되어 있어 원래 리유지라는 소송을 제기하고 공동목장을 지키
려고 노력하고 있다. 이 분쟁은 다른 목장에서도 흔히 볼 수 있다.

② 하원 공동목장: 하원마을회는 신생 재생에너지 시설을 유치하는 등
공동목장을 매각하기보다 장기임대방식을 통해 임대수익을 창출한
다는 계획이다.

③ 상도리 공동목장: 상도리마을회는 도내 공동목장중 최초로 체험형
테마파크인 제주레일파크를 조성하여 20년 장기임대한 제주레일파
크주식회사가 이를 운영하고 있고, 또 농수산물 직거래장터를 개설
하고 지역주민들에게 일자리도 제공하고 있다.

④ 장전 공동목장: 기존 소중심의 목축에서 말산업을 육성하고 관광목
장으로 변신을 시도했다. 제주승마공원을 설립하고 승마대회도 개최
하는 등 제주 말산업 발전의 중심지로 부상하고 있다. 승마공원도 처
음에는 공동목장조합에서 직영하다가 지금은 전문경영인에게 맡기
고 임대료를 받는 방식으로 전환했다.

⑤ 가시리 공동목장: 1970년대 일부 주민들이 목장부지를 매각하려 했
으나 법정소송을 통해 공동목장을 지켜낸 경험이 있다. 이후 엄격한
관리 규약을 제정, 시행하였다. 제주 공동목장중에서 고전적인 총유
제 모습을 보여주는 대표적 모델로, 마을을 떠나면 조합원 자격이 박
탈된다. 그러면서도 축산업에 더해, 풍력발전단지를 유치하고 조랑
말 박물관을 건설하는 등 새로운 수익모델을 만들고 공동목장을 마
을만들기 사업의 자원으로 활용하는 등, 생태와 경제, 문화를 결합해
제주공동목장의 현대화에 성공한 사례라는 평가를 받는다.

이처럼 제주의 생태경관자원의 보고이자 지하수 함양지인 공동목장을 유지, 보전하는 것이 결국 제주의 자연자원을 지키는 것이다. 그러자면 그 전제조건으로 목장부지 자체가 마을회의 '총유재산'으로 인정되어 그것이 일부 구성원에 의하여 함부로 매각, 처분될 수 없어야 한다. 이것이 총유제가 기여할 수 있는 바다. 하지만 구성원 전원의 합의에 의한 부지의 처분의 제한 또는 금지는 총유제가 어찌 할 수 없는 바다. 이는 결국 구성원들이 총유재산을 지키고자 하는 강력한 집합적 의사에 의하여 가능한데 이러한 집합의사는 구성원 저마다가 그 재산의 보유와 이용이 자신의 삶을 지금보다 더 윤택하게 만들 수 있을 때(최소한 그 가능성이 성원들 사이에서 인식될 때)라야 형성될 것이다.

이러한 마을공동체의 육성에서 필자들은 총유제의 기본적 사고가 유지될 필요가 있다고 본다. 공동목장의 수익사업의 수행형태를 보면 외부 자본(경영인)이를 부지를 장기 임차하여 일정한 사업을 수행하고 그 수익의 일정부분을 임료 형태로 마을회에 지급하는 것이다. 마을회는 법인으로 나아가지 않고 집합체로서 재산을 소유하는 것이 좋다고 본다. 총유는 법인에 의한 단독소유 방식에 비해 성원 저마다가 주체로서 뭔가를 공동으로 소유한다는 의식을 갖게 하는데 이러한 의식은 긍정적으로 작용할 때 마을공동체에의 건전한 귀속의식을 낳을 수 있고 이는 공동체 활동에 저마다 주체의식을 갖고 계속 참여할 수 있는 동기부여의 토대가 될 수 있다.

개별이용과 집단관리의 통합이라는 총유론적 사고는 공통이익을 고려하지 아니한 채 개별 이익의 극대화를 추구하는 과정에서 발생하는 현대의 문제상황의 해결에 기여할 수 있는 가능성으로 확인할 수 있다. 이러한 총유론의 현대적 의의와 기능은 향후의 연구과제로 남겨두기로 한다.

참고문헌

고창현, 1985, 「농어촌 공동재산에 관한 법적 고찰」, 『민법학논총』.

곽윤직, 1999, 『물권법(신정수정판)』, 박영사.

김대정, 2012, 「총유에 관한 민법규정의 개정방안」, 『중앙법학』14집 4호.

김성훈. 2016a. "지도로 보는 제주도 공동목장 해체의 실태". 『공동자원의 섬 제주 1』. 진인진.

김용한, 1993, 『물권법론(재전정판)』, 박영사, 1993.

김증한, 1978, 「공동소유형태의 유형론」, 『민법논집』, 진일사.

명순구, 2011, 「공동소유제도의 개정방향」, 『안암법학』34호, 2011.

민법초안연구회, 1957, 『민법안의견서』, 일조각.

심희기, 1992, 『한국법사연구-토지소유와 공동체』, 영남대학교출판부.

양재영, 2016, 『서울 젠트리피케이션을 말하다』, 푸른숲.

양창수, 1990, 「공동소유-민법 제정과정에서의 논의와 그 후의 평가를 중심으로-」, 『한국민법이론의 발전(1)』, 박영사.

유병연. 2016. "제주 마을공동목장의 재생 사례들". 『공동자원의 섬 제주 1』. 진인진.

이영준, 1996, 『물권법(전정판)』, 박영사.

이호정, 1983, 「우리 민법상의 공동소유제도에 대한 약간의 의문-특히 합유와 총유를 중심으로-」, 『서울대학교 法學』24권 2·3호.

임건면, 2008, 「비영리사단법인에 관한 독일의 최근 동향-비영리사단법의 영리활동을 중심으로-」, 『비교사법』15권 4호.

임상혁, 2013, 「법인이 아닌 사단의 민사법상 지위에 관한 고찰-총유 규정을 둘러싼 민법 개정 논의와 관련하여-」, 『서울대학교 法學』54권 3호.

정병호, 2013, 「법인 아닌 사단의 재산관계 규율에 관한 입법론적 고찰」, 『홍익법학』14권 1호.

정원오, 2016, 『도시의역설, 젠트리피케이션』, 후마니타스.

정정미, 2006, 「촌락동동체(자연부락)의 재산에 관한 소송」, 『실무연구자료』7권, 대전지방법원.

정종휴, 1990, 「한국민법전의 비교법적 계보」, 『민사법학』 8호.

정종휴, 1993, 「독일과 일본의 총유이론사」, 『법사학연구』 14호.

정종휴, 2014, 「청암 김증한 교수의 공동소유론」, 『민사법학』 69호.

최문기, 2012, 「총유에 관한 규정의 입법론」, 『사회과학연구』 28집 4호.

최현. 2016. "제주의 토지와 지하수: 공동자원으로서의 공통점과 차이점". 『공동자원의 섬 제주 1』. 진인진.

엘리너 오스트롬, 2010, 『공유의 비극을 넘어_공유자원관리를 위한 제도의 진화』, 윤홍근 옮김, 렘덤하우스코리아, 2010.

柚木馨, 1942, 『滿洲民法讀本』, 新京滿洲有斐閣.

이가라시 다카요시 외, 2016, 『현대총유론』, 최현 등 옮김, 진인진, 2016.

::후기

동아시아 공동자원론 형성을 위한 논점들

윤여일(제주대학교 SSK연구단 선임연구원)

1.

보다 일찍 만나야 했는지 모른다. 회합의 실현까지는 어려움이 많았지만, 막상 자리가 마련되니 공유해야 할 경험과 함께 모색해야 할 과제는 끊임없이 이어졌다. 동아시아 공동자원론의 방향성을 함께 가다듬어나간 이틀, 열다섯 시간이었다.

이번 국제학술회의 '동아시아의 커먼즈'는 기존의 커먼즈를 보호하거나 새롭게 커먼즈를 창출했던 동아시아 각 사회의 다양한 역사적 경험을 공유하고 커먼즈 관리와 창출을 위한 시민사회의 운동, 거버넌스 구축의 제도화 등을 심도 있게 논의하기 위해 마련되었다.

동아시아의 각 사회는 비약적인 속도로 산업화를 진전시켰지만 권위주의적 압축성장과 급속한 시장화는 자연환경을 훼손하고 공동체의 삶터를 헤집어 놓았다. 공권력과 시장권력의 양축으로 짜인 현재 사회체계가 양산하는 경제위기, 환경위기, 에너지위기 등 복합적 위기에 대처하려면 자연자원의 공공적 관리방안 마련이 시급한 과제다. 이번 국제학술회의는 '커먼즈 commons'라는 개념이자 문제의식을 매개해 함께 현상황을 진단하고 대안을 모색하기 위한 자리였다.

그러나 비록 커먼즈라는, 아직은 낯선 외래어가 회합의 계기였으나 동아시아의 각 사회는 각자의 환경에서 땅, 산, 숲, 물 등의 자연자원을 보존하며 공동생활을 영위해온 장구한 역사적 내력이 있다. 예로부터 생존을 도모하고 공동체를 유지하려면 지역의 자연자원을 발굴하고 이용·배분·관리하는 일이 필수였다. 한국에서는 조선 시대에 공리지公利地라는 말이 있었는데, 이는 땅만이 아니라 하천, 숲, 바다를 아우르는 포괄적 개념이었다. 일본에도 산천수택山川藪沢이나 공사공리公私共利와 같은 용어는 지역의 소유권·보유권과 밀접히 연관된 제도 내지 관행이 예로부터 존속해왔음을 보여준다. 대만 역시 원주민족들이 지역자원을 향유하며 보호해온 오랜 역사적 전통이 있다.

하지만 저돌적 근대화의 과정에서 동아시아 각 사회에서 지역의 자연자원은 훼손되거나 변모하고, 또한 지역의 자연자원을 관리·보존해오던 규약들도 그 힘을 잃어갔다. 이와 관련해 미츠마타 가쿠는 다양한 외부 충격이 커먼즈에 어떠한 영향을 미쳤는지를 구체적으로 정리해주었다. 먼저 이윤극대화를 추구하는 대규모·집약적 생산체제는 지역자원의 과잉이용과 고갈을 유발하고, 모노컬처monoculture화를 초래해 생태환경을 뒤바꿔 놓았다. 더구나 시장경제의 진척에 따라 공동체적 소유형태는 사적 소유형태로 재편되었다. 한편 전원개발이나 댐 건설 같은 국가 주도의 공공사업도 규모가 크고 기간이 길어 자연환경과 지역자원에 돌이킬 수 없는 변화를 초래했다. 경제적 근대화는 대규모 공공사업으로 수많은 커먼즈가 해체·소멸되는 과정이기도 했다. 그리고 현재 글로벌 경제의 침투로 인한 지역자원의 시장가치 하락과 도시화에 따른 지역사회에서의 인구유출은 이제 과잉이용이 아닌 과소이용의 문제를 가중시키고 있다. 지역자원이 과소이용되면 제대로 보호·관리가 되지 않아 방치되고, 그렇게 지역의 커먼즈가 망가지면 공동체의 해체는 가속화된다.

미츠마타 가쿠는 일본사회의 동향을 바탕으로 이런 분석을 내놓았지만, 동아시아 각 사회에서 상당 정도 공통되는 추이라고 말할 수 있을 것이다. 하지만 그렇다고 이에 대처하려는 커먼즈론이 각 사회에서 유사한 궤적으로 발화된 것은 아니었다. 먼저 최현은 학술사의 관점에서 한국의 경우는 2010년이 공동자원론 전개의 중요 기점이라고 짚어냈다. 그가 꼽은 주된 계기는 오스트롬 논의의 유입이었다. 일찍이 하딘은 커먼즈를 공동체에 맡겨두면 과잉이용으로 파괴되기 마련이라며 '커먼즈의 비극'을 논했는데, 오스트롬은 여기에 의문을 품어 20년이 넘도록 세계 각지의 공동체와 커먼즈를 연구해 여러 공동체들이 오랜 세월 커먼즈를 지켜왔음을 입증해냈다. 시장의 지배(사유)도 국가의 지배(국유)도 아닌 커먼즈의 운영원리(공유)가 지속가능한 삶을 가능케 할 수 있다는 관점을 제시한 것이다. 이 공로로 그녀는 2009년에 노벨경제학상을 받았으며, 그 여파로 한국에서도 공동자원론이 본격화되었다는 것이다. 최현은 특히 이전에도 마을숲, 마을어장, 마을우물 등 개별자원의 공동이용에 관한 연구가 존재하기는 했지만, 2010년 이후에야 비로소 공동자원이라는 개념틀 안에서 연구가 체계화될 수 있었다고 강조했다. 하지만 동시에 한국의 학계에서는 주제의 중요성에 비해 공동자원 연구자가 턱없이 부족한 실정임을 지적했다.

한편 일본은 이미 메이지기에 만들어진 민법에 입회권入会權이 기재되어 있다. 마을산인 사토야마里山처럼 소유권이 명확치 않은 마을의 커먼즈에 대한 주민들의 관습적인 접근권과 이용권을 법률로서 보장한 것인데, 이는 곧 공유지에 대한 권리를 명문화한 것으로 이해할 수 있다. 하지만 미츠마타 가쿠는 일본에서 커먼즈 연구라고 부를 만한 학술적 흐름은 1970년대 후반에 시작되었다고 소개한다. 1960년대에 부각된 4대 공해를 비롯한 생태적 위기를 분석하는 과정에서 시장경제와 공업화사회가 그 주요 원인으로 지목되었는데, 커먼즈 연구는 특히 農농의 영위가 과도하게 공업화·상품화되자 이를 떠받쳐온 커먼즈와 공동체적 소유관계가 파괴되었다는 데 착목하여 출발했다는 것이다.

그리고 다이싱성은 대만에서 공유자원 거버넌스에 관한 문제의식은 1990년대에 부상했으며, 그 배경에는 오래된 원주민족의 토지 문제가 자리하고 있음을 알려주었다. 일본 통치시대에 일본 정부는 '관유임야 및 장뇌제조 취체규칙官有林野及樟腦製造業取締規則'을 공포해 민간 소유의 산림과 전야를 제외한 나머지 땅을 국유화했는데, 그리하여 원주민족은 자신의 토지를 대거 상실했다. 중화민국 시대에 들어서도 정부는 일본 통치시대의 토지 및 자연자원 재산권 제도를 답습해 중앙집권적 통제방식을 이어갔다. 거기에 한족의 경제적 역량이 원주민보다 높다보니 얼마 남지 않은 원주민들의 커먼즈는 차명등기 등의 방식으로 점차 한족에게 이전되어 갔다. 그러나 1990년대에 변화의 조짐이 일었다. 먼저 국제적인 학술사조의 영향을 받아 대만 학술계에서도 공유자원 거버넌스에 대한 관심이 고조되었고, 보다 중요하게 원주민족의 주장이 정부 정책이 일부 반영되기 시작했다. 특히 2015년에는 전통적인 원주민족지구의 토지와 자연자원에 대한 원주민족의 자치원리를 인정하는 취지의 원주민족기본법이 제정되었으며, 2016년에는 차이잉원 총통이 국가권력에 의한 과거의 억압에 대해 원주민족에게 정식 사과하고 처우개선을 약속했다. 이는 정책적으로 원주민족의 권리를 신장시키겠다는 의미이며, 학술 영역에서도 이에 관한 적극적 논의가 필요한 국면에 접어들었다.

이처럼 동아시아 각 사회는 비슷하면서도 다른 역사-구조적, 역사-문화적 특성을 갖고 있으며, 각 사회의 커먼즈론(공동자원론/공유자원론)은 닮아 있으면서도 상이한 사회적 배경과 요구에 조응하며 발화하고 전개되었다. 이번 회합에서도 커먼즈론을 매개로 한 상호이해를 위해서는 공통성과 함께 차이를 인식하는 일이 관건이었다. 그리고 이를 위해서도 서구를 비롯한 다른 지역의 경험을 일반화한 이론을 유입하는 방식으로는 결코 자신이 당면한 문제에 대처할 수도, 서로 간에 생산적 접점을 만들어낼 수도 없다는 지점으로 문제의식이 모였다. 비록 이번 회합은 주되게 오스트롬이 제시한 커먼즈론을 매개해 성사되었으나 만남이 교류로 나아가기 위해서는 오스트롬의 이론을 함께 비판적으로 넘어서야 하는 과제에 맞닥뜨린 것이다.

가량 장후이둥은 대만 학계에서 연구자들이 북미의 경험에 기초하는 오트스롬의 이론을 숭배하고 있다고 지적했다. 특히 원주민족의 커먼즈를 전통적이며 때로는 원시적인 대상으로 상정하여 사회변동을 고려하지 못한 나머지, 연구가 문제의 실천적 해결에 도움이 되지 못한다는 것이다. 김자경 역시 볼리어의 논의를 우회해 오스트롬의 논의를 일정하게 비판했는데, 커먼즈는 자원대상만이 아니라 공동체 및 일련의 사회적 규약이 조합된 복합물로서 공동체community의 공유화commoning 과정 없이는 커먼즈도 없음을 강조하며, 오늘날 제주의 마을공동목장이 직면한 문제를 해결하는 데서도 이러한 인식이 필수적임을 역설했다.

이처럼 이번 회합에서는 각 사회의 역사적 내력과 사회적 조건에 천착해 커먼즈론을 토착화하되 그 성과를 서로 공유하며 커먼즈론을 지역화해야 한다는 학술교류의 방향성이 드러났다. 그 맥락에서 이병천이 한국에서 마을재산 복원에 관한 구상을 제시해 다른 사회 연구자들의 반향을 얻은 일은 기록해둘 필요가 있을 것이다. 홍성태가 강조했듯이 공동체는 공동재를 이용하는 한 가지 방식이다. 공동재 없이 사실상 공동체는 있을 수 없으며, 공동재의 유지를 통해 공동체, 즉 마을은 존속된다. 그리고 이병천의 설명에 따르면 식민지기에 마을재산은 읍면제 시행을 통해 면에 귀속되어 있었다. 그러나 해방 후 박정희 정권은 지방자치에 관한 임시조치법을 시행해 마을재산을 지방자치단체로 이전시켰다. 새마을운동이란 이런 마을재산권 박탈 위에서 추진된 위로부터의 동원형 운동이었고, 마을해체적 속성을 지닌 마을

운동이었다. 1980년대 민주화에 이어 1994년에 지방자치시대가 열리며 마을재산을 되찾기 위한 움직임들이 산발적으로 등장하기는 했으나 중앙정부나 국회 수준에서 이전 시기의 강권적 마을재산 박탈조치를 원인무효화하고 마을재산권을 복원하는 특별법을 제정하거나 실태조사에 나선 적은 없다. 그리하여 이병천은 '마을재산권복원기본법' 제정의 필요성을 역설했고 회장에서 공감을 이끌어냈다.

2.

이처럼 첫 날은 커먼즈론이 논제였다면, 둘째 날은 현대총유론이 화두였다.

그리고 커먼즈론이 주로 자연자원의 보존과 관리에 초점을 맞춘다면, 현대총유론은 도시 재생의 방향을 모색하기 위해 제시되었다. 이가라시 다카요시와 그의 다섯 동료는 현대총유론을 동아시아 사회에 발신하고자 이번 회합에 집단으로 참가했다.

현대총유론이란 토지 소유권자들이 개별소유권을 넘어서 토지 전체를 함께 이용하고 아름다운 도시를 만들어 그 수익을 총유 성원들과 나누고 지역사회로 환원하기 위한 입론이다. 일본의 커먼즈론이 도시화·산업화로 인한 1970년대 환경오염이 발생 배경이라면, 현대총유론은 버블 경기를 지난 1990년대 이래 가다듬어진 사상적 산물이다.

일본에서는 경제 활황기가 끝나자 각지에서 토지와 건물이 점차 방치되어 공터와 빈집이 늘어났다. 도시에서는 개발이 진행되지 않고 공공적 투자 또한 줄어들고 있다. 여기에 저출산, 고령화에 따른 세대의 소규모화와 단신자의 증가, 사회적 결속의 저하로 인한 개별화·고립화의 심화로 도시의 공동체는 위축되고 도시형 사회의 공동성·협동성을 잃어가고 있다. 현대총유론자들은 이러한 도시 문제의 요인을 절대적 토지소유권이라고 짚어냈다. 사권이 지나치게 보호되는 나머지 토지에 대한 공동적 이용의 가능성이 거의 전무한 실정이라서 토지와 건축물이 방치되는데도 이에 대처하지 못해 도시가 황폐해지고 있다는 것이다. 이에 대한 처방이 현대총유론인 것이다.

현대총유론의 핵심은 토지의 사적소유권을 '잠재워' 도시의 총유제적 재생을 기도하는 것이다. 즉 개별소유권은 그대로 두되 정기차지권을 통해 지역 전체의 비전 아래 토지를 공동이용하면서 해당 지역에 걸맞은 마을(개성적인 문화, 특산품, 역사의 계승)을 만들어낸다는 계획이다. 풀이하자면 소유와 이용을 분리해 개별소유권은 유지하되 그것들을 함께 묶여 공동이익 또는 공공복리를 위한 사용목적에 종속시키고 이렇게 총유화된 토지를 다양한 용도로 임대해 이용하며 마을만들기를 실시하는 것이다.

일본발 현대총유론은 급격한 공업화·도시화를 거치는 과정에서 고령화와 인구 감소, 지역커뮤니티와 가족의 붕괴, 개별화와 고립화 같은 문제를 끌어안게 된 다른 동아시아 사회에 시사하는 바가 컸으며, 이를 둘러싼 논의도 뜨거웠다. 먼저 박태현은 현대총유론의 적용가능성을 궁리했다. 법학적 관점에서 총유란 하나의 단체가 하나의 물건을 소유하는 공동소유의 한 가지 방식이다. 그는 현대총유론의 핵심을 상위주체와 공동이익이라고 읽어냈다. 즉 소유권에서 이용권을 분리해 그것을 단일주체에 집약하고 거기에 계획을 입힌다. 그리고 사업을 통해 수입을 내서 구성원에서 되돌리는 것이다. 가령 이러한 현대총유론의 발상을 제주도에 적용한다면, 현재 마땅한 쓰임새를 찾지 못하고 있는 마을공동목장의 경우, 소유는 마을이 하되 설립된 재단 내지 조합이 마을공동목장을 이용해 그로써 수익이 발생하면 마을공동목장의 보전에 사용할 수 있다. 크게 확대한다면 제주도에서 생태서비스 체계를 구축해 자연자원을 보존하고 생태관광 등에서 발생하는 이익을 도민에게 환원할 수도 있다. 만약 도시라면 젠트리피케이션의 문제가 심각한 지역에서 임차인이 조합 형태의 주체를 만들어 소유자로부터 이용권을 개별적으로 얻는 것이 아니라 집단적으로 취득해 지역개발을 통한 지역문화의 발전과 공동이익을 꾀할 수도 있다.

한편 이병천은 현대총유론의 예각화를 위해 여러 물음을 꺼냈다. 가령 토지가 여전히 자산가치를 갖고 있는 경우 소유자들은 당연히 그 권리를 주장할 텐데, 총유도시에서 토지소유자는 어떤 권리를 어느 정도 갖는가. 과잉개발과 과밀인구 지역에서 총유도시론을 적용하는 방식이란 무엇인가. 도시로 사람들이 찾아와 새로운 도시재생에 참여하게 할 수 있는 물질적 이해관계와 신뢰기반(사회자본)은 무엇인가. 이러한 물음들에 대해 일본의 현대총유론자들은 열정적으로 응했고, 그 과정에서 다음 회합의 논제가 무엇인지도 점차 드러났다.

한편 박태현과 이병천은 공동발표를 통해 한국민법전에 존재하는 총유를 주목해 일본의 현대총유론자들을 비롯한 참석자들에게 법리적 시사점을 제공해주었다. 한국의 신민법(1958년)에서는 공동소유 유형으로 공유, 합유와 함께 '총유' 형태가 신설되어 관습적 마을재산권에 대한 민법적 근거가 확립되었다. 총유는 수인이 집합체(사단)로 물건을 소유하는 형태로 공유·합유와는 달리 소유자인 각 개인에게 개별 지분권이 인정되지 않는다. 이는 세계적으로도 유례가 없는 독특한 입법례로 평가되지만, 한편에서는 폐기되어야 할 전근대적 유제로 간주하는 학자들도 많다. 그러나 박태현과 이병천은 상품화에 맞서 공동자원을 제도적으로 보장하기 위한 방편으로 총유 제도에 대한 주목과 활용을 강조했다. 그리고 홍성태가 짚어냈듯이 이처럼 공동자원에 대한 개인의 소유권을 인정하지 않고 이용권만을 인정하는 한국의 총유와 소유권에 관계없이 관리자들의 입회入會적 토지이용권을 인정하는 일본의 특수지역권은 동아시아 공동자원론의 형성을 위해 공동연구가 필요한 주제임이 확인되었다.

3.

그밖에도 이번 회합에서 얻은 문제의식과 향후 과제는 많다. 그 중 하나는 거버넌스에 관한 것이다.

근대화 이래 자연자원은 주로 정부公와 시장私의 결정과 개입으로 관리되고 사용되어 왔다. 이러한 이항적 구도에 맞서 '제3의 길'로서 지역 주민의 자치共에 기반한 자원관리의 가능성을 명시한 것이 커먼즈론이다. 실상 오랜 세월 각지의 구성원들은 나름의 관습과 제도를 만들어내 공유·공용하는 자연자원을 자치해 왔으며, 이러한 역사적 내력을 미래를 위한 오늘날의 자산으로 삼아야 하는 것이다. 그 이유는 시장 중심의 경제논리가 자연자원을 크게 훼손해 삶이 위기에 처했을 뿐 아니라 국가의 행정기구나 지방자치체 역시 시장논리를 견제해 자연자원을 보호하기보다 거대자본에게 팔아넘겨 사유화를 부추기는 경우가 많았기 때문이다. 제주도에서도 지하수가 공수公水로 선언된 이후 오히려 상품화되어 지역의 문제와 갈등을 유발하고 있다. 한편 행정이 보호의 방침을 채택하는 경우에도 마을의 자주 재량을 억누르는 바람에 지역의 자치가 약화되고 결국 공동자원의 관리 소홀로 이어지는 경우가 많다.

그런데 오늘날 공동자원의 관리와 보호를 위해서는 보다 다양한 주체들 간의 협력이 필요해진 실정이다. 자연자원의 보호 조치가 나올 때마다 다양한 목소리가 얽히듯이 경제적·사회적·문화적 이해관계자들의 양상은 복잡해졌다. 공동자원 자체도 물질적 속성은 그대로라고 하더라도 사회적 쓰임새가 변화하고 있다. 거기에 글로벌 시장화가 지역 사회로 침투해 공동자원은 유동화되고 있다. 그리하여 공동자원을 둘러싼 거버넌스에 관한 기존의 연구가 마을 주민과 국가에 중점을 두었다면, 앞으로는 마을 주민과 상급 행정단위(구, 군, 시, 도 등)의 주민, 국민, 상급 행정기관(시청, 도청 등), 중앙

정부, 기업, NGO, 국제기구를 둘러싼 단위연계에 대한 분석으로까지 분석 수준을 확대할 필요가 있다. 가령 제주도의 곶자왈을 어떻게 보존할 것인지를 고민한다면, 마을 주민의 역할이 중심이겠으나 전부일 수는 없는 것이다. 여기서 다층적 거버넌스cross-level governance의 중요성이 대두된다.

하지만 이는 대단히 복잡한 논제다. (이해)관계자의 위치에 따라 보존과 활용에 대한 의지의 정도, 보존과 활용을 위한 가용자원, 의사결정에서의 발언권과 집행력, 그 결정이 초래하는 사회적 효과의 방향과 크기가 다르기 때문이다. 결국 해당 상황에 따른 대처 방식을 마련하되 각 사례로부터 시사점을 취해나가며 보다 바람직한 거버넌스의 방안을 가다듬는 노력이 병행되어야 할 것이다.

아울러 이 과정은 커먼즈 관리 주체의 재구성을 동반할 것이다. 이번 회합에서는 이 대목에 관한 다양한 착상도 공유되었다. 가령 리옌보는 중국에서 기업이 중요 역할을 맡는 민관합작PPP모델을 소개해줬다. 지방 정부의 부족한 재정과 비효율성으로 인해 인프라 구축이 더딘 상황에서 기업이 참여해 인프라의 투자-건설-운영을 맡고 지역사회가 사용료를 지불하며 시설을 이용한다. 여기서는 정부 또한 정책적 후원자, 기업과 지역사회의 중계자, 감시자 등의 역할을 제대로 수행해야 사업이 성공적일 수 있다.

또한 장후이동은 대만의 상황에 근거해 부락공법인部落公法人의 존재를 알려주었다. 개인이 법적 주체인 대만의 법률체계에서는 원주민족의 집합적 권리를 어떻게 보장할 것인지가 중요한 법률적 쟁점인데, 원주민족기본법의 통과로 부락공법인이 법인격을 갖춰 공법상의 권리와 의무를 맡는 주체로서 역할을 할 수 있게 되었다. 부락공법인은 공동자원의 안정적 관리를 위해 마을에 행정권을 부여한 사례라고 할 수 있다.

한편 모기 아이이치로우는 일본 도시의 조건 안에서 현대총유의 주체로서 협동조합의 가능성을 주목했다. 앞으로 도시에서 공간을 관리하려면 일반

행정기관보다 현장의 사정에 밝고 자립적 전문가 집단의 판단을 토대로 이해관계자들의 의견을 조정하면서 공익을 추구할 수 있는 조직이 필요하다. 그런데 모기 아이이치로우는 조직목적, 자립성, 구성원의 안정성, 의사결정의 민주성, 분배 원칙 등의 측면에서 보건대 협동조합이 공적 영역과 사적 영역 사이에서 법인격을 갖추는 총유주체의 형태로서 유력하다는 의견을 피력했다.

아울러 이번 회합에서 부각된 또 한 가지 중요한 논제는 법의 개혁이었다. 일국의 법제도는 커먼즈에 지대한 영향을 미친다. 커먼즈의 정당성과 역할을 부정하는 법제도 아래서는 커먼즈가 소멸의 위기에 처하며, 커먼즈를 인정하는 판례 축적이 없는 경우 커먼즈는 법적 뒷받침이 부재한 까닭에 이용·관리의 관행이 불안정해진다. 실천적인 커먼즈론이라면 입법화를 통한 제도화를 문제의식의 사정권 안에 들여야 할 것이다. 더욱이 현대총유론은 곧 법의 문제였다. 현대총유론자들이 제시한 바람직한 사회상은 구체적 법률로 뒷받침되지 못한다면 가설에 머물고 말 것이다. 총유도시로의 전환을 위해서는 이용권이나 차지차가권借地借家權 등을 설정해 소유권을 '재워서' 정리할 수 있는 법적 정비가 필요하다. 여기에는 소유권 이전이나 거기에 따르는 등기 및 세제의 개혁이 따라야 할 것이다. 아울러 건축기준법, 도로법, 철도법, 하천법 등도 손대야 하며, 총유주체를 육성하기 위한 협동조합기본법도 마련해야 한다. 한국에서는 공동자원이나 농경지를 국가가 수용한 후 기업에 팔아서 파괴하는 데 이용되고 있는 토지수용법을 비롯한 각종 개발법 등의 문제점을 시급히 점검해야 할 것이다.

그런데 이 과정은 개별법의 제·개정에 그치는 것이 아니라 사회적 패러다임의 전환을 요구한다. 이가라시 다카요시는 국토개발, 도시개발과 관련된 현재의 법제도는 인구 증가와 경제 성장을 전제로 하는 팽창형 시스템에 맞춰져 있음을 지적했다. 인구가 감소하고 경제가 후퇴하는 축소형 사회에서는 응당 그에 걸맞는 전반적인 법체계의 정비가 필요하며 총유주체법, 도시재생법 형성이라는 큰 틀에서 법의 개정을 추진해나가야 한다고 제언했다.

끝으로 커먼즈론, 나아가 동아시아 커먼즈론을 위한 방법론적 제언도 나왔다. 다이싱성은 대만에서 SES 분석틀Multi-tiered Diagnostic Approach for Social-Ecological Analysis을 가다듬어 왔는데 커먼즈 연구를 위해서는 사회과학만이 아니라 자연과학적 접근도 필요하기 때문이었다. 커먼즈의 변화에 따른 복잡한 상호작용을 고찰하려면 단일학계의 단일연구로는 불가능하다. 가령 다이싱성은 삼림구를 연구했을 때 토지, 임목, 삼림 부산물, 수자원, 야생동물, 관광자원 등 다양한 커먼즈를 조사해야 했으며 생물다양성, 재생림의 생태적 기능, 동물과 인간의 상호작용, 토지이용의 변천, 문화다양성, 원주민족 전통영역, 마을과 커뮤니티의 관계, 지역의 지속가능성, 복지와 발전의 문제, 토지소유권과 자연자원이용권, 농업환경정책 등 다차원의 의제를 고려해야 했음을 자신의 경험담으로 들려주었다.

그리고 다이싱성에 제언한 다층적·다각도적 방법론은 특정 지역에서 통합적인 커먼즈 연구를 추진하고자 할 때 시사하는 바가 클 뿐 아니라 동아시아 차원의 공동연구에 관한 시사점도 내포하고 있다. 예로부터 중국의 장강이 크게 범람하면 제주 연안이 담수화되었다. 현재 얼마나 많은 환경문제가 일국 단위를 넘어 연동되어 있는가. 또한 특정 지역의 커먼즈 변동을 파악하는 데서도 이제 일국 단위를 넘어선 범위에서 외부효과를 고려하지 않을 수 없다. 제주 마을의 다양한 공동자원들은 어제의 일본과 오늘의 중국을 시야에 둬야 보다 또렷하게 보일 것이다. 아울러 서로가 당면한 문제에 대처하기 위해서도 서로의 경험과 성과를 서로 참조하고 공유하는 과정은 반드시 필요하다. 공동자원commons에 관한 지식과 지혜가 공유화commoning되어야 하는 것이다.

그런 의미에서 이번 회합의 이름인 '동아시아의 커먼즈'는 현재형이자 미래형으로 읽을 수 있을 것이다. 그리고 그때는 '동아시아'도 '의'도 의미가 얼마간 달라질 것이다. 동아시아 각 사회의 커먼즈 연구자들의 첫 만남이었던 이번 회합은 일단 현재 상황에서 서로를 알아가기 위한 자리였다. 이때 동아시아는 지역의 이름이고 '의'는 각 지역의 사례를 담는 소유격이었다. 하지만 다음 회합에서 동아시아는 각 사회가 속해 있는 지역의 이름을 넘어서 어떤 공통의 지평에 관한 이름이 될 수 있지 않을까. 그리되어야 하지 않을까.

그때는 '동아시아의 커먼즈'에서 '의'도 그 의미가 달라질 것이다. 한국어의 '의'와 '의'에 해당하는 일본어의 '노の'는 보통 소유격으로 읽힌다. 그리고 이를 중국어로 번역하면 '더的'가 된다. 그런데 '的'을 다시 한국어와 일본어로 옮겨오면 그것은 형용사격을 띠게 된다. 즉 각 사회에 속해 있는 커먼즈(론)을 서로 알아가는 단계를 거쳐 동아시아적 커먼즈(론), 동아시아를 위한 커먼즈(론)의 가능성을 함께 고민하는 단계로 나아갈 수 있지 않을까.

하지만 거듭 말하건대 섣부른 추상화로는 거기에 이르지 못할 것이다. 커먼즈론은 실천성이 높은 학술적 산물로서 지역 고유의 출신 성분을 갖는다. 그리고 실천적인 커먼즈론이라면 지역의 구체적 현장에서 문제와 물음에 끊임없이 대응하고 응답하며 가다듬어져 고유성을 띠게 될 것이다. 그리고 이 글에서 커먼즈(론), 공동자원(론), 공유자원(론)을 일본, 한국, 대만 각 학자의 표현법에 맞춰 혼용해 사용하고 있는 데서 드러나듯이 아직 공동의 개념도 온전히 확보하지 못한 상태다. 그러한 표현법의 차이에는 섣불리 일반화할 수 없는 맥락의 차이, 문제의식의 차이가 깔려 있을 테며 동아시아적 커먼즈론은 그 차이를 직시하는 데서 시작하는 수밖에 없을 것이다. 그리고 '동아시아의 커먼즈' 역시 그 지난한 교류와 번역과 도전을 통해 실현될 미래형의 이름일 것이다.

저자소개

편자

최현
제주대학교 사회학과 교수, 제주대학교 SSK연구단 연구단장

정영신
제주대학교 SSK연구단 전임연구원

윤여일
제주대학교 SSK연구단 전임연구원

필자

김자경
한살림 제주 이사, 제주대학교 SSK연구단 공동연구원

이병천
강원대학교 경제학과 교수, 제주대학교 SSK연구단 공동연구원

박태현
강원대학교 법학전문대학원 교수, 제주대학교 SSK연구단 공동연구원

미츠마타 가쿠三俣學

    효고현립대학 경제학부 교수

아키미치 토모야秋道智彌

    종합지구환경학연구소 명예교수

이가라시 다카요시五十嵐敬喜

    호세이대학 명예교수

모기 아이이치로우茂木愛一郎

    리츠메이칸 아시아태평양대학 강사

노구치 카즈오野口和雄

    도시 플래너

하기와라 아츠시萩原淳司

    사이타마리소나산업경제진흥재단 주임연구원

리원쥔李文軍

    북경대학교 환경관리학과 교수

리옌보李艷波

    윈난대학 국제하류생태안전연구원

다이싱성戴興盛

    국립동화대학 환경학원 교수, 제주대학교 SSK연구단 공동연구원

장후이동張惠東

    타이베이대학 법률학원 교수